DAS GROSSE BAYERWALDBUCH

NEUE PRESSE VERLAGS-GESELLSCHAFT MBH, PASSAU

DAS GROSSE BAYERWALDBUCH

*Land, Leute, Natur und Kultur
im und um den Bayerischen Wald*

TEXT:
WALTHER ZEITLER

FOTOS:
WALTHER ZEITLER
KONRAD JÄGER

NEUE PRESSE VERLAGS-GESELLSCHAFT MBH, PASSAU

1. Auflage: 1986/1987
2. erweiterte Auflage: 1990

© 1990 Verlag „NEUE PRESSE VERLAGS-GMBH, 8390 PASSAU"

Gesamtherstellung „NEUE PRESSE VERLAGS-GMBH 8390 PASSAU"
Layout: Walther Zeitler
Karte auf dem Innenumschlag: Ernst Ardelean
ISBN 3-924484-04-x
Alle Rechte vorbehalten!

BAYERISCHER WALD

Bayerischer Wald –
das klingt wie Wälderrauschen, wie Bachgemurmel, wie Vogelruf und Hirscheschrei!

Bayerischer Wald – so weit das Auge reicht Baum neben Baum, Wald, wie selten einer: Dicht, weit, ohne Ende!

Bayerischer Wald – das ist schwingende Weite, baumbestandene Unendlichkeit, einem Meere gleich, einem Waldmeer!

Bayerischer Wald – das ist auch gleißender Stein, verwitterter Fels, sattgrüne Wiesen und das niedere Haus am Waldesrand!

Bayerischer Wald – das ist die Quelle im Waldesdunkel, der schlängelnde Bach und der unergründliche Waldsee!

Bayerischer Wald – da faucht der Wind, zucken Blitze, rollen Donner und rauscht der Regen stärker als anderswo.

Bayerischer Wald im Winter – das ist meterhoher Schnee, pfeifender Eiswind, Starre der Natur und stille Einsamkeit!

Bayerischer Wald – das sind arbeitsame Menschen, die mit weniger glücklich sind und denen Arbeit Leben bedeutet!

Die Entstehung des Waldgebirges

Die erdgeschichtliche Entstehung des Bayerischen Waldes umfaßt die unvorstellbar lange Zeit von über einer Milliarde Jahre, in der sich die Erdkruste langsam festigte, während im Erdinneren bis heute flüssiges Magma ist. Wie das Ganze vor sich ging, ist auch nur annähernd zu sagen. Die Entwicklung vollzog sich, im Telegrammstil skizziert, etwa so: In grauer Vorzeit war das Gebiet von Böhmen bis hin zu den Alpen und zum Schwarzwald eine riesige Erdmulde, in der sich Sand, Mergel, Kalk, Ton und ähnliches ablagerten. Sie bildeten eine mehrere Kilometer dicke Schicht, die vielleicht aufgrund ihres ungeheueren Gewichts in die noch nicht feste Erdkruste absackte. Dort geriet sie unter unvorstellbar hohen Druck und extrem hohe Temperaturen. Dadurch verwandelten sich die Sedimente zu Gesteinen, in der Hauptsache zu Gneis, in den auch andere Mineralien eingeschlossen waren. Etwa vor 750 Millionen Jahren wurde diese Masse zu einem Gebirge herausgepreßt, das auch das Gebiet des heutigen Bayerischen Waldes umfaßte. Damit zählt der Bayerische Wald zu den ältesten Gebirgen Europas. Da die Gebirgsdecke noch nicht fest war, konnten sich immer wieder Schmelzflüsse aus dem Erdinneren unter großem Druck durch Gebirgsspalten nach oben pressen. Sie erstarrten zu Gneisen, aber auch zu Quarz oder Granit. Vor 400 bis 250 Millionen Jahren kam es zu einer neuerlichen Umbildung der Gesteinsmassen. Dabei bildeten sich dunkle Schiefergneise, glänzender Glimmerschiefer aus älteren Meeresablagerungen und Granit. Gleichzeitig trat eine gewaltige Gebirgsfaltung auf, die Variskische. Dieses dabei entstandene Hochgebirge wurde im Laufe von Jahrmillionen wieder abgetragen, so daß in der Jurazeit das Urmeer den Gebirgssockel überfluten konnte. Nach der Abtragung des Kalkmantels durch Verwitterung kam es in der Kreidezeit durch das Kreidemeer nur noch zu Überflutungen in den niedrigen Gebirgsteilen. Mit der Auffaltung der Alpen durch einen ungeheueren Schub in der Erdkruste von Süden her wurde auch das Gebirge neuerdings herausgepreßt. Dies war vor etwa 60 Millionen Jahren. Die Donauebene sank ab, es bildete sich der oft steile Donaurandbruch. Später kamen acht Kaltzeiten, in denen die Eisdecke in den Hochlagen nie ganz schwand und wo die Temperaturen etwa um acht Grad unter den heutigen lagen. Die dazwischenliegenden Warmzeiten schufen durch die verschiedensten Erosionskräfte im Wechsel mit den Kaltzeiten das Bild des heutigen Gebirges, in dem sich vor etwa 10 000 Jahren der Wald langsam zu entwickeln begann.

Land an der Grenze

Der Bayerische Wald hat eine Fläche von 5200 Quadratkilometer. Seine Grenzen sind im Süden die Donau, im Norden der Regen und ab Cham bis zur Grenze bei Furth im Wald der Chamb und im Osten die Landesgrenze. An der deutsch-österreichischen Grenze bestehen einige kleinere Straßen- und Wegübergänge, an der deutsch-tschechoslowakischen Grenze sind derzeit nur der Eisenbahngrenzübergang Furth im Wald und die Straßenübergänge Furth im Wald, Bayerisch Eisenstein und Philippsreut geöffnet. Der Ostteil des Bayerischen Waldes ist also Grenzland. Während die ČSSR ihre Grenze mit Stacheldraht, Wachtürmen und gesperrten Grenzzonen sicherte, ist die deutsche Grenze nach Osten nur gekennzeichnet. Jeweils in Sichtweite sind Plastikpfähle aufgestellt, die den Grenzverlauf markieren. An markanten Punkten stehen Schilder mit der Aufschrift „Landesgrenze". Die neue ČSFR, welche den Zusatz „sozialistisch" aus ihrem Namen gestrichen hat, wird den Grenzzaun abbauen und neue Grenzübergänge öffnen.

1514 malte Sigmund von Seyboltsdorff in Furth im Wald, der „Hauptmann vor dem Wald" war, die erste, vier Meter lange Grenzkarte von Furth bis zum Arber. 1569 wurde die Grenze im Raum Eisenstein erstmals begangen und 1609 wurde sie zwischen dem Lackaberg und dem Rachel gekennzeichnet. 1765 wurde die Grenze zwischen Bayern und Böhmen markiert, zunächst im Raum Eisenstein und südlich davon, ein Jahr später auch nördlich im Gebiet von Furth im Wald. Im Bereich des Hochstifts Passau erfolgte die Vermarkung je nach der Herrschaft im Böhmischen zwischen 1752 und 1772.

Das obere Foto zeigt die deutsch-tschechoslowakische Grenze nördlich des ehemaligen kleinen Übergangs Finsterau-Buchwald, der heute geschlossen ist, und darunter den tschechischen Grenzstein Nr. 24 bei Großaign mit dem böhmischen Löwen, das Zeichen „ČS" unter der Jahreszahl 1766 wurde erst nach dem Krieg eingeschlagen.

Der Pfahl

Bei der Burgruine Weißenstein erreicht die Pfahlmauer mit 753 Meter Höhe ihre höchste Erhebung. Hier ist sie auch am eindrucksvollsten zu sehen, wie das Bild oben zeigt. Rechts vom Kreuz auf dem Pfahl erkennt man den Bergfried der Burgruine Weißenstein. Dieser sechs Hektar große Teil des Pfahls ist ebenso unter Naturschutz gestellt wie der Moosbacher Pfahl, der Große Pfahl mit Pfahlriegel, St.-Antonius-Pfahl bei Viechtach, der Hofpfahl bei Allersdorf und der Pentinger Pfahl bei Cham. Dies geschah meist schon vor dem letzten Krieg, um den Quarzabbau an den markantesten Stellen für die Straßenbeschotterung zu stoppen.

Über dem eigentlichen unterirdischen Pfahl wachsen im allgemeinen nur anspruchslose Baumarten wie Birke und Kiefer.

Die Teufelsmauer

Quer durch den Bayerischen Wald verläuft schnurgerade von Freyung im Südosten bis Freihung in der Oberpfalz im Nordwesten eine 150 Kilometer lange, teilweise sichtbare Quarzmauer. Sie wird im Volksmund „Teufelsmauer", von den Geologen „Pfahl" genannt, das von dem lateinischen Wort „pallidus" für bleich, fahl abgeleitet sein soll. Diese Quarzmauer ist international berühmt, und kein Buch über den Bayerischen Wald kann an ihr vorübergehen. Wie kam es zu dieser geologischen Sensation? Vor etwa 280 Millionen Jahren ist von der einer riesigen Scholle gleichenden böhmischen Landmasse das Südweststück abgebrochen. Dabei tat sich ein Riß bis ins Erdinnere auf. Das abgebrochene Stück wurde mehrmals gegen das stehengebliebene gedrückt, dabei zerrieben sich die Gesteine entlang der Verwerfungskluft. Nach ihrer späteren Verfestigung bildeten sie den bis zu 1000 Meter seitwärts des Pfahls auftretenden Pfahlschiefer. Er ist blättrig und entspricht in seiner Zusammensetzung den hier auftretenden Graniten und Gneisen. An einigen Stellen blieb die Spalte offen. Dort kam in drei Schüben überhitzte Kieselsäure an die Oberfläche, aus der sich nach dem Verdunsten des Wassers reiner Quarz abschied. Der in der Quarzrippe zutage tretende Quarz ist meist rein weiß, bei Beimengungen von Eisenoxyd bräunlich bis rötlich. Die Freistellung der Pfahlmauer erfolgte allerdings erst durch die Eiszeiten, wo der überlagernde Pfahlschutt durch den Abfluß der Frosterden abgetragen und die Pfahlmauer freigestellt wurde. Bei den Gesteinen des Bayerischen Waldes überwiegt östlich des Pfahls der Gneis, westlich davon der Granit. Ein 60 km langer Pfahlwanderweg von Cham über Viechtach nach Regen erschließt die oberirdisch sichtbaren Quarzriffe des Pfahl.

Ausblicke – Tiefblicke

Die herrlichen Ausblicke, die unwahrscheinliche Weitsicht und die Sicht in rätselhafte Tiefe, das macht das Wandern im Bayerischen Wald zu einem unvergeßlichen Erlebnis. Dieses sanfte Dahinwogen der Höhenzüge, das den Blick unwillkürlich in die Ferne lenkt, der Dunst in der Tiefe, der das Auge in die Weite gleiten läßt, sie sind die unvergeßlichen Erlebnisse eines Wandertages im Bayerwald. Als ich einen mir bekannten Forstamtsleiter, der sich aus dem Bayerischen Wald in das Berchtesgadener Land versetzen ließ, danach fragte, was er an seinem neuen Dienstort am meisten vermisse, antwortete er: „Die herrlichen Ausblicke im Bayerischen Wald von fast allen Höhen. Hier muß ich ständig nach oben sehen, im Bayerischen Wald konnte ich in die Weite blicken!"

Das obere Bild zeigt das Blockmeer auf dem Lusengipfel, das durch Frost und Eissprengung entstanden ist. Zwei Wanderer genießen die herrliche Aussicht. Rechts im Hintergrund ist der Große Rachel zu sehen, nach links geht der Blick weit ins Nationalparkgebiet. Das Bild unten wurde auf dem Großen Arber nach Süden aufgenommen. Weit geht der Blick über die Höhen des Waldgebirges ins dunstverhüllte Flachland, wo ganz oben als schmaler Streifen am Horizont gerade noch die Alpenkette zu sehen ist. Tiefblick und Weitsicht vereinigen sich hier zu einem herrlichen Bergerlebnis.

Der Wald

Vor etwa zehntausend Jahren ging die Eiszeit zu Ende. Nach und nach überzogen Kiefern, Fichten und Birken das Gebirge mit einem nahezu undurchdringlichen Urwald. Dieser veränderte sich, als vor etwa 2800 Jahren das Klima wärmer wurde. Es entwickelte sich ein Mischwald mit einem Tannenanteil von etwa einem Viertel, heute beträgt dieser nur noch vier Prozent. Lange Zeit fand eine Waldnutzung überhaupt nicht statt. Erst die ab dem 15. Jahrhundert im Wald arbeitenden Glashütten begannen die unermeßlichen Holzvorräte für ihren Betrieb auszubeuten. Rund um die Hüttenstandorte schlugen sie die brauchbarsten Bäume für das Schmelzfeuer und die Pottaschengewinnung heraus. Bei diesem Plenterbetrieb erneuerte sich der Wald auf natürliche Weise. Reichte der Holzanfall nicht mehr aus, so verlagerten die Glashütten ihren Standort an holzreichere Stellen. Durch die Trift und Flößerei konnte man Holz billig abtransportieren. Da Nadelholz im Wasser besser schwimmt, verminderte man den Bestand an schwererem Laubholz. Durch die Eisenbahn wurde Holz als Ausfuhrgut aus dem Bayerischen Wald gefragt, die Glashütten mußten ihren Betrieb auf Kohle umstellen, einige verlagerten gleich ihren Sitz näher zu Eisenbahnstrecken. Im vorigen Jahrhundert wurde der Wald meist großflächig abgeholzt. Alle Bäume wurden ohne Rücksicht auf ihr Alter geschlagen, ein Verfahren, das durch Borkenkäferbefall und Sturmkatastrophen begünstigt worden war. Kostspielige Neubepflanzungen, meist mit schnellwüchsigen Fichten, waren die Folge. Davon ist man heute wieder ganz abgekommen, man bevorzugt den Plenterbetrieb. Der Wald in Niederbayern besteht heute zu 68 Prozent aus Fichte und Tanne, in der Oberpfalz zu 83 Prozent aus Kiefer und Fichte.

Wald – kein anderes Wort der deutschen Sprache ist so sehr mit dem Begriff Natur verbunden wie dieses. Vier Bilder – vier Jahreszeiten: Hellgrün und golden leuchtende Buchen an den Regenhängen und im Gebiet des Großen Falkenstein, Urwald im Nationalparkgebiet und Hochwald im ersten Schnee am Großen Arber. ▷

◁◁ *Die weiblichen Blütenkerzen auf einer Fichte, auch Rottanne genannt.*

◁ *Gelber Fichtenblütenstaub auf einem Bayerwaldsee.*

◁◁◁ *Mischwald im Frühling. Blick vom Wagensonnenriegel zum Großen Rachel.*

◁◁ *Wie ein Untier steht dieser Stumpf einer schief gewachsenen und abgebrochenen Buche im Wald.*

▽ *Ein Ameisenhaufen der Roten Waldameisen, die man auch als Waldpolizei bezeichnet.*

Mein Bayerwald

Rauhe Kiefern, schlanke Fichten,
hohe Tannen rings umher.
Winde wogen, Stürme toben
durch das dunkelgrüne Meer.

Klare Bächlein springen munter
durch den Fels hinab ins Tal
und der vielen Vöglein Stimmen
klingen schön wie ein Choral.

Und ich wandere durch die Täler
hin zum finsteren Forst am Berg
und man spürt ein heimlich Raunen:
Hier ist Gottes Hand am Werk.

Konrad Jäger

Waldsterben – Waldschädlinge

Nach der Waldschadensinventur 1986 für Bayern waren von den 2,4 Millionen Hektar Wald 64 Prozent geschädigt, und zwar 48 000 Hektar stark, mit abgestorbenen Bäumen, 576 000 Hektar mittelstark und 912 000 Hektar schwach. Gegenüber 1985 hatten sich die Schäden an Laubbäumen um 5 Prozent erhöht, an Nadelbäumen teilweise verringert, so im Bayerischen Wald um rund 10 Prozent. Als 1975 der Bayerische Forstverein in Regensburg sein 25jähriges Jubiläum beging, war das Waldsterben kein Thema. Erst das Trockenjahr 1976 ließ die erstmals 1973 vor allem an Tannen festgestellten Schäden explosionsartig anwachsen. Was ist die Ursache des Waldsterbens, ein Begriff, der in Kürze zum Schlagwort wurde? Die Antwort muß lauten: Man weiß es noch nicht genau. Auffällig ist, daß Nadel- und Laubbäume

befallen werden, junge wie alte, große wie kleine und zudem in allen Gegenden.
Sicher ist, daß Luftverunreinigungen die wohl schwerwiegendste Rolle spielen. Bei der Verbrennung von Kohle und Öl entstehen Schwefelgase, durch den Straßenverkehr und höhere Verbrennungstemperaturen in Industrieanlagen auch Stickoxyde, welche mit dem Niederschlag in den Boden eindringen. Dort bringen sie die Feinwurzeln der Bäume zum Absterben. Die Bäume bekommen nicht mehr genügend Wasser und verdursten. Dies zeigt sich dadurch, daß zuerst ältere Nadeln absterben, der Nadelbaum stirbt von innen nach außen, wie auf den Fotos (◁△) zu erkennen. Bei Laubbäumen fallen nach dem Austreiben plötzlich völlig gesunde Blätter ab. Wenn eine Baumkrone lichter wird, bedeutet dies Alarm für das Leben des Baumes. Schwermetalle, ja selbst Ozon sind weitere Schadensursachen.

Borkenkäfer

Zu den größten Waldschädlingen gehören die Borkenkäfer. Von einem Paarungsraum aus frißt das Weibchen Gänge mit Luftlöchern und Einischen in den Baumbast zwischen Rinde und Holz. Das nebenstehende Foto zeigt ein solches Gangsystem nach dem Abfall der Rinde. Wegen des Musters der Gänge nennt man den Schädling auch Buchdrucker. Borkenkäfer befallen vornehmlich Fichten, die dadurch absterben. Man bekämpft sie neuerdings mit Fallen, welche die Insekten mit synthetischen Lockstoffen anlocken.
Ebenfalls weiter verbreitete Forstschädlinge sind Nonne, Kiefernspanner und seit 1979 im Bayerischen Wald in Höhen über 600 Meter die Fichtengespinstwespe, die sich bedrohlich ausgebreitet hat. Der Befall durch Schadinsekten ist jedoch stark witterungsabhängig. Der Vollständigkeit wegen sei angeführt, daß zu starker Wildbesatz ebenfalls waldschädigend wirkt.

Moos

Hast du schon jemals Moos
gesehen?
Nicht bloß
so im Vorübergehen,
so nebenbei von oben her,
so ungefähr –
nein, dicht vor Augen, hingekniet,
wie man sich eine Schrift besieht?
O Wunderschrift! O Zauberzeichen!
Da wächst ein Urwald ohnegleichen
und wuchert wild und wunderbar
im Tannendunkel Jahr für Jahr,
mit krausen Fransen, spitzen Hütchen,
mit silbernen Trompetentütchen,
mit wirren Zweigen, krummen Stöckchen,
mit Sammethärchen, Blütenglöckchen,
und wächst so klein und ungesehen –
ein Hümpel Moos.
Und riesengroß
die Bäume stehen . . .

Doch manchmal kommt es wohl auch vor,
daß sich ein Reh hierher verlor,
sich unter diese Zweige bückt,
ins Moos die spitzen Füße drückt,
und daß ein Has', vom Fuchs gehetzt,
dies Moos mit seinem Blute netzt.
Und schnaufend kriecht vielleicht hier auch
ein sammetweicher Igelbauch,
indes der Ameis' Karawanen
sich unentwegt durchs Dickicht bahnen.
Ein Wiesel pfeift, – ein Sprung und Stoß –
und kalt und groß
gleitet die Schlange durch das Moos . . .

Wer weiß, was alles hier geschieht,
was nur das Moos im Dunkeln sieht:
Gier, Liebesbrunst und Meuchelmord –
kein Wort
verrät das Moos.
Und riesengroß
die Bäume stehen . . .
Hast du schon jemals Moos gesehen?

Siegfried von Vegesack

Über den Wolken – unter den Wolken

Auf dem Großen Falkenstein herrschten nach langjährigen Aufzeichnungen der früheren Bergwetterwarte zu 19,5 Prozent Westwinde. Winde aus Südwest folgten mit 19 Prozent. Westliche Winde, also aus Nordwest, West und Südwest, waren mit 50,5 Prozent häufiger als Winde aus allen anderen Richtungen. Aus Süd und Südost kamen 16,9 Prozent der Winde, ebensoviele wie aus Nord- und Nordost, während nur an 6,1 Prozent der Tage Windstille herrschte.

Das Bild oben wurde vom Zwercheck aus über das wallende Nebelmeer auf den Großen Arber hin aufgenommen. An solchen Tagen herrscht meist Windstille, unter der dicken Nebelschicht ist es grau und trüb. Ganz anders das Bild rechts, von Kirchberg i. Wald zum Eschenberg fotografiert. Hinter diesem scheint noch die Sonne, während eine schwarze Gewitterfront das Land schlagartig verdunkelt.

Wald und Wasser

Der Bayerische Wald liegt im Grenzbereich zwischen west- und osteuropäischen Klimazonen. Bei den überwiegend westlichen Winden sind die Sommer niederschlagsreich und kühl, die Winter nicht zu kalt, aber schneereich. Überwiegt osteuropäischer Klimaeinfluß, so ist es im Sommer warm bis heiß und trocken, im Winter kalt und schneearm. Östliche Winde sind – wie dargelegt – nicht sehr häufig. Bei längerer Dauer wirken sie austrocknend und können sich im Winter zum gefürchteten Böhmwind steigern, der stets große Kälte bedeutet. Der Bayerische Wald ist niederschlagsreich. Die niederschlagsreichsten Monate sind im Winter Januar und März, im Sommer Juli und August. Das heißt nicht, daß Dauerregen häufig ist. Die ergiebigsten Niederschläge kommen aus kurzfristigen Gewittern und Unwettern. Je höher ein Ort liegt, desto mehr Niederschläge bekommt er. In Viechtach mit 470 Meter Meereshöhe beträgt die durchschnittliche Jahresniederschlagsmenge 850 Millimeter, auf dem Großen Arber mit 1456 Meter dagegen 1949 Millimeter. Wäre das Gebirge nicht so stark bewaldet, so würden die Niederschläge sturzbachartig abfließen. Der Wald reguliert aber den Wasserhaushalt. In den Hochlagen, wo zwei Meter Schneehöhe keine Seltenheit ist, gefriert der Boden darunter nicht, so daß das Schmelzwasser in den Zersatz versickern kann. Die Hälfte der Niederschläge fließt in den Gewässern ab, die andere Hälfte verdunstet, daher ist die Luftfeuchtigkeit im Waldgebiet meist hoch. Der Wald hat also für den Wasserhaushalt eine entscheidende Bedeutung. Im Landkreis Regen haben 54 Prozent des Waldes die Funktion eines Wasserschutzwaldes.

Das Bild oben zeigt die Hammerklause bei Finsterau, ein für die Holztrift künstlich angelegter kleiner Waldsee, die Winteraufnahme darunter die meterhohe Schneedecke auf dem Lindbergschachten mit dem Rachel im Hintergrund.

Das hier nur ganz langsam in den Untergrund versikkernde Schmelzwasser tritt in Mulden oder an Hängen wieder aus, wo sich an überhängenden Gräsern unten des Nachts bei Frost dicke Eiszapfen bilden, die am Tage dann wieder abtauen.

Trinkwasserspeicher Frauenau

Der Wasserverbrauch im Bayerischen Wald und seinen Randzonen steigt ständig. Die Gründe hierfür sind der zunehmende Lebensstandard der Bevölkerung, steigender Fremdenverkehr mit Zehntausenden zusätzlichen Wasserverbrauchern, der Anschluß auch kleinster Siedlungen an eine zentrale Wasserversorgung und auch eine zunehmende Industrialisierung. Nun ist der Bayerische Wald an sich ausgesprochen niederschlagsreich, doch das Wasser fließt zu schnell ab, dem Gebiet mangelt es an Grundwasser. Am 28. November 1963 gründete man daher die „Fernwasserversorgung Bayerischer Wald" mit dem Ziel, das Gebiet zwischen Cham, Bogen, Landau, Passau, Wegscheid und entlang der Grenze bis Eschlkam mit bestem Trinkwasser zu versorgen.

Nach genauen Untersuchungen baute der Freistaat Bayern bei Frauenau am Kleinen Regen in 767 Meter Höhe eine große Trinkwassertalsperre mit einem 83 Meter hohen und 640 Meter langen Erdschüttdamm, dem bis dahin höchsten im Bundesgebiet. Rund zwanzig Millionen Kubikmeter Wasser können hier gespeichert werden, die über ein umfangreiches Leitungssystem rund 500000 Menschen des Einzugsgebietes mit bestem Bayerwaldwasser versorgen. Pro Sekunde werden bis zu 1500 Liter Wasser in die 51 Hochbehälter gepumpt. Der 50. Hochbehälter ist mit einem Fassungsvermögen von 6000 Kubikmeter gleichzeitig der größte. Er wurde zum 25jährigen Bestehen des „Zweckverbandes Wasserversorgung Bayerischer Wald" 1989 bei Hirschberg nördlich von Grafling in Betrieb genommen. Er ist der erste Hochbehälter, bei dem auf Grund eines 100 Meter hohen Gefälles beim Ablauf auch elektrischer Strom erzeugt wird. Verbandsvorsitzender Landrat a. D. Max Binder beziffert 1989 die Gesamtinvestition auf mehr als 400 Millionen DM, die größte Abgabemenge bisher auf über sieben Millionen Kubikmeter im Jahre 1989. „Ohne diesen Trinkwasserspeicher hätte es längst eine Krise in der Trinkwasserversorgung des Bayerischen Waldes gegeben!" meint er.

Der Standort des Speichers bei Frauenau ist deshalb so ideal, weil keine Siedlungen abgebrochen werden mußten, die Umgebung wald- und niederschlagsreich und industriefrei ist und somit einwandfreies Trinkwasser erwarten läßt. Zwei Turbinen am Auslauf erzeugen vom Überlauf noch eine beachtliche Menge elektrischen Stroms. Der „Trinkwasserspeicher" Frauenau ist heute eine Attraktion und eine wirkliche Bereicherung der Landschaft. Das Baden und das Bootfahren sind verboten und sollen es selbstverständlich auch bleiben, wie der neue Verbandsvorsitzende Landrat Helmut Feuchtinger versicherte. Das Foto zeigt den Trinkwasserspeicher vom Damm aus.

Rieslochfälle

Was geht hier vor? Welch Getier reckt sich hier in die Höhe? Sind's Seehunde am Wasser, die auf Nahrung warten? Oder rätselhafte Urtiere, die sich im Dämmern des Abends am Wasser erfrischen? Nichts von alledem. Es sind nur angeschwemmte Wurzelstöcke im Rieslochwasserfall, dem größten und schönsten im Bayerischen Wald. Das Wasser stürzt über einen breiten Felsrand und bildet so die diffuse Kulisse für die beiden Wurzelwesen, die in einem letzten Aufbäumen von ihrer vertrauten Umgebung Abschied nehmen. Der nächste größere Wasserschwall wird sie in die Tiefe reißen.
Seit 1939 stehen die Rieslochfälle unter Naturschutz. Auf eineinhalb Kilometer Länge stürzt sich der Riesbach durch eine enge Felsrinne, die er in den Gneis gefressen hat. Bei der Schneeschmelze bietet sich ein urgewaltiges Erlebnis. Da rauschen die Wasser zu Tal, da donnern mitgeführte Hölzer und Steine gegen die Randfelsen, wenn die Wasser des Riesbaches Bodenmais entgegenstürzen. An seinen Steilufern trotzen urige Fichten, Tannen und Buchen, man trifft aber auch die großblättrige Weide und die blaue Heckenkirsche. Schade, daß hier niemals Goethe oder Stifter weilte. Sie hätten sicher bleibende Worte gefunden, die wir für alle Zukunft zitieren könnten. So müssen wir uns beim Anblick der stürzenden Wasser eigene Gedanken machen!

Blühendes Frühlings-Scharbocks-kraut und Soldanellen *Ungarischer Enzian* *Knabenkraut*

„Er sieht den Wald vor lauter Bäumen nicht!" Dieser im übertragenen Sinne angewandte Spruch paßt für Vieles im wirklichen Wald. Wer betrachtet die winzige Blüte, wer beobachtet den kleinen Käfer, die Spinne im Netz, die Eidechse auf dem Stein? Der Wald ist eine wunderbare Lebensgemeinschaft. Er ist ein Wunder der Natur. Diese Bilder sollen nur ein kleiner Hinweis auf die Vielschichtigkeit des Lebens im Walde sein.

Moosbeerblüten *Heidelbeeren oder Blaubeeren* *Bunter Porling oder Schmetterlings-porling auf einem Baumstumpf*

Zwei Steinpilze *Fliegenpilze* *Stockschwämmchen*

Erdkrötenweibchen schleppt Männchen zum Laichplatz

Weinbergschneckenpaar

Dukatenfaltermännchen

Was wächst und kriecht denn da im Walde?

Blindschleiche

Kreuzspinne im Netz

Zauneidechsenpärchen, das Männchen ist grün

Zebraspinne im Netz

Schlankjungfern bei der Begattung

Die Waldler

Der Freistaat Bayern ist in sieben Regierungsbezirke gegliedert. Die Bezirke Oberpfalz, Niederbayern und Oberbayern bezeichnet man als Altbayern. Die Waldler, wie die Bewohner des Bayerischen Waldes genannt werden, sind also Altbayern und tragen überwiegend die Merkmale der dinarischen Rasse. Sie sind untersetzt und kräftig und haben meist dunkleres Haar. Bernhard Grueber und Adalbert Müller stellten schon 1846 im ersten Bayerwaldführer fest: „Die Landbewohner des bayerischen Waldes zeigen im ganzen einen kräftigen Körperbau und eine vorzügliche Ausbildung des Muskelsystems." Im Stile der damaligen Zeit fanden sie auch heraus, daß beide Geschlechter das „Gepräge der Rüstigkeit und Abhärtung" besäßen. Das war kein Wunder bei dem schweren Leben im Wald vor 150 Jahren. Heinrich Reder bezeichnete 1861 in seinem Führer „Der Bayerische Wald" den Waldler als wortkarg, unzugänglich und abgeschlossen wie seine Wälder.

Zu den hervorstechendsten guten Eigenschaften des Waldlers gehören seit jeher Fleiß, Arbeitsfreude, Ehrlichkeit, Genügsamkeit und Hilfsbereitschaft.

Beharrlich hält er an der Überlieferung fest. So ist er aus Tradition und Überzeugung religiös, jedoch auch Prophezeiungen und dem Aberglauben zugänglich. Wohl kein Buch außer der Bibel wird von den Waldlern so viel gelesen wie die Prophezeiungen des Mühlhiasl, der im vorigen Jahrhundert tatsächlich gelebt hat. Hier wirkt auch noch die jahrhundertelange Abgeschiedenheit der Waldbevölkerung nach, wo auf einsamen Gehöften tagelang kein Fremder vorbeikam und der Mensch viel mehr als heute den Naturgewalten ausgeliefert war.

Der Waldler ist manchmal auch derb. In Gesellschaft mit Seinesgleichen, die er intensiv sucht, ist er lustig, ja ausgelassen und zu kräftigen Späßen aufgelegt.

Natürlich haben die heutigen Medien, voran das Fernsehen, im Verhalten der Waldler tiefe Spuren hinterlassen. Selbst in kleinen Dörfern gibt man sich, voran die weibliche Jugend, städtisch und modern in Kleidung und Ausdrucksweise. Das ist heute einfach „in", hat aber die Wesenszüge der Waldler nicht abgeschafft oder so beeinträchtigt, daß man sie ihnen heute absprechen müßte.

Selbstverständlich ist der Waldler kein Einheitsmensch. Im Süden leben andere wie im Norden, der niederbayerische Waldler ist nicht nur sprachlich vom oberpfälzischen zu unterscheiden, der noch etwas schwerer, ernster erscheint, wie dies auch seine Umgebung ist. Der Waldler lacht auch bei der Arbeit, er singt gern und ist durchwegs musikalisch. Über alles geht ihm die Heimat, an der er mit Liebe und Hingabe hängt!

Die nebenstehenden Archivfotos sind ein Beweis für die unwahrscheinliche Zähigkeit und Lebenskraft der Waldler. Das obere zeigt Franziska Riedl (◁) aus Kirchl bei Freyung hinter dem Ladentisch ihres kleinen Kolonialwarenladens. Auf dem Foto von 1972 war sie schon über 91 Jahre alt, stand aber noch an jedem Werktag von früh bis spät in ihrem Laden, dem man ansieht, daß hier die Zeit stehengeblieben war. Sie ruht längst auf dem Friedhof, wie auch Anton Pauli aus Sommersberg bei Kirchberg i. Wald (◁), der bei dem Foto von 1980 gerade 103 Jahre und einige Wochen alt war. Drei Ehefrauen hat der Pauli Toni überlebt, dreißig Kinder hat er mit ihnen gehabt, von denen allerdings sechzehn schon im Kindesalter verstarben. Mit 101 Jahren hat der Toni noch getanzt, mit 102 Jahren noch Holz gehackt, doch den 104. Geburtstag hat er leider nicht mehr erlebt. Er war stets kreuzschnackerlfidel, und seine Pfeife ist ihm selten ausgegangen.

Der alte Schindelmacher

Das ist der Schindelmacher Alois Eckmüller aus Frauenberg beim Dreisessel: am Herd, auf dem sechs Katzen sitzen, an der Hoazelbank beim Schindelrichten und vor seinem Haus. Auf dem ersten Bild war er 83, auf dem Bild vor dem Haus 87 Jahre alt, und als er beinahe 90 Jahre alt war, am 11. Dezember 1981, kam er in den Flammen seines Hauses um. Sein um neun Jahre jüngerer Bruder Ludwig konnte geborgen werden, verstarb aber wenige Tage später.

Die Jogl-Brüder, wie sie mit Hausnamen hießen, waren die letzten Ur-Waldler, die ich im Bayerischen Wald kannte. Sie waren in jeder Hinsicht einmalig. Vor meinem ersten Besuch 1975 hatte man mich gewarnt: Die lassen sich nicht ausfragen. So saß ich eine halbe Stunde wortlos in der rauchgeschwärzten niederen Waldlerstube, der Alois las am Fenster einen Roman, der Ludwig schaute mich stumm an. Als endlich der Alois fragte, was ich wolle, sagte ich, daß ich gehört hätte, daß einer von ihnen ein ausgezeichneter Bandonionspieler sei und das wollte ich hören. Da wurde es an diesem neblig-trüben Februartag regelrecht gemütlich: Der Ludwig spielte auf seiner über fünfzig Jahre alten „Ziach", wie man eine Handharmonika nennt, Landler, Zwiefache, Dreher, der Alois rauchte und beide erzählten von alten Zeiten. Warum sie nicht geheiratet hätten? „Ich war zu schiach!" meinte der Alois, „Bei mir war'n die Weiber scho furt, wann i zum Spuin aufg'hört hob!" der Ludwig und beide lachten.

Die Stube war auch die Werkstatt des Alois als Schindelmacher. Hier arbeitete er die Rohbretter in die gewünschte Form. 30000 Schindeln habe er früher im Jahr gemacht, jetzt schaffe er nur noch 100 am Tag, meinte er 83jährig. Die Brüder hatten zwei Kühe im Stall und 40 Tagwerk Grund, und die kleine Rente des Alois ließ sie gut auskommen.

Als ich den Alois auf seine Gichtknoten an den Händen ansprach, meinte er nur, wenn es arg werde, dann lege er einfach die Hand auf den Tisch und schlage sich mit der anderen die krummen Fingerglieder wieder gerade. Das habe noch stets geholfen. Des Alois' Leidenschaft war das Lesen. Hatte er einen Roman oder die Zeitung ausgelesen, so warf er sie einfach in die Ecke auf den Papierhaufen. Als dem Alois ein Nachbar einen alten Schwarzweißfernseher schenkte, stellte ihn dieser vor sich auf den Tisch, nicht um das Programm anzuschauen, sondern um mit dem erleuchteten Bildschirm besser lesen zu können. Die Ursache des Feuers, das diese zwei Ur-Waldler hinwegraffte, blieb ungeklärt. Sie waren Originale in des Wortes wahrster Bedeutung, zufrieden und mit einem eisernen Gsund, mit dem sie es beide leicht auf hundert Jahre hätten bringen können. Ein Mann mit einem solchen Gesicht wie der Alois, der paßte in den Wald wie Bärenriegel und Höllbachgspreng. Sie waren wie alte, sturmerprobte Urwaldtannen!

Heckenraine sind Jahrhundertwerke

Als ich vor gut zwanzig Jahren mit dem Denk Poidl, dem bekanntesten Schlangenfänger des Bayerischen Waldes, nach Langfurth zur Schlangenjagd aufbrach, meinte er: „Mir brauchan schöna Feldroan, da gibt's Schlanga und ois, wos dö zum Leb'n brauchan!" Er hatte recht: Nach einer halben Stunde hatte er zwei Kreuzottern gefangen. Die langen Feld- und Wiesenraine mit ihren Hecken auf den Lesesteinwällen waren lange ein Charakteristikum der Bayerwald-Kulturlandschaft.

Leider drohen sie immer mehr zu verschwinden. Die Flurbereinigung und der rationelle Einsatz landwirtschaftlicher Maschinen machen ihnen den Garaus. Wer durch den heutigen Böhmerwald jenseits der Grenze fährt, der kann das Ergebnis bereits studieren: riesige eintönige Wiesen und Felder ohne Baum und Strauch dazwischen, ohne Hecken und Raine. Das Bild der Landschaft wurde völlig verändert.

Die nebenstehenden Bilder zeigen noch Bayerwaldfluren mit Hecken und Rainen. Oben ein Sommerbild von Alhartsmais von Schöfweg aus mit den langgezogenen Heckenrainen an der nach Süden geneigten Flur. Noch besser zeichnet der Schnee das Bild einer solchen Landschaft wie auf dem Winterfoto nördlich von Solla. Wie viele Menschen haben in jahrhundertelanger Arbeit diese meterhohen Wälle aus Lesesteinen aufgehäuft, die der Frost hochgedrückt, der Pflug ausgeackert hatte? Wie viele Male mußten sich hierfür die Waldler bücken, um die abertausend Steine wegzutragen? Diese Steinwälle, meist mit Haselnuß, Vogelbeere, Holunder, Birken oder Schlehen bewachsen, sind ein ausgezeichneter Windschutz und helfen damit Bodenerosionen zu vermeiden. Sie vermindern Frost und Verdunstung und verbessern das Mikroklima. Sie bieten vielen Vogelarten Unterschlupf, die sich als Unkrautvertilger dafür bedanken. Heute versucht man, wo es geht, diese Lesestein- und Heckenraine zu erhalten.

Besiedlung im Zeichen des Glaubens

Über die Besiedlung des Waldlandes läßt sich in wenigen Worten sagen: Der Bayerische Wald wurde erst sehr spät, dann aber sowohl von Süden als auch von Norden her kolonisiert. Hauptträger der Rodungen waren die Klöster, so zum Beispiel das 741 gegründete Benediktinerkloster Niederalteich an der Donau (▷). Im Jahre 1011 kam von dort der hl. Gunther und begann bei Gehmannsberg ein hartes Einsiedlerleben. Ein Jahr später rodete er bei Rinchnach, wo 1019 ein erstes Klosterkirchlein geweiht werden konnte. Das untere Bild zeigt vorn das Dorf Widdersdorf, das dieses Kloster Rinchnach lange Zeit zum Grundherrn hatte, und im Hintergrund – mitten im Hochwald – die 1766 geweihte Wallfahrtskirche Frauenbründl, die nach der Legende dort gebaut wurde, wo der hl. Gunther seine erste Klause in dem unwirtlichen Waldland errichtete.

Die Vertriebenenmadonna von Mitterfirmiansreut

Viele nach dem letzten Krieg aus ihrer Heimat vertriebene Böhmerwäldler blieben gleich im Bayerischen Wald, der weitgehend ihrer verlorenen Heimat glich. Die deutschen Grenzdörfer jenseits wurden meist von den tschechischen Behörden niedergerissen. So erging es auch dem Dorf Unterlichtbuchet jenseits von Mitterfirmiansreut im Landkreis Freyung-Grafenau. Am 22. Mai 1950, wenige Tage nach dem Abbruch der kleinen Dorfkapelle, fand man herüben neben dem Grenzzaun eine Madonna mit Kind in der Art der Holzscheitelmadonnen, mit großer dreigeteilter Krone und blaurotgold angestrichen, wie sie meist vom „Heiligen Berg" bei Přibram kamen. Man wollte gesehen haben, wie ein tschechischer Soldat sie unter dem Zaun durchgeschoben habe, andere glaubten gar an ein Wunder. Heute steht die Madonna mit Kind in der kleinen Kirche von Mitterfirmiansreut und wird von den vielen Böhmerwäldlern, welche hierherkommen und einen Blick in ihre verlorene Heimat werfen, als „Vertriebenenmadonna" hoch verehrt. Eine Inschrift verkündet, daß diese altehrwürdige Mutter Gottes auch ausgewiesen wurde wie einst ihre frommen Verehrer.

Die Tussetkapelle in Philippsreut

Im Sommer 1985 weihte Bischof Franz Eder von Passau in Philippsreut die Tussetkapelle, einen originalgetreuen Nachbau der am Goldenen Steig durch die Gemeinde Wallern 1670 bis 1680 bei Böhmisch Röhren errichteten Waldkapelle. Der heimatvertriebene Schreinermeister Emil Weber, 1926 in Filz in der Gemeinde Obermoldau im Böhmerwald geboren, hat sie in mehrjähriger Arbeit mit seinem Landsmann Emil Tahetl nachgebaut. Sie ist ganz aus Holz, in dunklem Braunrot gehalten mit aufgesetzten gelben Latten. Über 100 000,- DM hat Emil Weber hierfür gesammelt und viele Tausende von Arbeitsstunden kostenlos geleistet. Sie ist heute ein Schmuckstück für Philippsreut, ein Beweis großen handwerklichen Könnens und ein Zeugnis echter opfernder Heimatliebe! Die alte Tussetkapelle drüben verfällt, die neue herüben ist das Ziel Tausender!

Hinterglasbilder – gemalte Volkslieder

Hinterglasbilder waren im Bayerischen Wald weit verbreitet. Diese auch als „gemalte Volkslieder" bezeichneten Zeugnisse echter Volkskunst kamen ab der Mitte des 18. Jahrhunderts groß in Mode und wurden an Wallfahrtsorten oder durch Hausierer verkauft. Zentren der Hinterglasmalerei waren Raimundsreut und Neukirchen beim Hl. Blut. In Raimundsreut wurden im Jahr bis zu 40 000 Hinterglasbilder hergestellt, das bedeutete natürlich Massenproduktion. Das Malen ging so vor sich: Unter eine Glasplatte wurde als Vorlage ein Riß gelegt und auf dem Glas mit einem Pinsel nachgezogen. Dann drehte man das Glas um und malte in der Durchsicht die Rißzeichnung aus, und zwar zuerst die Feinbemalung, dann die Grundierung.

Die Bilder aus dem Wolfsteiner Heimatmuseum Schramlhaus zeigen oben einen Herrgottswinkel mit dem hl. Josef und der hl. Maria aus Außergfild. Aus Böhmen stammt auch der „Gekreuzigte" in der Mitte, alle gemalt im 19. Jahrhundert. Die Hinterglasbilder darunter, ein hl. Josef und eine hl. Maria jeweils mit Kind, aus Raimundsreut, sind wie die schwarzen Rippenrahmen mit roter Innenleiste Originale aus der Mitte des 19. Jahrhunderts.

Votivbilder

Die meistverbreitete und -geübte Form der Votivgabe an Wallfahrtsorten ist das Votivbild, das der Spender für die Errettung aus großer Not, nach Heilung von schwerer Krankheit oder ähnlichen Anlässen zu einem Gnadenbild verlobte. Das älteste Votivbild Deutschlands soll das in der Geiersbergkirche in Deggendorf sein, das Ullrich Ellinger aus Neumarkt 1483 dorthin brachte. Die Votivbilder rechts hängen in der damit reich gesegneten Mariahilf-Kirche zu Passau.

REGENSBURG - 2000 JAHRE GESCHICHTE IN STEIN

Genau am nördlichsten Punkt der 2888 Kilometer langen Donau liegt Regensburg, eine uralte, sehr sehenswerte und geschichtsträchtige Stadt wie weitum keine zweite. Als hier 179 die Römer ihr Legionslager fertigstellten, war der Bayerische Wald noch undurchdringlicher Urwald. Regensburg ist eine der ältesten Städte nördlich der Alpen, die älteste bayerische Stadt und war schon bayerische Hauptstadt im 6. Jahrhundert. Kaiser Friedrich II. verlieh 1245 in Pavia ihren Bürgern das Recht, einen gemeinsamen Rat zu haben und Bürgermeister und Pfleger einzusetzen. Regensburg war schon Reichsstadt, als gerade die ersten Siedler in die trostlose Wildnis des unwirtlichen Nordwaldes vordrangen. Die Stadt gehörte mit Basel, Straßburg, Speyer, Worms, Mainz und Köln zu den sieben bedeutendsten Städten des Heiligen Römischen Reiches Deutscher Nation. Hundert Jahre später errichtete ihre Bürgerschaft, durch länderweiten Handel reich und selbstbewußt geworden, einen großen Festsaal, der von 1663 bis 1806 dem Immerwährenden Reichstag als Versammlungsort diente. Doch Regensburg konnte seine Bedeutung nicht in die Neuzeit retten.

1810 wurde Regensburg endgültig bayerisch. Die Stadt ist voll von Geschichte. Sie bietet an Kunst und Kultur mehr als das ganze Waldland zusammen. Das liegt an seinen einmaligen Bauwerken aus zwei Jahrtausenden, an seinen Museen, Sammlungen, Bibliotheken und Kunstschätzen, die in Ostbayern nicht ihresgleichen haben. Der Dom St. Peter ist ihr weithin sichtbares Wahrzeichen und der bedeutendste gotische Kirchenbau Süddeutschlands. Zusammen mit dem Alten Rathaus und der Steinernen Brücke aus gleicher Zeit begründet er den Ruf der Stadt als ein mittelalterliches Wunder Deutschlands. Doch Regensburg blickt vorwärts: Die Stadt mit dem lebhaften Donauhafen, an deren Westgrenze die Naab, inmitten der Stadt der Regen in die Donau münden, hat nicht nur wegen der Flüsse eine ideale Lage. Sie ist das Zentrum Ostbayerns, Sitz der Regierung der Oberpfalz, vieler zentraler Behörden, eines Bischofs, einer Universität und eines Divisionskommandos, eines Spitzenwerkes der Mikroelektronik und einer supermodernen Automobilfabrik, bedeutender Brauereien und eines bekannten Fürstenhauses. Mit 133 000 Einwohnern ist Regensburg die einzige Großstadt im Bereich des Bayerischen Waldes.

Bereits im 4. Jahrhundert Christen

An der Kumpfmühler Straße stieß man 1839 auf das große römische Gräberfeld mit insgesamt 6000 Gräbern. Dabei entdeckte man auch den Grabstein einer frühen Christin. Seine Inschrift lautet auf deutsch: „Zum (in Zeichen: Alpha-Christogramm-Omega) seligen Gedenken für Sarmannina, die in Frieden ruht, mit den Märtyrern vereint." Dieses Grab aus der zweiten Hälfte des 4. Jahrhunderts mit dem christlichen ☧-Zeichen ist einer der ältesten Beweise christlichen Glaubens in Bayern.

400 Jahre Römerherrschaft

Die Kelten, welche vom 5. bis ins 1. Jahrhundert v. Chr. im Gebiet von Regensburg lebten, nannten ihre Siedlung Radaspona. In der zweiten Hälfte des 1. Jahrhunderts n. Chr. errichteten die Römer im Stadtteil Kumpfmühl ein Kohortenkastell mit einer Zivilsiedlung. Unter der Herrschaft des Kaisers Marc Aurel (161–180 n. Chr.) kämpften die Römer von 162 bis 165 gegen die Parther und von 166 bis 175 gegen die Markomannen, die im Gebiet der heutigen Tschechoslowakei lebten. Nachdem man diese besiegt hatte, verlegte man die neugebildete 3. Italische Legion nach Regensburg, um die Nordgrenze der Provinz Rätien besser zu schützen. Diese Legion mit rund 6000 Mann begann umgehend in der Nähe der Donau ein Kastell zu errichten, das sie Castra Regina nannten, die „Burg am Regen". 179 n. Chr. war sie fertig, wie eine Tafel aussagt, die man 1873 im Bauschutt des römischen Osttores auffand. Danach hat die 3. Italische Legion unter dem Statthalter Marcus Aurelius Clemens Dextrianus zur Zeit Kaiser Marc Aurels und seines Sohnes Commodus die „Mauer mit Toren und Türmen" erbauen lassen. Wissenschaftler haben errechnet, daß dies zu Beginn des Jahres 179 gewesen sein muß. Das Kastell maß 540 mal 450 Meter. Die Mauer hatte ein Bruchsteinfundament, darauf einen Mauersockel und darüber Quadersteine bis zur Höhe von 4,80 Meter. Von den 30 Türmen waren 4 Ecktürme, 8 Tortürme und 18 gewöhnliche Mauertürme. Nach jeder Himmelsrichtung führte ein von zwei Türmen flankiertes Doppeltor.

Das Foto oben zeigt die Porta Praetoria, und zwar den 11,5 Meter hohen Ostturm dieses Nordtores mit einem der beiden Tore. Das andere ist vermauert. Die Türme waren 7 Meter breit und sind nach der Porta Nigra in Trier die besterhaltenen Hochbauten aus der Römerzeit in Deutschland. Das untere Bild zeigt die über drei Meter langen Fragmente der Torinschrift, die ursprünglich etwas über acht Meter lang war. Sie befindet sich im Regensburger Stadtmuseum. Regensburg rühmt sich, mit ihr die älteste Stadtgründungsurkunde einer deutschen Stadt zu besitzen.

Geschichte in Stein – Romanik in Regensburg

Schottenkirche St. Jakob

Allerheiligenkapelle

Eine so alte Stadt wie Regensburg besitzt natürlich steinerne Zeugen aller Bauepochen. Sie sind so zahlreich, daß man allein mit ihrer Aufzählung ein Buch füllen könnte, wenn auch nach der Römerzeit eine fast dreihundertjährige Lücke in der Stadtgeschichte klafft, die bisher keine Urkunde, kein Grabungsfund eindeutig hätte schließen können. Nur an einer Stelle konnte man einen tiefen Blick in das alte Regensburg tun: Als von 1964 bis 1968 der gesamte Untergrund der Niedermünsterkirche untersucht wurde, stieß man auf sieben Schichten Stadtgeschichte, angefangen vom römischen Legionslager aus dem 2. Jahrhundert über die frühbaierische Herzogspfalz um 600 und die erste Bischofskirche um 700 bis herauf zu den Damenstiftskirchen aus dem 8. und 10. Jahrhundert.

Im Jahre 1067 kamen irisch-schottische Mönche nach Regensburg. 1140 begannen sie mit dem Bau eines Klosters und der Klosterkirche St. Jakob, die in Regensburg noch heute Schottenkirche heißt. Sie ist das klassische Muster einer romanischen Basilika. Die unverputzten Steine liegen fugendicht aufeinander. Im Inneren trennen zwei Reihen wuchtiger, runder Säulen die niedrigen Seitenschiffe vom hohen, schmalen Hauptschiff. Die Kreuzigungsgruppe am Chorbogen stammt von etwa 1180. Höhepunkt der Kirche ist die Portalwand, als „Schottenportal" (△) berühmt und bewundert. Diese dunkle, düster wirkende Wand mit dem Rundbogenportal ist übersät mit einer Vielzahl menschlicher und tierischer Figuren, deren Bedeutung noch nicht restlos geklärt ist. Sie mahnten die frühen Christen zur Sühne.

In den östlichen Domkreuzgang ließ Bischof Hartwig II. (1154 bis 1164) die Allerheiligenkapelle (▷) als Begräbniskapelle einbauen. Den kleinen wunderbaren Zentralbau haben wohl lombardische Bauleute ausgeführt. Die innen nach Westen offene Kapelle hat drei halbrunde Apsiden. Die Kuppel liegt auf einem achteckigen Aufbau, dessen Seiten in einem dreibogigen Fries enden. Das Innere ist noch original bemalt. Die Fresken zeigen Szenen zur Lesung des Allerheiligenfestes. Ungewöhnlich ist der Tischaltar, wie er nur noch in Braunschweig anzutreffen ist. Die Platte ruht auf vier Säulen mit Würfelkapitellen und einem Stützpfeiler. Diese Kapelle zählt zu den großen Meisterwerken der Romanik. Sie besticht durch die Harmonie, die sie in ihrem italienischen Äußeren wie auch in ihrem beinahe byzantinisch wirkenden Inneren ausstrahlt.

Dabei entdeckte man auch das unversehrte Grab des heiligen Bischofs Erhard aus der Zeit um 700. Doch ab der Zeit der Romanik, also nach der Jahrtausendwende, geht die Ungewißheit zu Ende. In diesem Baustil, der alles Überflüssige vermeidet und nur die Wucht der Steine sprechen läßt, entstehen in Regensburg Bauwerke von zeitloser Schönheit und für die da-

malige Zeit von höchster Handwerkskunst. Sie sind noch größtenteils, wenn auch nicht immer unverfälscht, erhalten. Wo in Regensburg ein Spaten angesetzt wird, ein Bagger seine Zähne in die Erde gräbt, herrscht bei den Denkmalpflegern Alarm, meist nicht zu Unrecht. Der Boden Regensburgs ist so geschichtsträchtig, daß beinahe jedes Jahr neue Funde ans Tageslicht kommen. So wurde man zuletzt 1985 beim Einbau der Bischofsgruft im Hochchor des St.-Peters-Domes fündig.

Keinen Meter unter dem Steinfußboden entdeckte man romanische Kalksteinkapitelle. Sie gehörten zu einem Säulengang, der den romanischen Dom mit der einstigen Taufkapelle St. Johannes verband.

An diesen romanischen Dom erinnert noch einer der beiden Türme, der heute als „Eselsturm" erhalten ist. Diesem ging bereits ein karolingischer Dom voraus.

Höhepunkte romanischer Baukunst sind die Klosterkirche Prüfening und die Schottenkirche St. Jakob. Romanisch sind Herzogshof, Erhardikrypta und Allerheiligenkapelle, Wolfgangs- und Ramwoldkrypta in St. Emmeram sowie in deren romanischer Vorhalle die Steinplastiken eines thronenden Christus und der Heiligen Emmeram und Dionysius, die zu den ältesten Bayerns zählen. Das Astrolabium um 1060, Kreuze und Kultgegenstände in verschiedenen Museen zeigen: Regensburg war schon damals ein Zentrum von Kunst und Kultur.

Herzogshof am Alten Kornmarkt

Klosterkirche Prüfening

Kein Regensburger Platz ist so geschichtsträchtig wie der Alte Kornmarkt: Hier haben Menschen seit Jahrhunderten gelebt, gebaut, gebetet. Wenn man rundumblickt: Von der Alten Kapelle im Süden über den Herzogshof, den „Römerturm" das Stift Niedermünster bis zur barocken Karmelitenkirche: Hier weht der Geist der Geschichte. Das Bild (◁) zeigt den gelben Komplex des Herzogshofes, den Ludwig der Kelheimer nach 1200 als Herzogssitz erbauen ließ. Doch hier residierten schon die Agilolfinger, die Regensburg zur ersten bayerischen und deutschen Residenz machten. Der Herzogssaal mit einer romanischen Pfalzkapelle besitzt Bauteile aus der Romanik und Gotik. Den mächtigen Turm daneben nennt der Volksmund „Römerturm". Mit seinen unten vier Meter starken Granitmauern diente er wohl als Schatzkammer.

Die 1119 geweihte Klosterkirche Prüfening ist eine Stiftung Bischof Ottos I. von Bamberg. Sie besitzt wie das Mutterkloster Hirsau ein großes Querschiff und östlich davon zwei Seitenschiffe mit aufgesetzten Türmen. Ursprünglich hatte sie fünf Apsiden, doch wurden die beiden aus den Seitenschiffen herausspringenden später abgebrochen. Einmalig sind die Wände wie Decke des Chorraumes bedeckenden Fresken, die zu den besterhaltenen romanischen Malereien zählen. In der Kuppel thront eine Frauengestalt, die Ecclesia, welche die Kirche verkörpert. Sie ist von den Symbolen der vier Evangelisten umgeben (△). An den Seitenwänden die Gestalten Bischof Ottos I. und Kaiser Heinrichs V. und nach oben in aufsteigender Rangfolge Bekenner, Propheten und Märtyrer.

Dom St. Peter

Der gotische Dom St. Peter ist die vierte Bischofskirche von Regensburg am gleichen Platz. Sein Bau nach französischen Vorbildern wurde bald nach 1260 begonnen. 1276 konnte man bereits den ersten Altar weihen. Früher wartete man nicht die Fertigstellung des gesamten Baus ab, sondern nahm jeden fertigen Teil umgehend in Benützung. Die Ausmaße dieser bedeutendsten gotischen Kathedrale Bayerns sind gewaltig. Ihre lichten Maße sind: Länge 85,4 Meter, Breite 35 Meter, Höhe des Mittelschiffs 32 Meter, der Seitenschiffe 19 Meter und der beiden Türme 105 Meter. Die Hauptfront des aus Kalk- und Sandstein erbauten Steinkolosses geht nach Westen, dessen dreieckiger Portalvorbau allerdings erst im 14. Jahrhundert entstand. Das verschieden gefärbte Fassadengestein läßt erkennen, daß Verwitterung und Umwelteinflüsse die Bausubstanz schon so beschädigt haben, daß die staatliche Dombauhütte unentwegt an der Erhaltung und Restaurierung des Domes arbeiten muß. Besonders sehenswert sind die herrlichen Glas-

◁ *Westfront des Domes St. Peter, mit rotem Helm links der Eselsturm*
▽▽ *Der Dombereich ist das Zentrum kirchlichen Lebens der Stadt: Palmprozession im Domgarten.*

fenster, die zu den ältesten in Deutschland zählen. Das „Wurzel-Jesse-Fenster" stammt noch aus der Romanik um 1220/1230. Diese einmaligen mittelalterlichen Glasmalereien ergänzte Prof. Josef Oberberger farb- und stilangepaßt im nördlichen Nebenchor (1968), durch das große Pfingstfenster im Oberteil des Nordquerhauses (1988) und durch die neue Obergadenverglasung im Langhaus (1989). Das Dominnere ist rein gotisch, wie es nur noch selten anzutreffen ist. Hoch schwingen sich die gewaltigen Pfeilerwände empor. Neben dem Südportal befindet sich ein gotischer Ziehbrunnen von 1501, dahinter über dem Portal innen ein schöner Treppengiebel. Der alte Hochaltar ist das Werk Augsburger Silberschmiede und wurde 1785 vollendet. Die fünf Seitenaltäre stammen noch aus der Gotik. Von den gotischen Plastiken ist die Verkündigungsgruppe an den Vierungspfeilern besonders schön. Sie schuf der „Erminoldmeister" um 1280.

Glasfenster im Hauptchor von 1310/1320. △

Blick vom Domdach aus auf Maßwerke, Fialen, Kreuzblumen und auf einige drachenförmige Steinungeheuer, die als Wasserspeier dienen. ▷

Durchblick durch die gotischen Turmfenster auf Niedermünster- und Karmelitenkirche sowie den Römerturm mit Herzogshof vorn rechts. ▽

Die frühgotische St.-Ulrichs-Kirche am Dom ist unter den Kirchen Bayerns einmalig. Das Gotteshaus, das heute Diözesanmuseum ist, besitzt im Westen ein Radwerkfenster nach dem Vorbild der Kathedrale von Laon und im Inneren eine umlaufende Empore, die von 16 Säulen getragen wird. 1263 wurde sie erstmals erwähnt.

Der erste Abt des Klosters Prüfening, Erminold, wurde 1121 von einem Mitbruder ermordet. Abt Ulrich ließ 1283 für seinen Vorgänger ein Hochgrab errichten, das ein unbekannter Künstler so qualitätvoll ausführte, daß er in die Kunstgeschichte als „Erminoldmeister" eingegangen ist. Er schuf auch die Verkündigungsgruppe im Dom.

Die Regensburger Domspatzen

Der Regensburger Domchor, allgemein nur die „Regensburger Domspatzen" genannt, ist ein weltberühmter Knabenchor, der 1976 sein tausendjähriges Bestehen feierte. Der heilige Bischof Wolfgang gründete 975 eine Domschule. In ihr erhielten die Zöglinge auch eine musikalische Ausbildung, mußten dafür aber in der Domkirche den liturgischen Gesang übernehmen.

Domkapellmeister Joseph Schrems leitete im vorigen Jahrhundert die Blütezeit des Chors ein, der unter Professor Dr. Theobald Schrems weltweit berühmt wurde. Der jetzige Domkapellmeister Georg Ratzinger setzt diese Tradition sowohl programm- als auch stimmmäßig fort. Domspatzenkonzerte sind unvergeßliche musikalische Erlebnisse.

Die Dominikanerkirche errichteten die Dominikaner von 1245 bis 1300. Sie ist in ihrer Schlichtheit eine der großartigsten Kirchen der Stadt. Der strenge Bau besitzt nur einen bescheidenen Dachreiter als Turm, aber in der Westfassade ein riesiges mehrteiliges Fenster (△▷). Hier wirkte Albertus Magnus.

Kreuzgänge

Kaum eine deutsche Stadt besitzt so viele Kreuzgänge wie Regensburg. Der Emmeramskreuzgang gilt als einer der schönsten und größten im deutschen Sprachraum. Das Prachtportal am Ende des Nordflügels (▷) stammt etwa aus der Zeit von 1220 bis 1240. Das Minoritenkloster besaß ursprünglich zwei Kreuzgänge, nur der größere frühgotische ist erhalten und jetzt ins Stadtmuseum einbezogen. Der Domkreuzgang ist ohne direkte Verbindung zum Dom. Er besitzt eine seltene Mittelhalle. Der Kreuzgang der Dominikanerkirche ist im Mauerwerk und den Fenstern frühgotisch, die Decke spätgotisch. Der Kreuzgang des Dominikanerinnenklosters Hl. Kreuz war früher innen bemalt und hat schöne Glasfenster. Der Kreuzgang des ehemaligen Schottenklosters ist größtenteils barock. Die Kreuzgänge von Niedermünster und der Alten Kapelle sind nur noch in Resten erhalten.

Die Steinerne Brücke

An keinem Bauwerk hängen die Regensburger so wie an der Steinernen Brücke. Sie brauchen sie, sie lieben sie, auf sie sind sie stolz!

Kein anderer Bau vereinigt in sich diese Kraft und Wucht, diese Harmonie zwischen Form und Zweck, keiner vermittelt so sehr den Ausdruck des Beständigen wie dieses steinerne Wunder aus dem Mittelalter. Nichts an ihr ist gerade: Sie steigt zur Mitte um fünf Meter an, ihre Bögen sind nicht gleich weit, und sie buchtet etwas nach Osten aus. Aber gerade das schafft die Spannung des Ganzen. Die Steinerne Brücke ist die älteste erhaltene Brücke Deutschlands. Sie wurde von 1135, einem extrem trockenen Jahr, bis 1146 erbaut und war während des Mittelalters die einzige Massivbrücke an der Donau zwischen Ulm und Wien!

Ursprünglich hatte sie fünfzehn Pfeiler und sechzehn Bögen. Auf dem stadtseitigen Pfeiler steht heute das Brückentor mit den alten Salzstadeln, ihre Länge von 336 Meter verringerte sich auf 309 Meter. Lange Zeit besaß sie drei Türme. Der durch die breiten Beschlächte bedingte Anstau der Donau behinderte zwar die Schiffahrt, doch konnte man dadurch unter den Bögen Schiffsmühlen betreiben, ein einst blühendes Gewerbe. Zweimal versuchte man sie zu sprengen, 1633 im Dreißigjährigen Krieg flog ein Brückenbogen in die Luft, 1945 gleich deren vier, jedesmal wurde sie wieder aufgebaut. 1985 beging Regensburg mit einem großen Fest und einem Prachtfeuerwerk das 850jährige Bestehen dieses einmaligen Bauwerkes, das noch heute lebenswichtig für die Stadt ist und sich auch dem modernen Verkehr gewachsen zeigt. Für die Regensburger ist ihre Stadt ohne diese Brücke nicht vorstellbar!

Rathaus und Reichssaal

Das Alte Rathaus ist ein original gotischer Bau, den die Bürgerschaft im 14. Jahrhundert errichtete. Durch die historische Entwicklung wurde der Festsaal zum Reichssaal. 60 Reichstage fanden hier statt, und lange Zeit tagte in ihm der Immerwährende Reichstag.
Die Bilder zeigen den Reichssaal (▷) während einer Veranstaltung. Die 350 Quadratmeter große Holzdecke von 1408 ist freitragend. Der Kaiser saß drei Stufen, die Kurfürsten zwei Stufen über den Gesandten. Unten ein Beratungszimmer der Kurfürsten mit einem runden, grüngedeckten Tisch. Von dort soll die Redensart stammen, die Entscheidung sei bereits „am grünen Tisch" gefallen. Ganz unten die einzige Original-Fragstatt aus dem Mittelalter in den Rathausverliesen und rechts eine der beiden Steinfiguren, die als „Schutz und Trutz" das Rathausportal bewachen.

Karthaus Prüll

Gesandtengräber an der Dreieinigkeitskirche

Im Süden Regensburgs wurde 997 das Benediktinerkloster Prüll gegründet, das 1483 die Karthäuser übernahmen. Die romanische Urkirche ist die älteste Hallenkirche in Bayern, den Chor vollendeten die Karthäuser. Der Hochaltar (△) ist eine Stiftung Herzog Wilhelms V. von Bayern. Das in bestem Spätrenaissancestil ausgeführte Werk zeigt im Mittelteil eine sehr gute Kreuzigungsgruppe aus der Zeit um 1640.

Seit dem 16. Jahrhundert benützten Katholiken und Protestanten die Dominikanerkirche gemeinsam. Da es oft Streitigkeiten gab, begannen die Protestanten 1627 mit dem Bau der Dreieinigkeitskirche. Als Baumeister holten sie aus Nürnberg Johann Carl, der dort das Renaissance-Rathaus erbaut hatte. Die 1631 geweihte Kirche ist eines der eindrucksvollsten evangelischen Gotteshäuser in Regensburg. Ihre Toten mußten die Protestanten damals außerhalb der Reichsstadt begraben. Die Gesandten am Immerwährenden Reichstag waren jedoch exterritorial. Sie wurden, soweit sie protestantisch waren und in Regensburg verstarben, an der Ost- und Südwand des kleinen Hofes um die Dreieinigkeitskirche beigesetzt. Diese eindrucksvollen Grabmäler (△) sind noch heute eine Besonderheit und gaben der Gesandtenstraße ihren Namen. Die Dreieinigkeitskirche, die 1537 fertiggestellt und 1542 der Augsburger Konfession übergeben wurde, und die einst gotische Oswaldkirche, die 1543 evangelisch wurde, sind die sehenswertesten evangelischen Gotteshäuser der Stadt.

Krypten und Schreine: Zu den ehrwürdigsten Sakralräumen Regensburgs gehört die Wolfgangskrypta (◁) in St. Emmeram, die Papst Leo IX. im Jahre 1052 konsekrierte. In dem kleinen fünfschiffigen Raum mit den sechzehn romanischen Säulen und den vielen Halbrundnischen werden in einem 1870 gefertigten neugotischen Schrein die Gebeine des hl. Wolfgang aufbewahrt (▽). Unter dem Hochaltar des Hauptschiffes befindet sich ein Reliquienschrein aus der Zeit um 1440, der außen mehrere Heilige zeigt, so den hl. Dionys rechts (▽), daneben den hl. Wolfgang, oben die Krönung Mariens, musizierende Engel und die hl. Barbara.

Die Alte Kapelle

Der Name täuscht: Die Alte Kapelle am Kornmarkt ist eine stattliche Basilika und das Regensburger Prachtbeispiel einer überschwenglichen Rokokokirche, obwohl ihr Bau Stilelemente von der karolingischen bis zur Rokokozeit enthält. Den prächtigen Stuck der von 1747 bis 1773 im Rokokostil umgestalteten Kirche schuf ein Wessobrunner Meister, den Hochaltar und wohl auch die Oratorien der Regensburger Bildhauer Simon Sorg. Das Bild (▷) zeigt die Figur der Europa über einem der vier Oratorien. Damals kannte man nur vier Erdteile, Australien wurde erst 1780 als Erdteil bezeichnet. Die Kirche besitzt einen freistehenden Glockenturm, in dem römische Quadersteine verarbeitet wurden. In der Südkapelle wird das vielverehrte Gnadenbild „Unserer Lieben Frau zur Alten Kapelle" aufbewahrt, das um 1230 in Regensburg entstanden sein soll.

Sehenswerte Bürgerhäuser

Kaum eine andere bayerische Stadt hat so viele alte Bürgerhäuser und historische Profanbauten wie Regensburg. Von der frühen Gotik an sind lückenlos Beispiele der Profanbaukunst aller Epochen erhalten. Einige dieser Häuser können in ihren Hausschildern eine Art Lebenslauf vorweisen, wie das Haus Bismarckplatz 4 (▽).

Drei Steintafeln aus den Jahren 1567, 1767 und 1886 lassen erkennen, wer das Haus erbaute und renovierte. 1567 baute es der Hufschmied Michael Silbernagel, der Vogel mit dem Hufeisen im Schnabel des Schildes von 1767 war das Wappentier des Nächstbesitzers, Joseph Diener, und als das Haus 1886 renoviert wurde, besaß es der Schreiner Jakob Kaiser, wie der Zunfthinweis mit Zirkel und Hobel aussagt. Das Haus „Roter Herzfleck 2" (▽) hat seinen beziehungsvollen Namen von einem gleichnamigen Gasthof in diesem Hause, in dem auch die Gesandten vom nahen Reichstag gelegentlich abgestiegen sein sollen. Dieses Haus stammt aus dem 13. Jahrhundert, ebenso wie das einstige Wohnhaus Keplers (▽) in Regensburg, das 1977 restauriert wurde, wobei die seltenen frühgotischen Malereien an der Hauswand festgestellt wurden. Kepler starb 1630 in einem Haus gegenüber, in dem heute eine Kepler-Gedächtnisstätte eingerichtet ist.

Europäischer Städteadel

Beim Stadtfreiheitstag 1986 stellte Oberbürgermeister Friedrich Viehbacher fest: „Regensburg gehört nach Alter und Bedeutung zum europäischen Städteadel!" Niemand wird dies bestreiten. Die klassische Regensburg-Ansicht bietet der Blick vom Unteren Wöhrd auf die Steinerne Brücke, das alte Brücktor mit den mächtigen Salzstadeln zu beiden Seiten und dem hochragenden Dom im Hintergrund (◁). Überblickt man vom Dom-Südturm die Altstadt (▽), so sieht man auf ein Gewirr enger Straßen und Gassen mit alten Häusern, aus denen immer wieder hohe Türme herausragen. Diese wurden von reichen Patriziern im 13. und 14. Jahrhundert nach italienischem Vorbild aus reinen Prestigegründen erbaut. Der Goldene Turm (▽) mit 42 Meter Höhe ist von den ursprünglich 60 Geschlechtertürmen, von denen noch 20 erhalten sind, der höchste und besterhaltene.

Charme in einer alten Stadt

Die meistfotografierte Regensburgerin war bis vor wenigen Jahren Maria Beer, die bis ins hohe Alter bei jedem Wetter und zu jeder Jahreszeit auf dem Domplatz Rettiche verkaufte. „Radiweiber" sind eine Besonderheit der Stadt (▷) und die guten Weichser Rettiche sollen ihre Milde und Würze vor allem aus dem alten Schwemmboden von Regen und Donau beziehen, der jahrhundertelang seine Düngung aus den Holzabfällen eines Ländeplatzes erhielt. Heute ist die bekannteste Regensburgerin Mariae Gloria Fürstin von Thurn und Taxis, die junge, hübsche, doch exzentrische Gemahlin des Fürsten Johannes. Zu diesem Fürstenhaus haben die Regensburger ein eigenartig enges Verhältnis, das bis auf die Zeit zurückgeht, als der Fürst von Thurn und Taxis beim Reichstag den Kaiser als Prinzipalkommissar vertrat. Regensburg ist also auch wegen seiner Frauen bekannt, vor allem wegen seiner schönen Frauen. Bei den Bürger- und Altstadtfesten, die seit 1973 in unregelmäßigen Abständen gefeiert werden, kommen bis zu 200 000 Besucher. Dann öffnen sich die intimen Innenhöfe alter Bürgerhäuser zu Spiel, Tanz und Musik (▽), alle Autos werden aus den Straßen verbannt und eine tausendköpfige frohe Menge wogt durch die historischen Gassen. Der Charme der Jugend konkurriert mit dem Charme dieser alten Stadt (▷).

REGENAUFWÄRTS VON REGENSBURG BIS CHAM

Nirgends ist der Bayerische Wald vielgestaltiger als am Regen. Dies ist zunächst ein Verdienst der Natur. Doch nicht selten hat auch der Mensch in das Landschaftsbild eingegriffen, wie hier bei Ramspau, wo er den Regen anstaute, früher für die Flößerei und die Holztrift, heute für ein Kraftwerk. So kann sich dieses idyllische Ortsbild farbenprächtig im Wasser spiegeln. Die Pfarrkirche St. Laurentius mit einem Turm von 1761 wurde 1904 neu gebaut und im Empirestil ausgestattet. Links über dem Ufer steht das 1726 vollendete Schloß Ramspau. Trotz des großen Daches wirkt es durch die vier Ecktürme mit ihren zierlichen barocken Zwiebeltürmchen graziös und elegant.

Der Regenfluß

Der Regen ist der bedeutendste Fluß des Bayerischen Waldes. Der Name „Regen", der im deutschen Sprachraum für einen Fluß einmalig ist, gilt an sich nur für das Flußstück von Pulling bis zur Regenmündung in Regensburg. Die Regenquelle liegt jenseits der Grenze in der Tschechoslowakei, wenige Kilometer östlich von Markt Eisenstein, das heute Zelezna Ruda heißt. Bei Bayerisch Eisenstein fließt er über die Grenze und heißt jetzt „Großer Regen", obwohl er an sich noch recht klein ist. Doch es gibt auch einen „Kleinen Regen", der nordöstlich des Großen Rachel ebenfalls in der Tschechoslowakei entspringt. Mitten in der Stadt Zwiesel vereinigen sich beide, daher kommt auch der Name der Waldstadt, die an diesem Zwie-sal liegt.

Eigenartigerweise heißen nun beide nicht etwa weiterhin „Großer Regen", sondern „Schwarzer Regen". Doch das paßt gut, denn die bis ans Ufer stehenden Fichten und Tannenbäume spiegeln sich oft schwarz im Fluß, aus dem grauweiß abgeschliffene Granitblöcke ragen.

Hinter Viechtach ist der Fluß angestaut und bildet den Höllensteinsee und später den Blaibach-See. Wenn er diesen verläßt, kommt von Osten der „Weiße Regen", der aus dem Kleinen Arbersee abfließt und bereits den Lamer Winkel entwässert hat. Nach ihrer Vereinigung legt der Regen alle Namenszusätze ab und nennt sich nur noch schlicht „Regen".

Sicher hat der Regenfluß auch mit dem Regen als Niederschlag etwas zu tun, aber ob sich sein Name davon ableitet, ist unbekannt. Daß die Kreisstadt Regen ihren Namen von diesem Fluß hat, ist unbestritten. Es gibt noch weitere Orte mit dem Namen des Flusses im Ortsnamen. Bei Regensburg geht dies bis auf die Römerzeit zurück. Bei den Römern hieß es Castra Regi-

na, was einfach „Burg am Regen" bedeutet.

Das Einzugsgebiet des Regen und seiner Zuflüsse ist 2874 Quadratkilometer groß. Die Länge der einzelnen Regenflüsse ist: Großer Regen 18 Kilometer, Kleiner Regen 16 Kilometer, Schwarzer Regen 60 Kilometer, Weißer Regen 38 Kilometer und Regen 107 Kilometer. Alle zusammen haben eine Länge von 239 Kilometer, von der Quelle des Großen Regen bis zur Mündung sind es 185 Kilometer.

Eisgang am Regen

Nicht immer ist der Regen ein harmloser Fluß. Bei Tauwetter und zur Schneeschmelze gibt es oft Hochwasser und Eisgang. Das Foto bei Regendorf von 1976 zeigt, wie der Fluß kilometerweit das Land mit Eisschollen überschwemmt hat. Die Eisverhältnisse des Regen vom Winter 1975/1976 zeigen erstaunliche Unterschiede. So gab es in Zwiesel am Großen Regen mit 558 Meter Meereshöhe an 49 Tagen eine geschlossene Eisdecke, an 31 Tagen Randeis. In Teisnach am Schwarzen Regen mit 445 Meter Höhe wurden 34 Tage Randeis und 27 Tage Treibeis registriert, und in Regenstauf mit 331 Meter Höhe verzeichnete man 13 Tage Randeis, 17 Tage Treibeis und 17 Tage geschlossene Eisdecke. Ein Anstau des Flusses, ja schon ein Brückenpfeiler, können seine Fließgeschwindigkeit und damit sein Verhalten verändern.

Der Lauf des Regenflusses

Der Regenfluß macht mehrere Umwege, um ans Ziel zu kommen. Seine Hauptfließrichtung ist westlich, um nach der Einmündung in die Donau nur noch östlich zu fließen. Niemand kann genau sagen, warum sein Lauf so eigenartig ist. Zwingt ihn der Pfahl dazu, kurz hinter der Stadt Regen plötzlich nordwärts einzuschwenken? Wieso brach er sich ausgerechnet durch die Bergkette bei Chamerau zwischen Lamberg und Kleinem Roßberg einen Weg? Warum ist er bei Roding nicht in die Mittlere Oberpfalz durchgebrochen, um sich vielleicht mit der Naab zu vereinigen? Niemand konnte bisher diese Fragen schlüssig beantworten, es wird vielleicht für immer ein Rätsel unserer oberpfälzischen Geologie bleiben. So nimmt er lieber den Weg durch den felsigen Vorwald. Vielleicht ist er wegen einer Schwächezone in der Erdkruste plötzlich bei der Ruine Stockenfels, die es in grauer Vorzeit natürlich noch gar nicht gab, von West nach Süd eingeschwenkt. Hier am Regenknie erreicht der Fluß übrigens den nördlichsten Punkt seines Laufes, um sich dann zielsicher nach Süden, der Donau zuzuwenden.

Steil fällt der Blick von den Granitfelsen des Beilstein nahe der 588 Meter hohen Franzenshöhe hinunter ins Regental, wo 200 Meter tiefer der Bayerwaldfluß eben den großen Schwenk nach Süden vollzogen hat. Über die nur ganz klein aus dem Wäldermeer herausragende Ruine Stockenfels geht der Blick weit hinaus in die Oberpfalz, ein Bild, das Ruhe und Weite atmet. Rein geographisch ist der Bayerische Wald am Regen zu Ende. Nördlich von ihm gehört das Gebiet zum Oberpfälzer Wald, der sich nordwärts bis zum Stiftland ausbreitet.

Das Forsthaus Süssenbach am Regen (oben) und der kleine Ort Hirschling liegen an einer großen S-Kurve, welche der Regen hier macht, und bilden eines der malerischsten Landschaftsbilder am unteren Regenlauf. Straße, Fluß und die wenigen Häuser drängen sich hier eng zusammen. Zu beiden Seiten des Tales steigen steil die dichtbewaldeten Höhen auf.

Bei Hirschling (unten) beherrscht das Schloß mit einem kleinen Türmchen und einem mittelalterlichen Treppengiebel das Ortsbild. Man hat den einfachen, rechteckigen Schloßbau in den letzten Jahren mehrfach renoviert und zuletzt auch die im Erdgeschoß des Schlosses befindliche Schloßkapelle St. Dionysius. Sie besitzt Rokokostuck und eine einfache Ausstattung. Hirschling ist noch eine echte Idylle, wenn auch der verhältnismäßig starke Straßenverkehr auf dem gegenüberliegenden Ufer manchmal diesen Eindruck stört.

Die Burgruine Stockenfels

Die sagenumwobenste Burg am Regen ist Stockenfels, von der heute nur noch eine Burgruine übriggeblieben ist. Wann diese Burg erbaut wurde, ist unbekannt. 1326 wird sie erstmals erwähnt, doch sind dabei die Umstände nicht ganz einwandfrei. Das Vizedomamt Lengenfeld hat diesen Besitz der bayerischen Herzöge erst nachträglich nach einer Rasur in das Urbar eingebessert.

Über keine Burg am Regen gibt es eine so vielfältige und umfangreiche Literatur wie über Stockenfels. Während des Dreißigjährigen Krieges verfiel die Burg, und 1685 stellte man bei Verkaufsverhandlungen fest, Stockenfels sei „ruiniert". Der damalige Pächter hatte 45 Jahre lang alles verkommen lassen. Erst 1792 bekam die Burg wieder ein Dach, damit sie nicht vollständig verfiel. Doch auch dieses verkam bald wieder.

Die Burg Stockenfels war ursprünglich dreiteilig. Alle drei Teile bildeten ein 30 mal 12 Meter großes Rechteck. Diese drei Teile waren der zuletzt fünfgeschossige Wohnturm oder Bergfried, dann die Küche mit einem kleinen Hof und Brunnen und schließlich der eigentliche Wohnbau. Am besten erhalten waren lange Zeit die Reste des Wohnturms, doch wird seit Jahren an der Restaurierung der Burg gearbeitet. Sie gehört wie ein kleiner Teil des Regenflusses hier zum Landkreis Schwandorf.

Das Mauerwerk steht auf einem Granitrücken, 120 Meter über dem Fluß. Von hier hatte man einen weiten Blick auf das Regenknie und die alte Handelsstraße gegenüber. Stockenfels gilt beim Volk als Geisterburg. Bierpanscher und unehrliche Wirte gehen hier des Nachts um. Sie müssen das gleiche Quantum gepanschten Bieres trinken, das sie einst verdünnt haben. Und in den dunklen Verließen schmachten die Geister von Richtern, die einst über einfache Leute zu hart oder unredlich urteilten.

Heilinghausen

Der kleine Ort am linken Regenufer besitzt eine äußerlich bescheidene St.-Michaels-Kirche. Sie ist im Ursprung aus dem 15. Jahrhundert, wurde aber nach einem Brand 1793 neu aufgebaut. Das Kirchlein war früher eine besuchte St.-Salvator-Wallfahrt. Das Gnadenbild ist eine lebensgroße Holzplastik des auferstandenen Christus auf dem Hochaltar aus der Zeit um 1500. Sie zeigt den Erlöser im Mantel, Brust und Beine sind frei. Die Rechte ist zum Segen erhoben, die Linke hält eine Weltkugel.
Diese Wallfahrt wurde früher bei Augenleiden gerne aufgesucht. In der Sakristei ist noch ein Ziehbrunnen mit einem verzierten Aufzugbalken, mit dem sich die Wallfahrer das Wasser zum Spülen der Augen heraufholten. Augenleiden waren bei dem ständigen Rauch durch offene Herdfeuer einst weitverbreitet.

Mühle Dicherling

Zwischen Walderbach und Regenpeilstein liegt malerisch am rechten Flußufer die Mühle Dicherling. Hier ist der Regen wie an vielen anderen Stellen für den Mühlenbetrieb, aber auch für die frühere Floßfahrt angestaut. Neben dem Wehr kann man gut die alte Floßschleuse erkennen.
Mitte des vorigen Jahrhunderts ließ der Staat die Schiffbarmachung des Regen prüfen. Das Ergebnis war negativ. Auch ein Holzhändler scheiterte mit dem Versuch, Holztrift und Flößerei einzuführen. Der ungeregelte Flußlauf mit vielen Felsen machte dies unmöglich. So bekam die staatliche Forstverwaltung den Auftrag, den Regen trift- und floßbar zu machen. 1868 bestanden bereits zwanzig Schleusen am Regen, später sogar vierzig, die das Wasser mit ihren Wehren stauten und eine reibungslose Floßfahrt erlaubten.

Burg Stefling

Wo sich ostwärts das enge Regental etwas weitet, liegt auf einem nach drei Seiten abfallenden Bergrücken die noch bewohnte Burg Stefling. Sie ist uralt und wird bereits 991 als im Besitz des Regensburger Burggrafen Papo erwähnt. Danach gehörte sie noch den bayerischen Herzögen, den Hofern auf Lobenstein und der Pfälzer Linie der Wittelsbacher und ist heute im Besitz des Grafen von der Mühle-Eckart, der seinen Stammsitz im nahen Leonberg hat. Die Burg hat ihren Charakter weitgehend bewahrt. Die Mauern stammen teilweise noch aus romanischer Zeit. Die Schloßkapelle im Rokokostil besitzt ein romanisches Kruzifix. Der nur noch zweigeschossige Bergfried kann vom Burghof aus bestiegen werden. 1748 wurde die Burg umgebaut und entspricht im wesentlichen noch heute dem damaligen Zustand.

Burg Hof am Regen

Diese alte Burg, die schon 1158 erstmals erwähnt wurde und lange dem mächtigen Geschlecht der Hofer auf Lobenstein gehörte, steht auf einer felsigen Anhöhe über dem Regenfluß. Ihr Mittelpunkt ist eine romanische Burgkapelle mit zwei Obergeschossen, die wohl Wohn- und Verteidigungszwecken dienten.

Die Kapelle ist längst profaniert und wird nur noch als Abstellraum und zum Wäschetrocknen benützt. Trotzdem läßt sie auch heute noch etwas von der Wucht romanischer Bauten ahnen. Die Mauern der Kapelle, also des untersten Teils des dreigeschossigen Turmbaues, sind fast 2 Meter stark, die des Mittelgeschosses noch 1,6 Meter. Vom Boden bis zum Dach war die Turmkapelle rund 16 Meter hoch und steht auf einem Granitfelsen. Um sie herum drängen sich mehrere ältere, noch bewohnte Häuser.

Kloster Reichenbach

◁ *Wie eine Burg steht das Kloster Reichenbach über dem Regen.*

Diese gotische Madonna mit Kind von 1460 überstand den Bildersturm. ▷

Der Chorraum quillt im Rokokoüberschwang von Formen und Farben über. ▽

Wie eine Burg thront das Kloster Reichenbach mit seiner zweitürmigen Kirche über dem Regen. Reichenbach ist ein kultur- und kunstgeschichtlicher Höhepunkt des Regenlaufes. 1118 stiftete Markgraf Diepold II. von Cham-Vohburg das Kloster, der gleiche Markgraf übrigens, der auch das Kloster Waldsassen begründete. 1135 weihte Bischof Heinrich von Regensburg die Klosterkirche. 1181 brannten Kreuzgang und Konventgebäude ab. 1182 erhielt das Kloster Schutzbriefe von Papst Lucius III. und von Kaiser Friedrich Barbarossa. 1330 betraute Kaiser Ludwig der Bayer das Kloster mit der Besiedlung des Klosters Ettal. Abt Thiemo Steiner (1418–1431) ließ das Kloster so befestigen, daß es den Hussiten nicht gelang, es zu stürmen, während sie 1428 das benachbarte Kloster Walderbach verwüsteten. Im Zuge der Reformation wurde das Kloster säkularisiert. Beim Bildersturm ordnete Kurfürst Ottheinrich 1557 an, daß alle Bilder, Kruzifixe sowie die Altäre und Sakramentshäuschen zerstört werden. 1669 besiedelten die Benediktiner von St. Emmeram in Regensburg wieder das Kloster, doch 1803 bei der Säkularisation wurde es abermals aufgehoben. Die Mönche zogen weg, und in den Gebäuden richtete sich eine Steingutfabrik ein. 1884 kaufte der Regensburger Domvikar Georg Dengler das zum Abbruch bestimmte Kloster. Von ihm gelangte es über eine Missionsgesellschaft an den Orden der Barmherzigen Brüder, welche eine Anstalt für körperlich und geistig Behinderte einrichteten. Die Klosterkirche ist eine dreischiffige Basilika. An den Türen befinden sich zwei bronzene Türklopfer, romanische Löwenköpfe mit einem großen Ring im Maul. Aus der Gotik ist nicht mehr viel erhalten, doch im Rokoko wurde die Kirche vollständig innen verändert. Üppiger Stuck und gewaltige, buntfarbige Wand- und Deckengemälde springen dem Betrachter ins Auge. Eine Steinmadonna um 1420 und eine Tonmadonna um 1460 überlebten den Bildersturm. Sie waren eingemauert und wurden erst lange nachher entdeckt. Die Spuren eines durch Brandstiftung entstandenen Schadenfeuers in der Kirche sind inzwischen vollständig beseitigt. Ein von Domvikar Dengler entdeckter „Thronender Christus" aus der Zeit um 1200 erwies sich als eine der bedeutendsten romanischen Steinplastiken und ist jetzt im Bayerischen Nationalmuseum.

Kloster Walderbach

Wann das Kloster Walderbach gegründet wurde, ist nicht genau bekannt. Seine wechselvolle Geschichte ist nicht so bedeutsam wie die altehrwürdige Klosterkirche. Das an sich romanisch-düstere Innere des Gotteshauses betritt man durch ein romanisches Portal mit verzierten Säulenkapitellen. Unwillkürlich richtet sich der Blick nach oben, zu den aus massigen Pfeilern aufsteigenden Bögen und Rippen des Gewölbes, die heute noch die Malerei tragen, die ihnen unbekannte Künstler Ende des 13. Jahrhunderts auftrugen: Da gibt es farbiges, streng geometrisches Band- und Rankenwerk, die Kapitelle tragen u. a. Schlangen, Vögel und Menschenköpfe. Das um 1270 erbaute Gewölbe zeigt in den Seitenschiffen schon den Übergang zum Spitzbogen, also zur Gotik. 1748 wurden die Apsiden entfernt und ein Rokokohochaltar eingebaut.

△
Das ehemalige Kloster Walderbach vom Regen aus. Der nach außen gewölbte Gebäudeteil war der Speisesaal.

◁
Sensationell sind die romanischen Bögen und Rippen des Gewölbes mit der Malerei um 1270.

Am Eingangsportal zieren drei Männerköpfe, aus Blättern hervorschauend, ein Kapitell. ▽

Regenpeilstein

Heilbrünnl

Roding

Die Wallfahrtskirche Heilbrünnl regenabwärts von Roding geht auf eine Bilderlegende aus der Zeit nach dem Dreißigjährigen Krieg zurück. Die idyllisch gelegene Wallfahrt wird heute noch eifrig besucht. Die heilkräftige Quelle, die bei Augenleiden helfen soll, sprudelt inmitten der schönen Rokokokirche in ein ovales Marmorbecken.

Roding, seit 1952 Stadt, ist uralt und bestand vielleicht schon im 6. Jahrhundert. Obwohl es 1972 seine 110-jährige Funktion als Kreissitz verlor, konnte es durch die Garnison und beachtliche Industrie seine Bedeutung behaupten. Die Kirche wurde 1958 abgebrochen und erneuert, der Turm von 1758 blieb stehen. Interessant ist ein gotischer Karner.

Eines der schönsten Landschaftsbilder am Regen bietet sich westlich von Roding. Hier macht der Fluß einen großen Bogen. Genau in der Bogenmitte liegt hoch über dem Wasser die Burg Regenpeilstein. 1270 wurde sie erstmals urkundlich erwähnt. Den gotischen Bergfried, also den etwa 14 Meter hohen quadratischen Burgturm, errichteten die Zenger, die bis ins 14. Jahrhundert Besitzer der Burg waren. Der Eingang hierzu liegt auf der flußabgewandten Seite im ersten Obergeschoß.
Der Bergfried war früher die letzte Zufluchtsstätte der Burgbewohner bei Gefahr. Darum wurde der Zugang so schwierig wie möglich angelegt. Oft konnte man Burgtürme nur über Leitern oder gar Strickleitern besteigen.
Das malerische Burgensemble besteht aus drei Teilen: dem Bergfried, dem Wohnbau und der Burgkapelle. Diese St.-Jakobs-Kapelle stammt erst aus dem 18. Jahrhundert. Der Wohnbau wurde letztmals 1897 gründlich umgebaut und neuerdings mehrmals renoviert. Die gesamte Burganlage ist in Privatbesitz.
Von der Burg hatte man sicher über das baumlose Steilufer einen guten Blick auf den Regen. Die Lehensherren von Regenpeilstein hatten ein uraltes Recht, die Safranmauth. Von jedem vorbeischwimmenden Floß mußte an den Burgherrn ein Lot Safran als Mauthgebühr entrichtet werden. Safran wurde im Mittelalter wie andere teuere Gewürze an Geldes Statt angenommen. Das mußten sich die Flößer erst von weither besorgen, so daß man später eine Geldabgabe einführte. 1496 wird die Safranmauth erstmals erwähnt. Zusätzlich durfte sich der Lehensherr von Wiesing, dem Regenpeilstein gehörte, von jeder vorbeischwimmenden Fischtruhe einen Fisch herausnehmen. Sicher nahm man nicht den kleinsten.

Stimmungen am Regen

Thierlstein

Wasser, insbesondere fließendes Wasser, übt immer wieder auf uns Menschen einen eigenartigen Reiz aus. Dies gilt natürlich auch in besonderem Maße für den Regenfluß, der eine der schönsten Landschaften Bayerns durchfließt. Zu jeder Jahreszeit ist er anders, ja, er ändert seine Wirkung auf uns unter dem Einfluß von Licht und Sonne während eines Tages.

Die Kraft bewegten Wassers formt Landschaften, treibt Turbinen, kann Heil oder Unheil bringen. So wälzt einmal ein Fluß seine braunen Fluten daher, springt gar über seine Ufer, ein andermal ist er friedlich und erholsam.

Ein Fluß beeinflußt mit seiner großen Wassermasse auch das Klima einer Gegend. Das Wasser speichert die Wärme des Tages und gibt sie des Nachts langsam wieder an die Umgebung ab. Die Temperaturunterschiede zwischen Luft und Wasser sind auch die Ursache dafür, daß sich an Flußläufen häufiger Nebel und Dunst bilden. Regensburg an den drei Flüssen Donau, Naab und Regen gilt als nebelreich, besonders bei ruhiger Luft in der kälteren Jahreszeit.

Die obige Aufnahme entstand an einem Frühlingsmorgen am Regen westlich von Cham. Die Sonne kam gerade hoch und scheint schon fahl auf die Bäume am Uferrand. Bald wird sie ihren Kampf mit dem Nebel aufnehmen. Bizarr recken einige Weiden ihre Äste in die Luft, und aus dem Dunst kommen langsam die Wipfel einiger Weidenbäume heraus. Eine eigenartige Melancholie liegt über dem Fluß und dem Tal. Alles ist still, die Luft, der Fluß, kein Mensch ist zu sehen, kaum ein Vogel zu hören. Doch dies dauert nicht lange. Der steigende Tag bringt neues Leben auch am Regen.

Auf einem Quarzriff des Pfahls thront westlich von Cham die Burg Thierlstein über dem Weihergebiet und der Regensenke. Der runde dreigeschossige Burgturm mit unten bis zu 2,3 Meter dicken Mauern ist noch mittelalterlich. Von den erst später aufgesetzten Zinnen konnte man von dieser Burg sicher das Gebiet weitum überwachen.

Die Rötelseeweiher

Zwischen der Burg Thierlstein und dem Regen liegen in einer Schotter- und Lehmsenke die beiden Schloßweiher, der Anger- und der Lettenweiher. Beide verlanden langsam. Weiter nach Osten breiten sich der Kleine und der Große Rötelseeweiher aus, die zusammen 194 Hektar groß sind. Diese Weiherplatte gilt als ein wahres Vogelparadies und als eines der besten Brutgebiete für Wasservögel in Bayern. Angelegt wurden die Schloßweiher von den Thierlingern, die bis ins 16. Jahrhundert Herren auf Thierlstein waren.

An sich geht die Teichwirtschaft in der Oberpfalz auf die Zisterzienser zurück, bei denen strenges Fleischverbot bestand. Auch die Bevölkerung hielt die Fasttage streng ein. Ein Gastwirt verlor seine Konzession, wenn er an Fasttagen Fleisch verabreichte. So ist es kein Wunder, daß die Teichwirtschaft und insbesondere die Karpfenzucht hier in hoher Blüte standen.

Den Großen Rötelseeweiher legte Eko von Thierlstein an, der von 1498 bis 1529 Herr auf der Burg war. In der Nähe davon besaß auch das Kloster Reichenbach einen Weiher, und so einigten sich beide Seiten so, daß das Kloster das Quellwasser der Scharlau von Sonntag Sonnenaufgang bis Mittwoch Sonnenuntergang bekommen soll, die übrige Zeit der Gutsherr.

1962 und 1963 wurde im Sommer bei den Rötelseeweihern 93 Vogelarten gezählt, welche dort brüteten, im Winter dazwischen registrierte man 48 Vogelarten als Durchzügler oder Wintergäste. Viele davon stehen heute auf der Roten Liste der bedrohten Vogelarten.

Das Rötelseeweihergebiet ist seit 1. Juli 1986 Naturschutzgebiet.

Das Rötelseeweihergebiet gilt als eines der besten Brutgebiete für Wasservögel in Bayern. Leider verlanden die Weiher langsam, wie das untere Bild zeigt.

Kiebitz beim Brüten. Kiebitze gelten als Frühlingsboten. Ihr Federkleid ist schwarz und weiß, und auf dem Kopf tragen sie einen aufgerichteten Federschopf.

Kiebitzgelege. In einem Kiebitznest werden stets vier Eier ausgebrütet. Sie sind groß, braun und haben verschiedengeformte schwarze Flecken. Das Weibchen richtet die Eier immer so, daß ihre Spitzen zum Mittelpunkt zeigen.

Bläßhuhnküken kurz nach dem Ausschlüpfen. Das anfänglich rot und braunschwarze Jungtier wird später grauschwarz mit weißer Schnabelpartie.

Laubfrosch an einem Schilfhalm. Dieser populärste Frosch ist nur wenige Zentimeter lang, oben grasgrün, unten grauweiß. Er ernährt sich überwiegend von Insekten und häutet sich alle zwei Wochen.

HOLZ UND HOLZWIRTSCHAFT

Der Holzeinschlag steigt bei uns: Im Regierungsbezirk Oberpfalz wurden 1960 insgesamt 719 000 Festmeter Holz eingeschlagen, 1970 884 000 Festmeter und 1981 1 162 000 Festmeter. In den Jahren 1980/1981 gab es allerdings großen Schneebruchanfall. Auf Bayern bezogen ist die Entwicklung gleich. 1952 wurden im Staatswald, der über 32 Prozent des bayerischen Waldes ausmacht, 2 510 000 Festmeter geschlagen, 1979 aber 3 220 790 Festmeter. Die jährliche Holzernte Bayerns mit den Privatwäldern beträgt rund neun Millionen Festmeter. In Bayern als dem waldreichsten Bundesland gewinnt man ein Drittel des im Bundesgebiet benötigten Holzes. Der Rohstoff Holz wächst ständig nach, die Holzvorräte sind bei richtiger Bewirtschaftung und wenn es gelingt, die Waldschäden wirksam zu bekämpfen, unerschöpflich. Im Bundesgebiet sind vom Forstarbeiter bis zum Händler mit Holzprodukten rund 830 000 Arbeitsplätze an die Holzwirtschaft gebunden, die etwa sechs Prozent des Bruttosozialprodukts erarbeitet. Für den Holzverbrauch gilt eine überraschende Maxime: Je höher der Lebensstandard, desto größer der Holzverbrauch. Hierzu zählen Möbel und Häuser, Zeitungs- und Toilettenpapier, Kinderspielzeug und Särge. Der Holzmarkt im Bundesgebiet ist liberalisiert, die Konkurrenz durch das Ausland beträchtlich, weniger in der Qualität als im Preis.

Holzfällen

Die Älteren haben es noch im Ohr, das vertraute Ritsch-Ratsch der Zugsägen, wenn ein Baum gefällt wurde. Seit 1965 hat die Motorsäge Einzug in den Wald gehalten und erschreckt Wanderer und Wild mit ständigem Aufheulen. Die Humanisierung der Arbeit, hohe Löhne und der Arbeitskräftemangel für die einst schwere Arbeit machten die Mechanisierung notwendig. Wie sehr sie erfolgreich ist, zeigen diese Zahlen: 1954 fällte ein Waldarbeiter im Jahr mit der Handsäge 120 Festmeter Holz, 1975 mit der Motorsäge 510 Festmeter, eine Steigerung um 425 Prozent! 1955 schuf ein Mann in der Stunde 0,43 Festmeter verkaufsfertiges Holz, 1980 dagegen 1,43 Festmeter. Gegenüber früher sieht der Waldfacharbeiter heute so aus: Schutzhelm mit Gesichts- und Gehörschutz, Schutzhandschuhe, Sicherheitsschuhe und Schnittschutzeinlagen in den Hosen.

Holzbringung

Nach dem Fällen muß das Holz zum Abtransport bereitgestellt werden. Diese Holzbringung war früher ein Hauptproblem. Es gab Waldabteilungen, wo erst nach dem Bau von Waldstraßen starke Bäume gefällt und abgefahren werden konnten. Die Stämme wurden früher mit Menschen- oder Pferdekraft aus den Beständen herausgezogen und mit Fuhrwerken oder im Winter mit Schlitten abgefahren. Heute setzt man kaum noch Pferde ein. Traktoren mit Seilwinden und Hebevorrichtungen sowie Lastkraftwagen mit hydraulischen Hebekränen haben aus der einstigen Schwerarbeit eine sitzende Tätigkeit gemacht. Selbst das Entrinden der Stämme besorgen Entrindungsmaschinen. Das Foto im Hochwald bei Rabenstein zeigt drei Arten der Holzbringung: rechts mit dem Pferd, in der Mitte mit einem Unimog und im Hintergrund verlädt ein Mann per Kran Stämme auf seinen Lkw.

Eingemachtes Holz

In den letzten Jahren erlebte der Bayerische Wald katastrophale Schneebrüche und Windwürfe, einen der schwersten im November 1984. Die Forstarbeiter hatten alle Hände voll zu tun, um die Riesenmengen Wurfholz aufzuarbeiten. Doch leider ist Holz nicht unbeschränkt zu lagern. Schon nach sechs bis acht Wochen Lagerung im Freien beginnt es sich zu verfärben, erste kleinere Verwerfungen treten auf. Holz muß daher umgehend verkauft und verwertet werden. Dies drückte natürlich auf die Holzpreise, die aufgrund des Überangebots teilweise um etwa 50 DM pro Festmeter niedriger lagen als ein Jahr zuvor. Sägewerke konnten ihre Schnittware oft nur noch unter den Selbstkosten verkaufen. Man sann daher schon länger nach einer Methode, Holz auf einfach Weise zu konservieren, es „einzumachen".

Nun hatte man in Niedersachsen nach den großen Forstschäden 1973 mit der Wasserlagerung des Holzes gute Erfahrungen gemacht. Holz im Wasser schwimmen zu lassen, hatte sich nicht so bewährt, da stets ein Teil des Holzes an der Luft war und austrocknen konnte. Aber das Übersprühen des Holzes mit Wasser war ein erfolgversprechender Weg, den man auch in Ostbayern probierte.

Die Oberforstdirektion Regensburg machte mit 20000 Festmeter Langholz im Oberpfälzer Wald und im Bayerischen Wald einen Versuch mit der Wasserlagerung, die Forstverwaltung des Fürsten von Thurn und Taxis mit 28000 Festmeter im Fürstlichen Thiergarten bei Donaustauf. Das ständige Übersprühen mit Wasser ist besonders dort versucht worden, wo man mit der Schwerkraft des Wassers aus einem Bergbach den nötigen Wasserdruck von drei Atmosphären erreichte, die Besprühung also kostenlos war.

Diese Wasserlagerung ist bisher erfolgreich verlaufen. Die Staatsforstverwaltung hat ihren Bestand bereits auf 12000 Festmeter abbauen können. Der Zweck der Wasserlagerung ist es, zunächst im Wald Platz für neue Holzmengen an den Abfuhrplätzen zu schaffen. Dann soll die zeitweilige Einlagerung des Holzes den Preisdruck vermindern, andererseits aber das Holz im Wert so erhalten, daß es bei Bedarf ohne Preiseinbuße verkauft werden kann. Letzteres hat sich nicht ganz bestätigt, da nicht nur zuviel Holz derzeit auf den Markt drängt, sondern auch die Bauwirtschaft als Holz-Großverbraucher in einer Krise steckt und aus den Staatshandelsländern des Ostens das Holzüberangebot durch Billigstimporte weiter verstärkt wird.

Das Foto zeigt eine Wasserlagerung des Forstamtes Zwiesel bei Zwieslerwaldhaus vom Frühjahr 1985, aufgenommen im Herbst 1986.

Sägewerke

Die erste Station der Holzverarbeitung sind die Sägewerke, die früher meist Sägemühlen hießen, weil sie durch ein Mühlrad angetrieben wurden. Allein im Raum Regen-Zwiesel wurden von 1835 bis 1870 an Wasserläufen 57 neue Sägemühlen errichtet, die oft Wasserkorrekturen und Mühlkanäle erforderten. Ihre Zunahme hing mit der Trift- und Floßbarmachung des Regens und seiner Nebenflüsse zusammen. Der große Windwurf am 26. Oktober 1870 war das auslösende Ereignis für eine umfassende Modernisierung der Sägemühlen. Damals wurden allein im Raum Zwiesel 1031200 Ster Holz geworfen. Solche Mengen waren mit den kleinen Sägemühlen nicht mehr aufzuarbeiten. In Eile wurde die Dampfkraft für den Sägebetrieb nutzbar gemacht. Wer es sich leisten konnte, baute große Dampfkessel ein, die Sägemühlen wurden zu Sägewerken. Dutzende neuer Sägewerke wurden errichtet.

Im 20. Jahrhundert nahm die Zahl der wassergetriebenen Sägewerke weiter ab. Die meisten Sägemühlen wurden zu Kleinkraftwerken umgebaut. 1985 speisten in das Versorgungsnetz der Energieversorgung Ostbayern AG. 1253 Kleinwasserkraftwerke ihren Strom ein, 1975 waren es noch 1139. Das Foto oben zeigt die Freimadlsäge an der Erlau, ein typisches Kleinsägewerk mit Wasserantrieb, das von einem Mann bedient werden kann.

DIE CHAM-FURTHER SENKE

Chammünster

Chammünster mit seinen weit ins Regental grüßenden Doppeltürmen war lange das Zentrum der Erschließung des Oberen Bayerischen Waldes. Es war das älteste und bedeutendste Rodungskloster am Regen. Im 8. Jahrhundert schenkte Herzog Odilo den Benediktinern von St. Emmeram in Regensburg hier ein großes Gebiet zur Kolonisation, doch der Versuch scheiterte. Das Land war zu unwirtlich. Erst Herzog Tassilo III., der Sohn Odilos, belebte die Klostergründung, und nun wurde sie ein voller Erfolg. Chammünster wurde zur Urpfarrei eines Gebietes von 35 Gemeinden. Von der wohl romanischen Urkirche ist nichts mehr vorhanden. Die heutige Kirche wurde 1487 fertiggestellt, die Einrichtung später erneuert. Das Gotteshaus ist eine klassische dreischiffige Basilika, das Mittelschiff trägt ein gotisches Netzrippengewölbe. Der Hochaltar dieser Maria-Himmelfahrts-Kirche stammt aus der Zeit des Rokoko. Von größtem Interesse sind zwei Taufsteine. Der im Foto zu sehende ist romanisch, um 1200, und zeigt Christus und die zwölf Apostel, ein weiterer stammt aus der Zeit um 1300. Neben der Kirche befinden sich eine gotische St.-Anna-Kapelle, davor sehenswerte schmiedeeiserne Grabkreuze und am Ende des Friedhofs ein altes Beinhaus, in dem noch rund 5000 Totenschädel aufbewahrt werden. Der Oberbau des Karners wurde während der kalvinistischen Epoche abgebrochen.

Die Regen-Chamb-Senke

Zwischen dem Oberpfälzer Wald im Norden und dem Bayerischen Wald im Süden breitet sich eine langgestreckte Senke aus, welche durchschnittlich 400 Meter hoch liegt und von Osten her vom Chamb und vom Regen durchflossen wird. Dies ist uraltes Siedlungsgebiet, wie Funde beweisen. Der berühmte „Pösinger Faustkeil" ist rund 100 000 Jahre alt. Die Landesgrenze im Osten war bis zum Ende des Zweiten Weltkrieges weder eine Volks-, Sprach- noch Kulturgrenze.

Seit alters her galt diese Eintiefung zwischen den beiden Gebirgszügen als Einfallstor in die Oberpfalz. Man mußte sich daher schützen. So waren Cham, Arnschwang, Furth im Wald und Eschlkam befestigte Orte. Daneben gab es eine Vielzahl von Burgen, die als Ruinen oder Burgställe noch zu erkennen sind.

Das Bild oben wurde oberhalb des Granitwerks Blauberg nach Nordosten aufgenommen. Im Hintergrund erkennt man die Gipfel des Dachsriegel und des 938 Meter hohen Gibacht, die zum Oberpfälzer Wald gehören. Der Bayerische Wald läuft in die ebene Senke aus. Unten erkennt man rechts Schloß Thierlstein auf dem Pfahl, ganz links die Kirche St. Jakob von Cham und mehr zur Mitte leuchten die Doppeltürme von Chammünster in der Ferne: ein Blick von Westen in dieses alte Siedlungsland.

Cham

In jeder Hinsicht ist Cham der Mittelpunkt der oberen Regensenke. Cham hat eine wechselvolle Geschichte. Unter Karl dem Großen kam es zum Nordgau, auf dem Galgenberg stand sogar eine Reichsburg. Später gehörte es zeitweise zu Oberbayern, zur Kurpfalz, bis es 1620 bayerisch wurde. Im Dreißigjährigen Krieg und unter den Panduren hatte es schwer zu leiden. Von der alten Mauer sind nur noch Teile und der Straubinger Turm erhalten, von den vier Toren nur das Burgtor, das allgemein Biertor heißt, weil man anstelle der Burg später eine Brauerei errichtete. Berühmtester Sohn der Stadt war der spätere französische Marschall Nikolaus Graf von Luckner. Die ihm gewidmete „Marseillaise" ist heute Frankreichs Nationalhymne.

Der Stadtplatz von Cham mit der Pfarrkirche St. Jakob aus dem 13. Jahrhundert und einem Teil des im Ursprung ebenfalls gotischen Rathauses. △

Das malerische Biertor aus dem 14. Jahrhundert mit einer Regenbrücke im Vordergrund und einer schönen Nepomukstatue rechts. ▷

Die 1902 fertiggestellte Redemptoristenkirche Maria Hilf ist ein Bau im neo-romanischen Stil. ▽

Furth im Wald

Die Grenzstadt Furth im Wald feierte 1986 ihr 900jähriges Bestehen. Sie liegt auf einer nach drei Seiten zum Nordufer der Chamb abfallenden Höhe. Ihre Wahrzeichen sind der 45 Meter hohe Turm der barocken Stadtpfarrkirche, der mit dieser von 1725 bis 1727 erbaut wurde, und der neugotische Stadtturm, der heute als Feuerwachturm dient.

Furth im Wald ist eine rührige Stadt. Hier an der Grenze zur Tschechoslowakei hat es die Wirtschaft nicht leicht. Andererseits haben sich Betriebe angesiedelt, die es ohne Grenze gar nicht gäbe, wie Speditionen, Importlager und ähnliche.

Am Marktplatz mit schönen Bürger- und Geschäftshäusern erfreut an der Wand des Amtsgerichtsgebäudes seit 1979 ein Glockenspiel Einheimische und Gäste. Der Heimatverein Bischofteinitz, das jetzt jenseits der Grenze liegt, hat es seiner Patenstadt gestiftet. Jeden Tag spielt es als erstes Lied „Tief drin im Böhmerwald". △
Das besondere Ereignis in der Grenzstadt ist der Further Drachenstich, das älteste Volksschauspiel Deutschlands, dessen historischer Hintergrund die Hussitenschlacht bei Taus ist. Wahrscheinlich wurde 1586 der Further Drachenstich erstmals aufgeführt. Dieses Schauspiel muß man erlebt haben. Es ist, besonders bei Nacht, ein unvergeßliches Erlebnis. Wenn zum Schluß der Ritter auf seinem Pferd gegen den gigantischen Drachen angaloppiert und ihm die Lanze in den offenen Rachen schleudert, wenn Feuer aus den Nüstern des Untiers flammt und aus seinem Maul Blut trieft, dann geht ein Aufschrei durch die Menschen hier an der Grenze: Der Drach' ist tot, die Not gebannt!

△ *Blick vom Aussichtsturm auf dem Dieberg bei Furth im Wald auf die Höhen des Oberpfälzer Waldes und die Häuser der Streusiedlung Schafberg. Diese Senke durchfließt die Warme Pastritz, welche bei Vollmau über die Grenze kommt und deren Flußlauf mit den baumbestandenen Ufern zwischen den Baumkronen unten noch etwas zu erkennen ist. Links ist die Eisenbahnstrecke Furth–Kubitzen zu sehen, die sich teilweise in einem Tunnel um den Dieberg schlängelt. Die Warme Pastritz fließt noch vor Furth im Wald in den Chamb, der in der Stadt auch noch die vom Schwarzkopf, dem heutigen „Cerchov" kommende Kalte Pastritz aufnimmt.*

Land an der Grenze

Bei Neuaign fließt der Chamb über die deutsch-tschechoslowakische Grenze. Auf dem Bild sieht man die kleine Holzbrücke, unter welcher er durchfließt, rechts von ihr die weißblauen Grenzpfähle. Im Hintergrund das Grenzhaus des ehemaligen Übergangs Neuaign. ◁

Von hier aus fließt der Chamb noch 41 Kilometer, bis er bei Cham in den Regen einmündet. An der Grenze sind es 407 Meter Meereshöhe, an der Chambmündung 370 Meter, so daß der Fluß auf 42 Kilometer nur 37 Meter Höhe verliert. Kein Wunder, daß er sich nur träge dahinwindet. Nicht einmal durchfließt er dabei einen Wald.

Den schönsten Blick ins Chambtal hat man vom Hohenbogen. Hier ist das Klima anders, als im Inneren des Bayerischen Waldes. Es fallen viel weniger Niederschläge als dort. Zwischen Eschlkam und dem Hohenbogen gehörte der Grund vom 13. Jahrhundert bis zur Säkularisation dem Kloster Seligenthal in Landshut. Dann bekam ihn die damalige Universität Landshut, bis diese 1826 nach München verlegt wurde. So hatten die Grenzbauern einige Zeit sogar eine Universität als Grundherren und noch heute bezeichnet man die Bauern dieser Gegend als „Seligenthaler Bauern".

Eschlkam

Der alte Markt Eschlkam war früher ein Hauptort an der alten Heerstraße nach Böhmen. Schon 1240 wird er im ersten Herzogsurbar als Sitz eines Pflegers aufgeführt, der zugleich „Hauptmann vor dem Walde" war.

Hier wurde 1832 der bekannte Schriftsteller Maximilian Schmidt, genannt „Waldschmidt", geboren.

Die wuchtige Pfarrkirche St. Jakob wurde in den 80er Jahren grundlegend restauriert. Man hat ihr das ursprüngliche Aussehen einer typischen Kirche aus der Zeit der letzten Jahrhundertwende wiedergegeben. An sich weist sie drei Bauepochen auf: Gotisch sind die Chormauern und der Unterteil des Turms, der übrige Bau stammt aus dem Dreißigjährigen Krieg, doch hat man 1868 den Turm erhöht und das Kirchenschiff erweitert. Um die sehenswerte Kirche befindet sich eine Reihe von Grabsteinen ehemaliger Pfleger des alten Pflegamtes. ▽

Lamberg

In einer weiten Schleife umfließt der Regen den Lamberg östlich von Chammünster. Von ihm hat man einen herrlichen Rundblick. Auf ihm sind noch die Reste dreier zum Teil vorkarolingischer Wallanlagen auszumachen.

Markgraf Diepold II. auf dem Nordgau schenkte im 12. Jahrhundert den Lamberg an das Kloster Reichenbach, welches dort eine Kapelle zur hl. Walburga errichtete. Diese wurde mehrmals zerstört und wieder aufgebaut. So war es nach der Säkularisation, doch 1832 konnte man die jetzige Kirche einweihen.

Wieder wurde der Lamberg wie schon früher zur besuchten Wallfahrtsstätte. Von den Tausenden von Votivbildern sind nur noch etwa 130 aus dem vorigen Jahrhundert vorhanden. Das Gnadenbild, eine hl. Walburga mit Buch und Ölgefäß, wird noch heute verehrt. ▽

Neukirchen beim Hl. Blut

Der Ort soll durch die Vereinigung von drei Gemeinden entstanden und noch im 15. Jahrhundert „Neukirchen vor dem Böhmerwald" genannt worden sein. Schloß, Kirche und befestigter Friedhof lagen mitten im Markt. Das Schloß wurde in den Hussitenkriegen und im Dreißigjährigen Krieg schwer beschädigt, Ende des 17. Jahrhunderts aber wieder aufgebaut. Als 1609 der Turm der alten Kirche einstürzte, zerstörte er diese. Den Turm baute man als Marktturm wieder auf, zur Pfarrkirche bestimmte man aber die außerhalb stehende Wallfahrtskirche.

Diese Wallfahrt hatte ihren Ursprung in einem Hostienwunder und war anfangs nur eine Holzkapelle. 1510 ließ Herzog Ludwig X. eine steinerne Kapelle errichten. Entscheidend für die weitere Wallfahrt war ein Ereignis, das die Legende so darstellt: Als 1420 die Hussiten gegen das im Böhmischen liegende Lautschim vordrangen, ließ der Pfarrer eine Marienstatue mit Kind durch eine Bäuerin nach Bayern in Sicherheit bringen. Diese stellte sie bei Neukirchen in einer Kapelle auf. Ein hussitischer Landrichter aus Wottowa, der vorbeiritt, warf die Figur in einen Brunnen neben der Kapelle. Dieser befindet sich heute neben dem rechten Seitenaltar. Als die Statue dreimal auf den Altar zurückkehrte, zog der Hussit das Schwert, um sie zu zerhauen. Doch aus dem Spalt auf dem Haupt floß frisches Blut. Daher auch die heutige Ortsbezeichnung „beim Hl. Blut". Dieses wunderbare Ereignis sprach sich im ganzen Land herum und bald entwickelte sich Neukirchen beim Hl. Blut zu einer der größten Wallfahrten des Mittelalters. Jährlich kamen über 60 000 Wallfahrer, beim 300jährigen Jubiläum 1752 wurden 70 000 Kommunionen ausgeteilt.

Bereits 1656 berief man Franziskaner zur Betreuung der Wallfahrt. Von 1718 bis 1720 baute man die Wallfahrtskirche neu, 1751 gliederte man die Klosterkirche an. Beide Kirchen liegen unmittelbar hintereinander, im Inneren nur durch den 1754 aufgestellten Hochaltar mit dem Gnadenbild getrennt.

Westlich der Wallfahrtskirche steht auf einer Höhe die Kapelle St. Anna zum hl. Brunn, ein kleiner, achteckiger, um 1700 errichteter Bau. Einem Mädchen in Böhmen war diese Quelle als heilkräftig geoffenbart worden, weshalb es zur Heilung ihrer Krankheit 1610 hierher pilgerte und wieder gesund wurde.

▽ *Das Gebiet zwischen Freybach und Hohenbogen gehörte früher dem Kloster Seligenthal in Landshut.*

Die Wallfahrts- und Klosterkirche Neukirchen beim Hl. Blut. ▷

DER FALKENSTEINER VORWALD

Beginnt oder endet der Bayerische Wald im Westen mit dem Falkensteiner Vorwald? Das kommt ganz auf den Standpunkt an, von dem aus man dies betrachtet. Für die außerhalb des Waldgebietes Wohnenden beginnt er dort. Falkenstein ist ein Markt inmitten dieses Gebietes, das vom Regenknie bei Marienthal im Nordwesten fast bis Deggendorf im Südosten reicht. Diese Hügellandschaft mit Höhen zwischen 500 und 700 Meter besteht überwiegend aus Granit. Er ist an einigen Stellen von Gneis überlagert. Nach Norden in die Chamer Senke fällt der Falkensteiner Vorwald nur ganz allmählich ab, nach Süden zur Donau dagegen steil und plötzlich. Der Falkensteiner Vorwald ist kein reiches Land. Hier gab man früher Einöden die Namen Hungersakker und Elend, Namen, die sicher nicht von ungefähr kommen. Doch es ist ein sehr schönes Land und ein Lieblingsausflugsziel der Regensburger. Es ist reich an Burgen und Burgruinen und besitzt einige kunsthistorische Sehenswürdigkeiten wie die Klöster Windberg, Frauenzell und Oberalteich. Bekanntestes Bauwerk ist jedoch die Walhalla am Südrand, die jährlich von vielen Tausenden besucht wird.

Typische Vorwaldlandschaft, unten Öd an der Straße Wörth–Wiesenfelden, rechts Pettenreuth mit der Pfarrkirche Maria Himmelfahrt von 1738 und dem alten gotischen Turm mit einem Treppengiebel.

Wörth a. d. Donau

Mittelpunkt des Kleinstädtchens Wörth a. d. Donau, das 1979 sein 1200jähriges Bestehen und sein 25jähriges Stadtjubiläum feierte, ist die mächtige Schloßanlage. Sie geht teilweise bis ins Mittelalter zurück, die Hauptbauten entstanden zwischen 1500 und 1650. Der alte Bergfried überragt die meterstarken Mauern der hoch über dem Donautal erbauten Burg, deren runde Ecktürme etwas den trutzigen Eindruck mildern. Im schwer stukkierten Rondellzimmer unterzeichnete 1806 Fürstprimas Karl von Dalberg die Rheinbundakte und entschied sich damit für die Unterstützung Napoleons. Wörth und Donaustauf bekam 1812 der Fürst von Thurn und Taxis als Entschädigung für das an Bayern übergebene Postregal. Von 1949 bis 1976 nützte die Bundesbahn das Burgschloß als Schulungszentrum.

Donaustauf

Donaustauf ist eine Gründung der Regensburger Bischöfe. Ihre Burg war eine ausgedehnte Anlage mit ungewöhnlich starken Befestigungen. Fünf Tore mit Zwingern und ein umfangreiches Grabensystem sicherten sie vor Angreifern. Die Burgkapelle stammt aus der Mitte des 11. Jahrhunderts. Die noch erhaltenen Würfelkapitelle gleichen denen der Wolfgangskrypta in St. Emmeram in Regensburg. Von der Burg aus konnte man den Donauverkehr gut überwachen und Regensburg von Osten her schützen.

1156 weilte Kaiser Friedrich Barbarossa auf der Burg, die mehrmals Residenz und Zufluchtsort der Regensburger Bischöfe war. Unterhalb der Burgruine steht die äußerlich schmucklose spätbarocke St.-Michaels-Kirche mit einer neoromanischen Ausstattung. Donaustauf besitzt noch die Wallfahrtskirche St. Salvator, eine sehr alte Wallfahrt, deren erster Kirchenbau 1430 aufgeführt wurde. Den Neubau von 1607 ließ man Mitte des 18. Jahrhunderts barockisieren, doch Leo von Klenze änderte 1843 im Auftrag König Ludwigs I. die Frühbarockfassade nach dessen Vorstellungen im klassizistischen Stil ab, wohl um sie der nahen Walhalla anzupassen. Der Ausbau der Donau zur Großschiffahrtsstraße hat die Donaulandschaft um Donaustauf seit 1980 einschneidend verändert. Durch die Staustufe Geisling wird diese bis Regensburg gestaut und bekam bei Donaustauf seeartigen Charakter. Die größte Staatsstraßenbrücke Bayerns überspannt sie im Süden des Marktes, ein seltener Kontrast zur Burgruine!

Walhalla

Bereits 1807 faßte Ludwig I. als Kronprinz den Entschluß, den „deutschen Geistesheroen" einen Ehrentempel zu errichten. Als er 1810 den Fürsten von Thurn und Taxis in Regensburg besuchte, beschloß er, diesen Tempel auf der Höhe östlich von Donaustauf zu erbauen. Den 67 Meter langen und 32 Meter breiten Marmortempel entwarf Hofarchitekt Leo von Klenze im dorischen Stil Griechenlands, erbaut wurde er von 1830 bis 1841. Der Ruhmestempel steht etwa hundert Meter über der Donau, von wo ein Fußweg und eine gewaltige Treppenanlage mit 358 Stufen hinaufführen. Im Inneren sind die Marmorbüsten bedeutender Deutscher aufgestellt, doch darf dies erst fünfzig Jahre nach deren Tod geschehen. Die Auswahl trifft der Freistaat Bayern. Rund um die Walhalla wurde ein Eichenhain angelegt.

Das Perlenbachtal

Beim Betrachten dieses Bildes wird es verständlich, daß dieses Vorwaldgebiet ein bevorzugtes Ausflugsgebiet ist: Schöne Wiesen, herrlicher Mischwald und klare Bäche, wie hier der von Norden zur Donau fließende Perlenbach, der bei der Ortschaft Bach mündet. Perlen gab es nur in den klarsten Wassern. Hier und am Perlbach, der bei Wörth in die Donau fließt, ließen die Regensburger Bischöfe früher nach diesen begehrten Kostbarkeiten fischen, wie Akten im Staatsarchiv Amberg aus dem 17. Jahrhundert beweisen. Geht man den Perlenbach entlang, so gelangt man in den fürstlichen Thiergarten, ein 2781 Hektar großes Wildgatter mit Hirschen, Wildschweinen und Mufflons. In diesem ganz eingezäunten Wildgehege befindet sich im Westen das 1885 erbaute Jagdschloß Thiergarten, weiter nördlich die Jagdhäuser „Aschenbrennermarter".

Hetzenbach

◁ *Der hl. Emmeram mit Leiter.*

△ *Die Wallfahrtskirche St. Leonhard in Hetzenbach.*

▷ *Der hl. Wolfgang mit Kirche und Wolfgangsbeil in der rechten Hand.*

Ein interessanter Opferstock: Der hl. Leonhard mit Kette und Abtstab, davor Wachsspenden, ein Ochse und der eigentliche Opferstock. ▽

Die Wallfahrt zum hl. Leonhard von Hetzenbach ist die größte ihrer Art in der Diözese Regensburg. Bis von Regensburg und Rötz kommen heute noch die Wallfahrer, und zwar zum Patrozinium, das als Hauptfest am Sonntag nach Allerseelen gefeiert wird, und zum zweiten Fest am Pfingstmontag. Der hl. Leonhard gilt als Viehpatron und wird meist mit Kette, Ochse oder Pferd dargestellt. In der Kirche sind noch zahlreiche eiserne Votivtiere vorhanden, wie Pferde, Ochsen, Schweine. Dieser Brauch schlief ein, als es keine Schmiede mehr gab, die solche Votive machten.

Über der Sakristei wird auf einer Tafel von 1677 die Legende berichtet, nach der eine Frau, über die Wallfahrt spottend, lieber zu Hause blieb und weiter ihren Brotteig knetete, bis ihr beide Hände im Teig stecken blieben. Doch darauf ist der einstige Brauch nicht zurückzuführen, daß die Hetzenbacher zum Wallfahrtstag Brot backten, das sie den Wallfahrern für deren Vieh zu Hause mitgaben. In abgewandelter Form lebt dieser Brauch heute noch: Man bäckt Brotbröckchen, und an der Kirchentüre bekommen die Wallfahrer aus zwei Säcken davon jeweils eine Handvoll mit.

Die Wallfahrt ist seit 1599 nachgewiesen. Die etwas erhöht in felsübersäter Umgebung stehende Kirche ist ein schöner Rokokobau von 1764. Auf dem Hochaltar ist der hl. Leonhard in der Glorie dargestellt, links davon eine gute Figur des hl. Emmeram, rechts die des hl. Wolfgang, also der beiden Diözesanpatrone. Von den in der Kirche und vor allem in der Sakristei aufbewahrten Votivgaben ist ein kleiner Glasschrein bemerkenswert, der ein Bild des Wallfahrtsheiligen und eine Skeletthand enthält, letztere soll eine Hand jener Bäuerin sein!

Der Rettenbacher Stausee und die „Hölle"

In der topographischen Karte von 1957 kann man den einstigen Zustand sehen: Westlich von Arrach bei Falkenstein windet sich der Arrachbach um den 760 Meter hohen Zimmerberg, in Rettenbach nimmt er den Schrollenbach auf und stürzt sich hinter Postfelden in eine Felsenschlucht, die „Hölle". Nach dieser unter Naturschutz stehenden Schlucht nimmt der Höllbach den Ruderszeller Bach auf, knickt nach Süden ein und fließt als Wildbach bei Wiesent zur Donau. Über diesen wildromantischen Bachlauf schrieb 1861 ein Besucher: „Er zwängt sich durch ein Felslabyrinth hin, bildet unterirdische Wasserläufe, die man mächtig brausen hört. Nur bei Hochwasser vermögen die Fluten aus der Steindecke sich hervorzuarbeiten und stürzen dann mit einem Gebrüll ab, das in der Nacht stundenweit zu hören ist." Von diesem Höllengebrüll hat die Schlucht ihren Namen. Man muß weit gehen, um gleiches zu finden. Doch das war 1957. Zwei Jahre später wurde zur Stromgewinnung der Bau zweier Stauseen genehmigt. Der größere ist der Rettenbacher Stausee (△), 49 Hektar groß, bis 9 Meter tief und mit 1,43 Millionen Kubikmeter Wasser. Der kleinere, das Staubecken Postfelden, ist 11 Hektar groß und hat 0,43 Millionen Kubikmeter Fassungsvermögen.

Durch das für die Stromgewinnung nötige Wasser wurde der Höllbach teilweise ein Rinnsal. Doch das beeinträchtige das Naturerlebnis kaum, meinte ein bekannter Wissenschaftler. Es beruhe sehr stark auf akustischen Einflüssen. Es genüge also, wenn man das Wasser zwar nicht sehe, doch glucksen und plätschern höre. So hat das Gebiet zwar jetzt zwei schöne Stauseen, doch der Höllenspuk in der „Hölle" (▷) ist vorbei.

Frauenzell

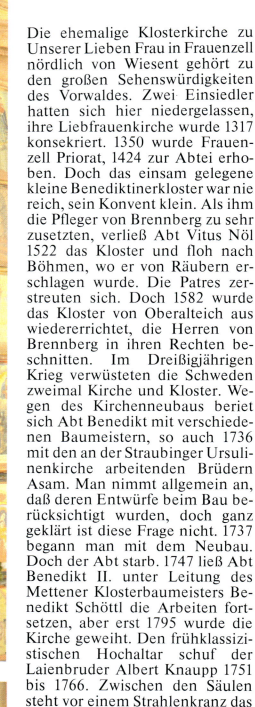

Die ehemalige Klosterkirche zu Unserer Lieben Frau in Frauenzell nördlich von Wiesent gehört zu den großen Sehenswürdigkeiten des Vorwaldes. Zwei Einsiedler hatten sich hier niedergelassen, ihre Liebfrauenkirche wurde 1317 konsekriert. 1350 wurde Frauenzell Priorat, 1424 zur Abtei erhoben. Doch das einsam gelegene kleine Benediktinerkloster war nie reich, sein Konvent klein. Als ihm die Pfleger von Brennberg zu sehr zusetzten, verließ Abt Vitus Nöl 1522 das Kloster und floh nach Böhmen, wo er von Räubern erschlagen wurde. Die Patres zerstreuten sich. Doch 1582 wurde das Kloster von Oberalteich aus wiedererrichtet, die Herren von Brennberg in ihren Rechten beschnitten. Im Dreißigjährigen Krieg verwüsteten die Schweden zweimal Kirche und Kloster. Wegen des Kirchenneubaus beriet sich Abt Benedikt mit verschiedenen Baumeistern, so auch 1736 mit den an der Straubinger Ursulinenkirche arbeitenden Brüdern Asam. Man nimmt allgemein an, daß deren Entwürfe beim Bau berücksichtigt wurden, doch ganz geklärt ist diese Frage nicht. 1737 begann man mit dem Neubau. Doch der Abt starb. 1747 ließ Abt Benedikt II. unter Leitung des Mettener Klosterbaumeisters Benedikt Schöttl die Arbeiten fortsetzen, aber erst 1795 wurde die Kirche geweiht. Den frühklassizistischen Hochaltar schuf der Laienbruder Albert Knaupp 1751 bis 1766. Zwischen den Säulen steht vor einem Strahlenkranz das Gnadenbild, eine Maria mit Jesuskind aus dem 16. Jahrhundert.

△◁ *Madonna mit Kind, die Madonna mit echtem Frauenhaar.*

◁◁ *Inneres der ehemaligen Klosterkirche Frauenzell.*

◁ *Detail eines Beichtstuhles mit sehr schönen Intarsien.*

△ *Das riesige, 1752 von Michael Speer geschaffene Deckenfresko „Himmelfahrt Mariens".*

Die übrigen Figuren schuf Christian Jorhan d. Ä. aus Landshut, so im Auszug das Heilig-Geist-Symbol, neben dem Tabernakel die Figuren des Glaubens und der Hoffnung. Das riesige Deckenfresko im Langhaus malte 1752 Michael Speer aus Regensburg. Es stellt die Aufnahme Mariens in den Himmel dar. Maria Himmelfahrt ist auch Patrozinium. Die teilweise zu kleinen Seitenaltäre stammen noch aus der alten Kirche und sollten durch größere ersetzt werden. Der Benediktusaltar links dürfte der Hochaltar der Vorgängerkirche gewesen sein. Die Bet- und Beichtstühle aus furniertem Nußbaum mit Intarsien aus verschiedenartigem Holz und Zinn sind wunderschöne Arbeiten des Fraters Gottfried Gassl. Die prächtige Rokokostukkierung ist in Grün, Gold, Rosa und Grau gehalten. In einer Nische im nördlichen Rückteil der Kirche wird eine eigenartige Madonna mit Kind aufbewahrt. Von den fast lebensgroßen Figuren, beide mit Krone und Brokatkleid, trägt Maria echtes Haar. Zahlreiche Votivtafeln weisen darauf hin, daß hier einst eine florierende Wallfahrt bestand.

Das Kloster wurde 1803 säkularisiert, die Kirche ist heute Pfarrkirche. Von den alten Klosterbauten ist wenig erhalten.

Burg Lobenstein

Im Vorwald gibt es eine Reihe Burgruinen, deren Ursprung bis ins Mittelalter zurückgeht, wie Brennberg, Falkenstein, Siegenstein, Hof. In der Nähe von Unterzell liegt auf einem 565 Meter hohen Berg die Burgruine Lobenstein. Von dem mächtigen Bergfried mit fast drei Meter starken Mauern sind noch drei Stockwerke erhalten. Man hat von oben eine herrliche Rundumsicht. Allzu groß war diese Burg nicht, deren Hauptteil der wie ein steinerner Zahn in den Himmel ragende, nicht ganz rechteckige Bergfried ist. Am 23. Mai 1340 gestattete Kaiser Ludwig der Bayer dem auf der Burg Hof am Regen sitzenden Eberhard dem Hofer, den Burgstall hier oben auszubauen, wie dies ihm nützlich sei. Dies geschah und fortan nannte sich dieses Geschlecht „Hofer von Lobenstein". 1629 verkauften sie die Burg, 1633 wurde sie von den Schweden zerstört.

Schloß Schönberg

Das wenig bekannte Schloß Schönberg liegt auf einer Höhe über dem Wenzenbach, nach dem auch der Ort benannt ist. Das Schloß wurde im 18. Jahrhundert unter Verwendung alter Mauerreste erbaut. Vorher befand sich hier eine Burg, die schon vor 1100 Jahren errichtet wurde. Sie hatte Dutzende von Herren und ist jetzt in Privatbesitz. Der Name Wenzenbach ist als einer der ganz wenigen des Bayerischen Waldes in den bayerischen Geschichtsbüchern groß vermerkt. Die Burg wurde am 11. September 1504 von den Böhmen erstürmt, doch am folgenden Tag kam es zwischen König Maximilian und Herzog Albrecht IV. von München-Oberbayern auf dem Hafenreuther Feld bei Wenzenbach zur Schlacht gegen die verbündeten Böhmen und Pfälzer, die entscheidend geschlagen wurden. Dies war die letzte Ritterschlacht des Mittelalters.

St. Ägidius in Schönfeld

Eine der ältesten Landkirchen in Bayern ist die romanische St.-Ägidius-Kirche in Schönfeld bei Altenthann. Sie mag wohl um 1160 bis 1170 erbaut worden sein. Von wem ist unbekannt. Vielleicht waren es Bergleute, die hier nach Eisenerz schürften. Die Kirche ist außen 19 Meter lang, innen bis zum First 15 Meter hoch und ganz aus Quadern erbaut. Unter dem 1,8 Meter über dem Außenniveau liegenden Kirchenboden befand sich ein Keller. Die Westempore war durch eine Stiege von außen erreichbar, die nicht mehr vorhanden ist. Das Kirchlein hat nur nach Süden zwei schmale romanische Fenster, eines ist halb vermauert, darunter wurde viel später ein weiteres ausgebrochen. Um die Kirche hat es früher einen Friedhof gegeben, wie Totenkopffunde Ende des 19. Jahrhunderts und mündliche Überlieferungen bestätigten.

Schloß Saulburg

An der Straße Kirchroth–Falkenfels liegt äußerst malerisch der etwas zusammengeschachtelte Bau des Schlosses Saulburg. In der zweiten Hälfte des 11. Jahrhunderts wurde dieser Edelsitz erstmals erwähnt. Als „elegantestes Rokoko" des Bezirksamts Bogen stuft Bernhard Hermann Röttger die äußerlich schlichte, innen aber vorzügliche Schloßkapelle ein. Der schlüssige Beweis, daß es sich hier um ein Werk von Johann Michael Fischer handelt, konnte bisher nicht geführt werden, doch scheint dies wahrscheinlich. Der Innenhof des im Privatbesitz befindlichen Schlosses besitzt an der Nordseite eine schöne Arkadenfassade, unten mit weiten, im Obergeschoß mit kleineren, auf Rundsäulen ruhenden Bögen. Der Torbogen wurde erst nach dem letzten Krieg errichtet. Zum Schloß gehörte lange eine Brauerei mit Ökonomie.

Falkenstein

„Ich bin der Herr von Falkenstein, sauf aus, schenk ein!
Hei, welch lustig Junkerleben, so lang die Bauern Steuern geben!"
Dieser Spruch ist auf den Falkensteiner Ritter Heinrich von Hohenfels gemünzt, einem bischöflich regensburgischen Ministerialen, der um 1322 auf der Burg hauste und mehr Strauchdieb und Wegelagerer denn ehrsamer Ritter war. Kein Zweifel, Ritter Heinrich hatte vom Bergfried aus einen unwahrscheinlichen Rundblick in das umliegende Vorwaldgebiet, wie es das Bild links mit dem Blick über die Burg nach Nordwesten und rechts über die malerische Schloßkapelle nach Westen mit der Kirche Marienstein links von der Turmspitze beweisen.

Der anerkannte Luftkurort Falkenstein ist ein Markt in 628 Meter Höhe, 60 Meter darüber liegt auf einem steilen Granitkegel die Burg. Sie entstand im 11. Jahrhundert und kam 1332 an die Wittelsbacher. Mehrere Wappen am Tor und Tordurchgang weisen auf eine ganze Reihe Besitzer hin. 1829 kaufte sie Fürst Maximilian von Thurn und Taxis. Da das fürstliche Haus nach dem Kriege keine Verwendung mehr hatte, der Unterhalt aber sehr aufwendig war, schenkte es die ganze Anlage dem Markt Falkenstein. Dieser ließ sie mustergültig restauriert, und heute ist die Burg nicht nur eine Zierde für den Ort, sondern auch ein Anziehungspunkt für viele Besucher.

Ein Großteil der Anlage sitzt unmittelbar auf dem Felsen auf, der auch zu einem buckligen Innenhof geführt hat. Die Burg betritt man durch einen überbauten Rundbogen mit Inschrifttafel aus der Renaissancezeit. Der Innenhof besitzt einen nach Süden gerichteten doppelstöckigen Arkadengang.

Der Zwinger unterhalb des Bergfrieds hat die Bezeichnung „Weiberwehr", zur Erinnerung an die

Marienstein

Eine klassische Vorwaldansicht bietet die kleine Kirche St. Peter von Marienstein, hoch auf einem Felskegel gelegen und von einigen alten Häusern umgeben. Dieses schöne Ensemble westlich von Falkenstein ist weithin sichtbar. Die 1729 geweihte Kirche wurde 1821 durch Blitz eingeäschert und im gleichen Jahr wieder aufgebaut. Das Innere ist im Rokokostil gehalten, doch wird auch eine Ende des 15. Jahrhunderts geschaffene Madonna aufbewahrt.

Vermutlich stand hier schon in früher Zeit eine heidnische Opferstätte. Den Kirchenbau soll ein Freiherr von Satzenhofen um 1500 zur Sühne für den Mord an seinem Bruder veranlaßt haben. Schließlich trat der Kirchenerbauer ins Walderbacher Kloster ein. Marienstein war lange eine Wallfahrt „Zu Unserer Lieben Frau".

tapfere Gegenwehr der Falkensteiner Frauen beim Hussitenüberfall. Trotzdem nahmen die Hussiten die Burg ein.
Die westlich wie angeklebt wirkende Burgkapelle wurde im 17. Jahrhundert errichtet.
Der Burgberg ist ein einzigartiger Natur- und Felsenpark mit herrlichen alten Baumbeständen – Buchen, Eichen, Ulmen, Fichten und Tannen – und einem Felsgewirr, das vielfach an das Felsenlabyrinth Luisenburg im Fichtelgebirge erinnert. Da gibt es ein „Froschmaul", eine „Himmelsleiter" und auch eine originelle Steinklause. Man findet legendenumwobene Schalensteine, und in den Felsgrüften schimmert grünlich das Leuchtmoos hervor.
Die Burg besitzt jetzt eine gutbesuchte Burgtaverne, Teile sind als „Haus des Gastes" ausgebaut, und die regelmäßig stattfindenden „Falkensteiner Burghofspiele" finden hier für manche Szene einen wirklich einmaligen Rahmen.

Der eigentliche Ort brannte übrigens 1846 fast vollständig nieder. Die dem hl. Sebastian geweihte Marktkirche wurde 1853 im neoromanischen Stil wieder aufgebaut und 1934 erheblich erweitert.
Die Bedeutung des Marktes ist leider in den letzten Jahren zurückgegangen. Das hat hauptsächlich verkehrliche Gründe. Der Markt liegt an keiner Bundesstraße, und die Nebenbahn von Regensburg nach Falkenstein hat man 1985 stillgelegt.

Kloster Windberg

Wo jenseits des Bogenberges die Höhen des Bayerischen Waldes auslaufen, liegt bei Hunderdorf das Prämonstratenserkloster Windberg. Hier stand einst die Stammburg der Grafen von Bogen. Über dem Grab des Ende des 10. Jahrhunderts verstorbenen Einsiedlers Wilhelm ließ Graf Albert I. eine Kapelle bauen, die 1125 geweiht wurde. Die erste Klosterkirche soll 1167 geweiht worden sein, vollendet wurde sie erst später. Der spätgotische Turm hat einen barocken Oberteil. Nach beträchtlichen Schäden im Dreißigjährigen Krieg begann Abt August Schmidbauer (1717–1732) mit dem Wiederaufbau und der barocken Innenausstattung. Abt Bernhard Strelin (1735–1777) vollendete beides mit Geschick und Energie. 1803 wurde das Kloster aufgehoben, 1923 jedoch von den Prämonstratensern wiederbesiedelt. Von 1957 an begann ein zweiter Klosteraufbau nach dem letzten Kriege, nach dem es schöner erscheint als wohl jemals zuvor.

Die Kirche hat drei Gesichter: Romanisch, Barock und Rokoko. Romanisch sind die Portale und der einmalige Taufstein aus dem 13. Jahrhundert: Auf drei Löwenkörpern ruht das aus Kalkstein herausgehauene Taufbecken. Unter einem Wellenbad hat der Künstler

Spätromanischer Taufstein 13. Jahrh.   *Chorgestühl mit Intarsien um 1725.*   *Romanisches Westportal.*

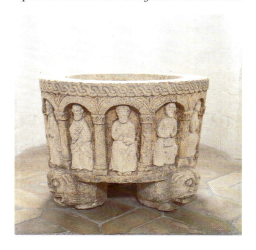  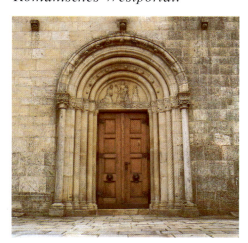

Der Katharinaaltar mit Bücherpilastern. *Dem hl. Sabinus wird die Hand abgeschlagen.*

die Figuren der zwölf Apostel herausgearbeitet. Auch die Grundform der Kirche ist eine romanische Basilika. Barock sind der Kreuzaltar vor der Vierung, ein Seitenaltar und die Beichtstühle sowie das Chorgestühl mit den herrlichen Einlegearbeiten des Fraters Fortunat Simon. Einmalig sind die Seitenaltäre des Straubinger Bildhauers Mathias Obermayr (1720–1799). Das schwierige Problem, sie in der Säulenbasilika wirksam aufzustellen, hat er elegant gelöst: Er setzte sie einfach vor die vier Pfeiler zwischen Haupt- und Nebenschiffen. Der Katharinaaltar zeigt die Heilige auf einen Mann herabblickend. In den flankierenden Pilastern hat der Künstler aber gleich eine Art Klosterbibliothek eingebaut, alle Nischen stehen voller Bücher! Auf dem Sabinusaltar sieht man die Szene, wie dem Heiligen gerade von einem Knecht die Hand abgehackt wird. Die hl. Serena steht daneben und hält eine Schüssel mit der schon abgeschlagenen anderen Hand des Heiligen. Drastischer kann man das Geschehen um die Heiligen nicht darstellen. Obermayr stukkierte auch die Kirche aus. Sehr schön ist auch die Sakristei mit Deckengemälden von Johann Rauscher und herrlichem Schrankwerk des Spätbarock, Eichenholz mit Nußbaumfurnierung.

In der Einsiedelei ▷ unweit nördlich des Klosters wohnt Frater Michael. Die kleine Wallfahrtskirche Heilig Kreuz wurde 1695 erbaut und hat eine sehenswerte spätbarocke Ausstattung. Mittelpunkt ist ein Kruzifix mit Strahlenkranz aus dem 14. Jahrhundert. Nördlich der Klausnerwohnung befindet sich eine Stiegenkapelle. Die Stiege ist der Treppe im Pilatuspalast nachgebaut. Von den 28 Stufen haben die zweite, elfte und oberste Reliquien zur Erinnerung an den dreimaligen Fall des Herrn.

Stallwang

Die nördliche Kinsachsenke ist ein landschaftlich schönes, doch nicht aufregendes Gebiet. Hauptort ist das Dorf Stallwang, das vom Kloster Münster bei Steinach schon vor 1000 n. Chr. gegründet wurde. Die Kirche mit dem Zwiebelturm steht hoch über dem Tal und ist weithin sichtbar. Der Friedhof um sie herum besitzt ein romanisches Portal. Die teilweise über zwei Meter hohe Mauer deutet darauf hin, daß sie einst auch Verteidigungszwecken diente. In Stallwang mündet in die von Nordwesten kommende Kinsach der Pielmühl- und der Kandelbach, zwei unbedeutende Bäche, doch allein diese drei munteren Wässer lassen erwarten, daß die Gegend abwechslungsreich ist. Stallwang war früher eine wichtige Poststation zwischen Straubing und Cham. Als die Eisenbahn gebaut wurde, ließ man den Ort links liegen, was sich bis heute in seiner Entwicklung bemerkbar macht.

Die Pfarrkirche St. Michael war bis 1666 eine Marienkirche, weshalb beide Heilige heute als Patrone verehrt werden. Die Rokokokirche besitzt zwar noch Teile aus der Gotik, doch wurde der jetzige Bau 1731 fertiggestellt. Von 1762 bis 1775 war Leonhard Obermayr Pfarrer in Stallwang, der natürlich seinen Bruder Mathias Obermayr für die Innenausstattung heranzog. Diesem bekannten Straubinger Bildhauer ist die qualitätvolle Einrichtung zu verdanken. Zuerst schuf dieser 1771 an der Altarrückwand einen Stuckaltar. Als man den jetzigen 1786 davorsetzte, verwandte man dazu auch den Tabernakel von 1771. Die Schmerzhafte Muttergottes unter dem Kreuz und die sechs seitlichen Medaillons stellen die sieben Schmerzen Mariens dar. Den Tabernakel flankieren zwei schöne Anbetungsengel (oben).

St. Sixtus am Gallner

Östlich von Stallwang steigt steil der Gallner (704 m) auf, von dem man eine herrliche Aussicht hat. Unterhalb des Gipfels steht das Gallnerkircherl St. Sixtus. Die spätgotische Kirche wurde schon 1490 erwähnt. 1809 wurde sie im Zuge der Säkularisation als überflüssig aufgehoben. Ein Bauer wurde verpflichtet, sie zum Schafstall zu machen. Doch 1853 erhob man sie wieder zur Nebenkirche der Pfarrei Konzell. 1976 bis 1978 wurde sie gut restauriert. Dabei wurde eine gotische Madonna mit Kind einstweilen nach Konzell ausgelagert. Dort wurde sie 1976 gestohlen. 1978 fand ein Donaufischer sie bei Öberau im Wasser. Jetzt ist sie wieder in der Kirche aufgestellt. Die Kirche besitzt auch eine schöne gotische Figur des heiligen Papstes Sixtus, die aber aus Sicherheitsgründen außerhalb der Kirche aufbewahrt wird.

Kapellen am Wege

Viele Einöden und die meisten Weiler des Vorwaldes haben eigene Kapellen. Hier wurde die Maiandacht gebetet, hier wurde der Tag ein- und ausgeläutet. Von besonderem Reiz sind die reinen Wegkapellen, wie diese nordwestlich von Stallwang. Weit ist das Dach über den kleinen Bau vorgezogen. Die einfache Tür mit dem Lattendurchblick steht etwas offen. Ob die Einrichtung noch vorhanden ist? Wohl kaum. Gerade solch einsame Wegkapellen wurden längst ausgeraubt oder aus Sicherheitsgründen ausgeräumt. Über der Tür ein einfaches Kreuz, seitwärts hat ein Wanderverein eine Markierung angebracht. Drei Wege laufen hier zusammen, einfache Feldwege. Wie oft mag hier früher ein Bauer gerastet haben, die Hände gefaltet zum kurzen Gebet, während die Ochsen verhalten und die Pferde kurz verschnaufen, und dann ein „Hüahot" und es ging weiter!

Oberalteich

Das ehemalige Benediktinerkloster Oberalteich wurde um 1100 gegründet, wenn auch 1731 eine prächtige Jahrtausendfeier stattfand. Der erste Abt, Egino, kam aus Niederalteich. Die größte Blüte erlebte das Kloster unter Abt Vitus Höser von 1610 bis 1634. Trotz des Dreißigjährigen Krieges ließ er 1622 die aus dem Jahre 1256 stammende romanische Kirche abreißen und erbaute nur mit Hilfe eines Maurermeisters nach eigenem Entwurf die heutige Kirche, ein rechteckiger Renaissancebau mit drei Rundapsiden außer nach Süden. Sie wurde 1630 von Bischof Albert von Regensburg im Beisein von Kaiser und Kurfürst geweiht. Drei Jahre später zwangen die Schweden den Abt zur Flucht. Die Soldaten wüteten fürchterlich. Das Kloster erholte sich langsam, wurde 1803 jedoch aufgehoben. Unersetzliche Werte wurden weggeschafft oder weggeworfen, so eine der besten Klosterbibliotheken Bayerns. Bodenmais besitzt noch heute 3 der ursprünglich 28 Altäre dieser Kirche, und die schönste Barockkrippe Bayerns kam nach Aschaffenburg. In den letzten Jahren wurde sehr viel für die Erneuerung der Kirche getan, die sich heute prächtiger denn je darbietet. – Verwirrend ist die völlige Bemalung des Gewölbes nach einem Programm von Abt Höser. Mathias Obermayr war auch hier tätig: Der Tabernakel und gute

Stukkaturen sind sein Werk. Der Hochaltar hatte zwei Antependien, eines ist jetzt am Volksaltar eingesetzt.

Die herrlichen Gitter schuf der Bogener Schlossermeister Johann Konrad Sickh. Die Fülle der in der Kirche enthaltenen Kunstwerke, Plastiken wie Bilder, Grabmäler wie Stuckverzierungen ist auf einmal nicht aufzunehmen. Der doppeltürmige Bau beherrscht weithin das Donautal.

◁ *Die farbenfreudigen und dekorativen Deckenfresken schufen von 1727 bis 1731 die Brüder Josef und Andreas Merz aus Marktoberdorf. Ganz oben sieht man den hl. Benedikt in einem Triumphwagen, der von Tieren der damals bekannten vier Erdteile gezogen wird.*

△ *Der prachtvolle Tabernakel aus dem Jahre 1758 von Mathias Obermayr. Das vergoldete und versilberte Antependium ist um 1700 geschnitzt worden.*

Zu den besten Plastiken gehört △ *dieser hl. Sebastian um 1730.*

Über dem Innenportal thront △ *diese Plastik des hl. Petrus als Papst von 1693.*

△ *Die schönen Gitter schmiedete der Bogener Schlossermeister Johann Konrad Sickh.*

Sossau

Westlich von Straubing liegt die Wallfahrt Sossau, die man auch als bayerisches Loreto bezeichnet. Nach der Legende soll das Gnadenbild zuerst auf der anderen Donauseite in einer Kapelle gestanden haben, wo die zahlreichen Pilger oft überfallen wurden. Im 12. Jahrhundert hätten Engel dann die Kapelle an die Donau getragen und mit einem Frauenschiff übergesetzt. Die Wallfahrt ist 1300 urkundlich belegt. 1350 wurde die romanische Kirche umgebaut und erhielt 1780 einen neuen Hochaltar von Mathias Obermayr. Das Gnadenbild aus Stein (◁) ist eine bemalte Madonna mit Kind. Dieses hat die Rechte zum Segen erhoben, in der Linken hält es ein Vögelchen, das wegen der Brokatumhänge nicht zu sehen ist. Die schmale Kirche besitzt eigenartigerweise zwei Kanzeln, welche den Chor vom gleich breiten Langhaus etwas absetzen.

Münster (Pfaffmünster)

Von der Autobahn ostwärts von Regensburg erblickt man zwei Kilometer vor der Ausfahrt Straubing zur Linken das Dorf Münster mit zwei nebeneinanderstehenden Kirchen: die Pfarrkirche St. Martin mit dem Treppengiebel und die ehemalige Klosterkirche St. Tiburtius. Das Kloster Münster gründete bereits Herzog Tassilo im 8. Jahrhundert. Die Benediktiner wurden 1157 von Chorherren aus Metten abgelöst. Doch 1581 verlegte man das Stift nach Straubing, wo man ihm die St.-Jakobs-Kirche übergab. Die ehemalige Stiftskirche hat alte Baureste, ist aber in der Einrichtung Rokoko. Auch hier hat Mathias Obermayr gearbeitet. Sehenswert seine Pietà (◁) um 1765, die wie der Kreuzaltar als sein Werk gilt. Große Verehrung findet ein aus Silber getriebenes Reliquiar, den hl. Sebastian auf einem Ebenholzsockel, an ein Buchsbaumstämmchen gebunden, zeigend.

Bogenberg

Die Wallfahrt „Zu Unserer Lieben Frau" auf dem Bogenberg ist eine der besuchtesten in Bayern. Sie geht auf eine alte Stromsage zurück, nach der das Gnadenbild gegen den Strom schwimmend unterhalb anlandete. Höhepunkte sind die Kerzenwallfahrt zu Pfingsten und die Heimkehrerwallfahrt. Hier stand einst die Burg der mächtigen Grafen von Bogen. Die gotische Kirche Heilig Kreuz von 1463 umgibt ein ummauerter Friedhof. Die Aussicht dort, etwa hundert Meter über der Donau, ist grandios. Das Gnadenbild ist eine Rarität, nämlich eine Maria in der Hoffnung. Die etwa einen Meter große Sandsteinfigur auf dem „verunglückten" Hochaltar von 1960 besitzt unter dem Herzen eine rechteckige Öffnung, in der das Jesuskind steht. Darin ist der Name Gottes in elf Sprachen aufgeschrieben. Die Einrichtung und die vielen Votivgaben sind sehenswert. ▷

Vorwald – Einstieg und Ausklang

Mit dem Falkensteiner Vorwald beginnt der Bayerische Wald im Westen. Dieses Land ist Einstieg und Ausklang des Waldgebirges, dessen kristalline Gesteine, vor Urzeiten entstanden, hier nach Westen und Süden jäh abfallen ins Regen- und Donautal. Bei Regensburg stoßen die Urgesteine auf die jüngeren Gesteinsmassen der Jurazeit. Riesige Steinmaschinen reißen in die Kalkwände bei Keilberg weithin sichtbare Wunden. Doch der Mensch braucht Kalk zur Düngung und zum Bau und noch mehr Zement.

Das Bild (▽), das den Abschnitt „Falkensteiner Vorwald" beschließt, zeigt eine typische Landschaft westlich von Falkenstein. Die Hügel bedecken Fichten- und Kiefernwälder, von Laubbäumen durchsetzt. Dem oft kargen Boden haben die Menschen aber schon fruchtbare Weizenfelder abgerungen.

STRAUBING – DIE GÄUBODENMETROPOLE

Straubing ist eine schöne, stolze und geschäftlich rege Stadt. Doch manche glauben, daß sie ihre große Zeit hinter sich habe, daß Straubing zu sehr vom Nimbus zehre. Die Stadt hat es trotz aller Eingemeindungen, trotz vieler erfolgreicher Bemühungen schwer, sich den Rang zu erkämpfen, den sie gerne hätte. Die Großstadt Regensburg, die Bezirkshauptstadt Landshut und die Universitäts- und Grenzstadt Passau liegen nah und üben auf die Straubinger eine größere Anziehungskraft aus als umgekehrt. Da bleibt Straubing nur, das zu sein, was es immer war: Gäubodenmetropole, Zentrum der „Kornkammer Bayerns". Doch dieses Attribut klingt angesichts einer beachtlichen Überproduktion unserer Landwirtschaft wenig zukunftsträchtig. So tut Straubing gut daran, sich nach weiterer Industrie und einem Industriehafen umzusehen.

Das Land um Straubing ist uraltes Siedlungsland. Gräberfunde beweisen, daß hier schon zur Jungsteinzeit um 5000 v. Chr. Menschen wohnten. In der frühen Bronzezeit gab es sogar eine „Straubinger Kultur". Ein Jahrhundert vor Christus errichteten die Kelten „Sorviodurum" und so hieß Straubing auch bei den Römern etwa 70 n. Chr. Um 450 kamen die Bajuwaren und 898 wurde die Stadt als „Strupinga" erstmals urkundlich erwähnt. Herzog Ludwig der Kelheimer ließ 1218 die Neustadt, den heutigen Stadtkern, anlegen.

Sorviodurum

Ihrem um 70 n. Chr. errichteten Kastell mit einer Zivilsiedlung beließen die Römer die keltische Bezeichnung „Sorviodurum". Die Zivilsiedlung lag im Osten, das Ur-Kastell ist noch nicht gefunden. Später wurden drei neue Kastelle angelegt, in denen etwa 1500 römische Soldaten stationiert waren. Als 233 die Alemannen in Raetien einfielen, wurde auch das Römerkastell zerstört. Diesem Überfall hat man vielleicht den Straubinger Schatzfund zu verdanken, den 1950 Arbeiter unter einem umgestülpten Bronzekessel machten: Beinschienen und Kopfplatten für Pferde, Gesichtsmasken, Bronzestatuetten und daneben römische Werkzeuge, die offensichtlich in Eile versteckt wurden. Die Fundstücke wurden bei Paraden und Reiterspielen getragen.

Die Fotos auf der rechten Seite zeigen oben eine Gesichtsmaske des orientalischen Typs, rechts unten drei Gesichtsmasken des hellenistischen Typs, alle aus Bronze. Zu einer solchen Gesichtsmaske wurde eine eiserne Hinterkopfmaske gefunden. Mit den getriebenen Kopfschutzplatten aus Bronze wurden die Pferde geschmückt. Das Mittelstück lag auf Nase und Stirn, die Seitenteile mit den Augenschutzkörben waren abklappbar. Die Platten sind in der Mitte mit Bildern des Kriegsgottes Mars geschmückt, die Platte in der Mitte hat Masken als Augenschutzkörbe.

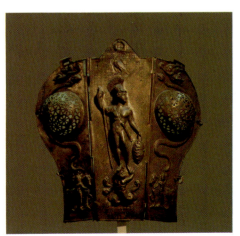

85

St. Jakob

Straubings Glanzzeit war von 1353 bis 1429, als es Hauptstadt des selbständigen Herzogtums Straubing-Holland war, wenn auch die Herzöge meist vom holländischen Den Haag aus regierten. Straubings Bürger kamen zu beachtlichem Wohlstand, die Einwohnerzahl der Stadt nahm zu, Straubings Märkte, Kunst und Kultur übertrafen alles, was es auf diesen Gebieten im weiten Umland gab. Mit dem Aussterben dieser Herzogslinie kam Straubing an die Münchner Herzogslinie der Wittelsbacher.

Die bedeutendsten Bauten Straubings gehen noch auf die „Hauptstadtzeit" zurück und hier überragt die Stiftskirche St. Jakob und Tiburtius alles andere an Größe und Bedeutung. Wann sie begonnen wurde, ist nicht genau bekannt, sicher anfangs des 15. Jahrhunderts. Baumeister war der berühmte Meister Hans der Steinmetz, genannt Stetheimer (1360–1432), der auch die Martinskirche in Landshut erbaute. Fertiggestellt wurde St. Jakob erst um 1590, nachdem 1580 das Stift St. Tiburtius von Pfaffmünster nach St. Jakob verlegt worden war, was ihr den Namen „Stiftskirche" eintrug.

Der 83 Meter lange Innenraum dieser mit bedeutsamsten Kirche bayerischer Backsteingotik ist eine dreischiffige gotische Basilika, deren Gewölbe nach einem Stadtbrand 1780 um zwei Meter niedriger wieder aufgebaut wurden. Die Schiffe werden durch zwei Reihen von insgesamt achtzehn schlanken Rundpfeilern voneinander getrennt. An den Wänden sind zwanzig Seitenkapellen angebracht mit größtenteils sehr guter Ausstattung, schönen Gittern und teilweise wertvollen Glasfenstern. Der erhöhte Chorraum mit dem Hochaltar hebt sich baulich nicht ab.

◁ *Das eindrucksvolle, durch zwei Reihen schlanker Säulen in drei Schiffe geteilte Innere der St.-Jakobs-Kirche. Links die herrliche Rokokokanzel des Münchner Bildhauers Wenzl Myrowsky von 1753. Wegen Auseinandersetzungen um den Preis kam sie unfertig nach Straubing, wo sie der einheimische Künstler Matthias Obermayr mit erheblichen Ergänzungen in die heutige Form brachte. Die vergoldeten Figuren des hl. Florian und des Evangelisten Lukas links unten sind von Myrowsky. Einige der Hauptfiguren in dem neugotischen Hochaltargehäuse stammen aus dem Augustinerkloster zu Nürnberg. Die drei männlichen Figuren wurden aus gotischen Plastiken nach 1590 umgestaltet, so der hl. Tiburtius rechts neben der Madonna aus einer hl. Katharina. Die Tafeln außen stammen aus der Werkstatt Michael Wolgemuts (1434–1519), dem Lehrer Dürers. Unten rechts ein Ausschnitt aus den gotischen Glasfenstern der Mariahilfkapelle von 1418, den ältesten Niederbayerns. Der wuchtige, 89 Meter hohe, mit Kreuz 93 Meter hohe Jakobsturm, auf dem Foto (▽) vom Theresienplatz aus, ist unten aus behauenen Steinen ausgeführt. Durch einen großen Spitzbogen betritt man die Vorhalle. Die Geschosse aus Ziegelsteinen tragen Jahreszahlen von 1516 bis 1579. Der birnenförmige Helm wurde erst nach dem Brand 1780 aufgesetzt.*

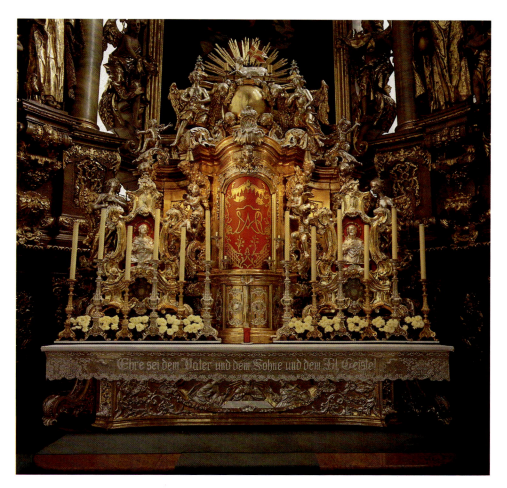

Karmelitenkirche zum Hl. Geist

Die 1367 von Regensburg nach Straubing übersiedelten Karmeliten begannen 1371 mit dem Bau von Kloster und Kirche. Zunächst war ein Meister Konrad aus Straubing Baumeister, den später Hans Stetheimer ablöste. Letzterer änderte den als Basilika geplanten Bau in eine dreischiffige gotische Hallenkirche um. Das Kloster hat übrigens unverändert, auch als Notkloster über die Säkularisation, bis heute bestanden. Das jetzige Raumbild schuf Wolfgang Dientzenhofer (1648–1706), der die Kirche um 1700 barock umgestaltete. Die Stukkaturen schufen Giovanni Battista Carlone und Paolo D'Aglio, Fresken und Ornamente der Münchner Melchior Seidl. Der Hochaltar wurde 1741 nach einem Entwurf des Passauer Bildhauers Joseph Matthias Götz gefertigt, der selbst alle Figuren schuf. Der prächtige Tabernakelbau mit der Mensa im Bild oben ist freistehend. Er ist übervoll mit Engeln verziert, wie überhaupt am ganzen Hochaltar 56 Engel angebracht sind. Die Schnitzereien am Antependium sind vorzüglich. Die gesamte Tabernakelarchitektur aus Holz ist in Silber gefaßt, die Gewänder der Figuren und das Ornament auf dem Tabernakel sind vergoldet.

Der Hochaltar mit einem sehenswerten Altarbild „Die Ausgießung des Hl. Geistes" von dem Südtiroler Michael Unterberger verbirgt zwei bedeutende Grabmale dahinter, die zu den künstlerisch bedeutendsten in Niederbayern gehören: die Tumba des Herzogs Albrecht II. des Jüngeren, Sohn des Klosterstifters, und das Hochgrab des 1665 verstorbenen Johann Heinrich Nothaft Graf von Wernberg.

Die barocke Turmkuppel wurde 1870 durch den heutigen Spitzturm ersetzt.

Kirche und Friedhof St. Peter

Man hat Straubing nicht gesehen, wenn man St. Peter mit seinem Friedhof im Osten nicht besucht hat. Diese älteste Kirche Straubings wurde an Stelle einer karolingischen Saalkirche um 1180 erbaut. Sie ist eine klassische spätromanische Basilika ohne Querschiff mit drei nach Osten anschließenden Apsiden und zwei Westtürmen, deren Grundriß beinahe ein Rechteck bildet. Von den beiden Portalen ragt das im Westen mit einem prächtigen Tympanon heraus, an dem in den inneren Kapitälen fantastische Tiergestalten auffallen, dazwischen kämpft ein Mann gegen einen Drachen. In dem innen einfachen Gotteshaus befindet sich ein romanisches Kruzifix aus der Zeit um 1200 von archaischer Schlichtheit. Die Kirche mit dem ummauerten Friedhof und den drei Friedhofkapellen bildet ein stimmungsvolles Ensemble. Im Friedhof befindet sich eine Reihe bemerkenswerter Grabdenkmäler, angefangen von dem für den Scharfrichter Joseph Zankl (1782–1856) bis zu einigen sehr schönen geschmiedeten Grabkreuzen. Den Besucher beeindrucken in dem nicht mehr benützten Friedhof am Rande der Stadt erhabene Stille und selten stimmungsvolle Bilder.

Bernauer-Kapelle

Berühmt machte Straubing die als Augsburger Baderstochter geborene Agnes Bernauer, die Herzog Ernst von München wegen ihrer unstandesgemäßen Heirat mit seinem Sohn, Herzog Albrecht von Straubing, am 12. Oktober 1435 in der Donau ertränken ließ. Die zur Sühne errichtete Bernauer-Kapelle enthält das Epitaph (▽) der Unglücklichen.

Prächtige Häuser

Hölzls Totentanz

Der Stadtkern von Straubing, im letzten Krieg unzerstört, birgt zahlreiche alte Bürger- und Patrizierhäuser, von denen viele steile Dächer mit Treppengiebeln aufweisen, wie die unteren Fotos zeigen. Die Fassaden und Innenhöfe spiegeln alle Baustile von der Gotik bis heute wider und sind eine Attraktion der Stadt.

Der 1725 in Dietramszell geborene Felix Hölzl malte 1763 für die Toten- oder Seelenkapelle des Petersfriedhofes seinen berühmten Totentanz (△). Diese Kapelle wurde als zweischiffige, zweigeschossige Hallenkirche mit einem Karner im Untergeschoß 1468 erbaut und 1763 umgestaltet. Die Wände des Obergeschosses bemalte Hölzl mit sieben Bildern aus der Heilsgeschichte und 37 Totentanzbildern. Die Themen stellen den Tod mit Papst und Kardinal, mit Kaiser, König oder Ritter, Ratsherrn oder Bürger, Kind und Greis, Wucherer oder Bettler, Apotheker und Totengräber dar, also mit allen Ständen, Berufen und Generationen, die es im damaligen Leben gab. Die Dargestellten treten meist dem Tod ganz allein gegenüber, der als Gerippe mit Sense oder Pfeil erscheint. Ein Vierzeiler unter jedem Totentanzbild erklärt die Situation.

Der Straubinger Tiergarten

Straubing besitzt für eine Stadt mit 42 000 Einwohnern eine ungewöhnliche Attraktion, nämlich einen Tiergarten mit insgesamt 1155 Tieren, davon 365 Säugetiere, 640 Vögel und 140 Reptilien. Natürlich ändert sich diese Zahl ständig, die Tiere bekommen Junge, andere verenden, werden verkauft oder getauscht. Für die Stadt ist der Tiergarten ein Zuzahlgeschäft, obwohl 1985 genau 163 429 Besucher gezählt wurden. Da dieser Tiergarten aber im weiten Umland bis Nürnberg und München der einzige ist, wird er sicher auch in Zukunft mit Zuschüssen der Bezirke Niederbayern und Oberpfalz unterhalten werden. Er trägt wesentlich dazu bei, den Menschen Ostbayerns seltene, oft vom Aussterben bedrohte Tiere nahezubringen. Der im Westen der Stadt liegende Zoo wird seit 1972 von Direktor Franz Wiegand geleitet. Er ist dreieinhalb Hektar groß und besitzt mehrere Wasserflächen für die Wasservögel. An Exoten beherbergt er u. a. Braunbären, Eisbären, Tiger, Löwen, Leoparden und Affen. Auf einer Streichelwiese bekommen die Kinder schnell Kontakt zu zahmen Tieren. Die Fotos zeigen nur wenige der 270 Arten des Tiergartens, wie Kamel, Zebras, Berberlöwin und Leopard.

Gäubodenvolksfest

Das Straubinger Gäubodenvolksfest ist ein Fest ohnegleichen, für das eine Zeitung den Ausdruck „urbayerisches Bier-Bacchanal" prägte. 1986 fand es zum 174. Male statt: Über eine Million Besucher aus nah und fern tranken über 400 000 Maß Bier, verzehrten acht Ochsen am Spieß, Zehntausende von Brathendeln und Steckerlfischen, fuhren Riesenrad und Achterbahn und orientierten sich auf der dazugehörigen Ostbayernschau über das Neueste für Haus und Hof. Allein 50 000 bestaunten das abschließende Feuerwerk. Nach dem Oktoberfest in München ist das Gäubodenvolksfest anfangs August das mit Abstand größte in Bayern. Es nimmt voll auf die Belange der bäuerlichen Bevölkerung im Umland Rücksicht: Nach der ersten Ernte weiß man, wie man in diesem Jahr abschneiden wird und kann seine Anschaffungen entsprechend einrichten. Für die Straubinger Geschäftswelt ist das Fest ein beachtlicher Impuls, der den Sommer in zwei Hälften teilt: die Zeit vor dem Gäubodenfest und die Zeit danach. Die Fotos sind Impressionen von diesem Superfest mit seinen Fahrgeschäften, Bratereien und Geisterbahnen, zu dem die beste Tracht nicht zu schade ist.

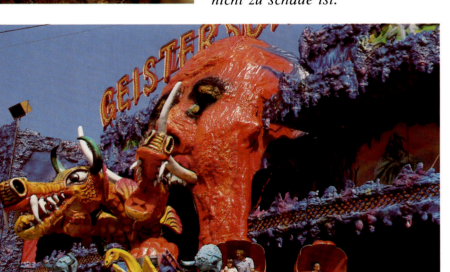

LANDWIRTSCHAFT IM BAYERISCHEN WALD

Im Bayerischen Wald gibt es etwa 20 000 landwirtschaftliche Betriebe, und zwar in der Mehrzahl Kleinbetriebe. Zwei Drittel aller Anwesen werden im Nebenerwerb bewirtschaftet.

Für diese ungünstige Struktur der waldlerischen Landwirtschaft gibt es mehrere Gründe. Die Böden sind meist nährstoffarm, die Humusschicht ist dünn, oft handelt es sich nur um kalkarme Sand- und Lehmböden. Ein Großteil von ihnen liegt aufgrund der topographischen Gegebenheiten in Hanglagen und ist damit schwer zu bewirtschaften. Die Vegetationsperioden sind kurz, die durchschnittlichen Jahrestemperaturen viel niedriger als anderswo, und es fällt zudem sehr viel Niederschlag, alles Punkte, die den Feldbau nicht begünstigen. Die oft nur kleinen Felder lohnen nicht den Einsatz eines großen, teueren Maschinenparks. Weite Transportwege zu den Verbrauchszentren erschweren den Absatz. Dies alles erlaubt die Feststellung: Der Bayerische Wald ist kein ideales Bauernland. Trotzdem gibt die Landwirtschaft heute etwa zwanzig Prozent der Waldbevölkerung Arbeit und Brot. Von der Gesamtfläche des Bayerischen Waldes werden 42,3 Prozent landwirtschaftlich genutzt, 46,9 Prozent sind Wald. Von der landwirtschaftlichen Nutzfläche besitzt nur ein Anteil von 15 Prozent günstige Anbaubedingungen, dagegen 58 Prozent ungünstige!

Beim Verhältnis Ackerland zu Grünland überwiegt in jedem Fall der Grünlandanteil, im Mittleren Bayerischen Wald um das Dreifache. Im westlichen Vorwald nähert er sich fast dem Gleichgewicht.

Beim Ackerbau kann man eine beachtliche Wandlung in den Fruchtarten gegenüber der Zeit vor dem letzten Krieg und noch mehr gegenüber der Zeit um die Jahrhundertwende feststellen. Früher überwogen beim Getreide Roggen und Hafer, heute werden mehr Weizen und Gerste angebaut. Die Kartoffel hat ihre Bedeutung zwar fast behauptet, doch sind andere Hackfrüchte stark zurückgegangen. Während man früher den Mais als Feldfrucht im Bayerwald gar nicht kannte, ist er heute über das ganze Gebiet verbreitet. Er dient der Silofutterbereitung. Der Hanf- und Flachsanbau ist ebenso wie der Anbau von Brein oder Buchweizen fast völlig verschwunden.

Vorwaldlandschaft bei Stallwang

Die vierbeinige Milchfabrik

Das ist die Kuh „Freia" des Bauern Josef Penzkofer von Schlatzendorf bei Viechtach. Die „Freia" ist nicht nur eine schöne Kuh, sie ist quasi eine vierbeinige Milchfabrik. Im dreijährigen Durchschnitt brachte sie eine jährliche Milchleistung von 6958 Kilogramm, davon waren 4,92 Prozent Eiweiß und 342 Kilogramm Fett. Josef Penzkofer, ein besonders erfolgreicher Züchter von Hochleistungskühen, wurde für seine „Freia" auf der DLG-Schau 1984 in Frankfurt (Main) mit dem 1. Preis ausgezeichnet. In drei Jahren hatte die „Freia" 20874 Kilogramm Milch gegeben, eine unwahrscheinliche Leistung, wenn man bedenkt, daß Kühe mitunter „trocken stehen", wenn sie ein Kalb erwarten. Josef Penzkofer hat mit den Preisen und Trophäen, die er bei Rinderleistungsschauen erhielt, in seinem Haus eine ganze Wand dekoriert, so erfolgreich ist er in der Zucht! In seinem Stall steht eine Spitzenkuh, die sogar 8091 Kilogramm Milch im Jahr gab. Seine Kuh „Finale" brachte es in ihrem 18½jährigen Leben auf eine Gesamtmilchleistung von über 100 000 Liter!

Im Jahr 1880 gab man die durchschnittliche Milchleistung einer Bayerwaldkuh mit 1800 Liter im Jahr an. 1960 hatte man diese Durchschnittsleistung bereits auf 3500 Liter gesteigert und derzeit liegt sie im Durchschnitt bei etwa 4000 Liter. Dieser Leistungsanstieg hat mehrere Gründe.

Durch die künstliche Besamung wird nur bestes Erbgut verwendet. Die Kühe müssen heute nicht mehr wie früher Spanndienst leisten. Die Bauern verfüttern teilweise auch Kraftfutter und haben ihr Grünland verbessert. Und dann läßt man Kühe nicht mehr so alt werden wie früher. „Alte Kühe" gibt es kaum noch. Daß eine Kuh wie die „Freia" auch eine hervorragende Fleischlieferantin ist, zeigt ihr beachtliches Körpergewicht von 18 Zentnern.

Im Bayerischen Wald gibt es natürlich mehrere sehr erfolgreiche Viehzüchter. Dies ist bei der überwiegenden Grünlandwirtschaft erfreulich und notwendig. Wesentliche Impulse bekam die Viehhaltung durch die Gründung von Molkerei- und Viehverwertungsgenossenschaften. Man hat auch errechnet, daß die Viehhaltung für den Nebenerwerbslandwirt nicht minder ertragreich ist wie die in Großbetrieben. Eine mitarbeitende Ehefrau kann in einem landwirtschaftlichen Nebenerwerbsbetrieb zudem fast ebensoviel dazuverdienen, wie eine weibliche Arbeitskraft in der industriellen Produktion. Dabei ist sie zwar an das Haus gebunden, kann sich aber nebenbei auch der Hausarbeit und Kindererziehung widmen.

Die Schweinezucht, früher auf jedem Hof betrieben, konzentriert sich immer mehr auf wenige Betriebe. Die Schafzucht erhält neuerdings wieder mehr Gewicht. Pferdezucht wird fast nur noch für den Reitsport betrieben.

Früher viele Menschen – heute wenige Maschinen

Landwirtschaft war früher gleichbedeutend mit harter Arbeit. Da es nur wenige Maschinen gab, brauchte man viele Arbeitskräfte. Auf 100 Hektar landwirtschaftlicher Nutzfläche rechnete man in der Oberpfalz und im Bayerischen Wald im Jahre 1907 mit 45 ständigen und 4 vorübergehenden Arbeitskräften. 1976 waren für die gleiche Fläche nur noch 7,1 Arbeitskräfte nötig.

Diese Fotos, die sämtliche erst in neuerer Zeit entstanden, zeigen die Unterschiede eindeutig. Bei Vorderfirmiansreut waren im Sommer 1985 ein Mann und vier Frauen beim Heuwenden. Diese Arbeit erledigt unten der Kreiselwender mit einem Mann viel schneller.

Die Bilder der nächsten Seite oben beweisen ebenfalls, daß die Technik noch nicht überall eingezogen ist.

Der Bauer Fritz Greindl in Ziering bei Untergriesbach bewirtschaftet zusammen mit Frau und Sohn einen Aussiedlerhof mit 68 Tagwerk, 15 Tagwerk hat er noch dazugepachtet. Früher hatte er 68 Grundstücke in den verschiedensten Lagen. Manche waren so klein, daß man sie kaum anfahren konnte. Durch die Flurbereinigung wurden diese auf 26 Grundstücke zusammengelegt. Da sein Anwesen im Dorf keine Erweiterungsmöglichkeit bot, siedelte er aus und hat nun allen Grund rund um seinen Hof. Er besitzt 40 Rinder, Feldbau wird nur für Futterklee und Mais zur Silage betrieben. Auf dem nebenstehenden Foto ist Sohn Fritz Greindl mit einem Kreiselwender dabei, das frischgemähte Gras zur Trocknung auszubreiten. Diese Maschine hat eine Arbeitsbreite von 7,6 Meter. In etwa einer halben Stunde hat er damit eine Arbeit erledigt, zu der die fünf Menschen oben mit Handarbeit etwa drei Stunden benötigen!

Ackern mit einem Pferdegespann bei Lammerbach in der Nähe von Viechtach.

Kleinlandwirt bei Kaikenried beim Grasmähen, das von der Frau zum Aufladen aufgehäufelt wird.

Rübenernte bei Lohberg. Die Futterrüben werden mit der Hand gezogen und beschnitten.

Ein moderner Mähdrescher im Einsatz in der Donauebene bei Hengersberg. Hier sind die Felder bereits eben, man kann auf großen Flächen und guten Böden teuere Maschinen wirtschaftlich einsetzen. Früher mußte man das Getreide abmähen, binden, aufstellen, aufladen, einfahren, abladen, aufstapeln, später in die Dreschmaschine eingeben, Stroh und Getreide wegtragen. Heute erledigt diese Arbeiten ein Mähdrescher in einem Arbeitsgang. Dabei kann man noch wahlweise das ausgedroschene Stroh in Ballen pressen oder gleich wieder aufs Feld ausbreiten lassen, wo es den Boden für die nächste Saat düngt.

Wozu früher ein Dutzend Arbeitskräfte nötig war, das schafft eine Maschine heute mit einer Kraft! Um möglichst vielen Landwirten den Einsatz teuerer landwirtschaftlicher Maschinen zu ermöglichen, wurden Maschinenringe gebildet, welche diese beschaffen, warten und mit fachkundigem Personal wirtschaftlich einsetzen.

VON DEGGENDORF WALDWÄRTS

Kloster Metten

Wenige Kilometer westlich von Deggendorf liegt nördlich der Donau das alte Benediktinerkloster Metten, ein Wallfahrtsort für Kunstfreunde. Dieses Kloster wurde 766 von Herzog Tassilo III. gegründet und mit Benediktinern des Klosters Reichenau im Bodensee besiedelt. Der Pate Gamelbert des ersten Abtes Utto saß jenseits der Donau in Michaelsbuch als geistlicher wie weltlicher Herr und soll dem Kloster reichlich Grund und Boden geschenkt haben. Da schriftliche Urkunden aus dieser Zeit rar sind, sind manche Erzählungen legendenhaft. 790 wurde das Kloster Reichskloster, als Karl der Große Herzog Tassilo III. stürzte. Es widmete sich damals vornehmlich der Rodung des Waldlandes nach Norden, der Schwarzach entlang bis hin zum Regen. Unter Kaiser Heinrich III. erhielt es 1049 zwei Markttage, unter Kaiser Heinrich IV. verschlechterte sich seine Lage so, daß es der Kaiser 1058 den Babenberger Landgrafen unterstellte. Diese vertrieben die Mönche und setzten Kanoniker ein. Doch Herzog Heinrich Jasomirgott gab 1157 das Kloster den Benediktinern zurück, obwohl es bis zum Aussterben der Babenberger in deren Besitz blieb. Von Mitte des 12. Jahrhunderts an ist die große Rodungswelle des Klosters waldwärts abgeschlossen. Der Grundbesitz wurde meist verpachtet. 1803 wurde das Kloster säkularisiert. Das Eintreten des Schloßherrn von Offenberg, Johannes von Pronath, bei König Ludwig I. von Bayern bewirkte, daß 1830 die Benediktiner aus Weltenburg und Scheyern das Kloster neu besiedeln konnten. Das hochangesehene Gymnasium des Klosters mit Internat wurde 1837 als Lateinschule gegründet und 1847 zum Gymnasium erhoben. Es war von 1939 bis 1946 geschlossen, ist aber heute die Hauptstütze des Klosters. Zur 1200-Jahr-Feier des Klosters am 10. Juli 1966 wurde Metten zum Markt erhoben.

Einer der drei bedeutendsten Anziehungspunkte für Kunstfreunde ist heute die Klosterkirche St. Michael, deren Bau von dem Deggendorfer Stadtbaumeister Benedikt Schöttl entworfen und 1729 fertiggestellt wurde. Die Klosterbibliothek gilt als eine der schönsten überhaupt. Sie wurde 1624 von Abt Johann begonnen, erhielt ihre prächtige Innenausstattung allerdings erst in den Jahren 1718 bis 1720 durch den Stukkateur Franz Josef Holzinger und den Maler Innozenz Waräthi. Die dritte Attraktion ist der große Festsaal im Osttrakt, der ebenfalls von Schöttl gebaut wurde. Dieser Saal brannte 1942 völlig aus, konnte jedoch bereits 1946 nach dem Kriege wieder originalgetreu restauriert werden. Nach der Säkularisation wurden vom Kloster Metten aus die Benediktinerklöster in Scheyern, Weltenburg, Andechs und Niederaltaich wieder mit aufgebaut.

Im Inneren der Klosterkirche St. △ Michael überraschen die reichen Stukkaturen von Franz Josef Holzinger und die Altarbilder Cosmas Damian Asams am Hochaltar und am Marienaltar. C. D. Asam schuf auch einige Deckenfresken.

Die malerische Kirche zu Unserer Lieben Frau von Uttobrunn bei Metten wurde 1699 bis 1701 erbaut und unlängst gründlich restauriert. Nach einer Legende soll hier Erstabt Utto Kaiser Karl den Großen getroffen haben. ▽

Der Maler Innozenz Waräthi aus Sterzing in Tirol malte die vierzehn Bilder an der Decke der Klosterbibliothek. Sie stellen das Buch als Fundament der Kirche und des eigenen Lebens dar. ▽

Die überschwenglich ausgestattete Klosterbibliothek besitzt drei Räume, in denen in offenen Regalen und in Pulten rund 160 000 Bände, auch zahlreiche Handschriften und Inkunabeln, aufbewahrt werden. Die Decke des Hauptraumes stützen gewaltige weiße Karyatiden, die aber auch Sinnbild dafür sind, wie mühsam es ist, all diese Bücher zu verstehen. Thema und Ausstattung der Räume wurden von einem Klostertheologen festgelegt und sowohl in den farbenfreudigen Deckengemälden als auch in den Fresken des aus Schörfling am Attersee in Österreich stammenden Stukkateurs Franz Josef Holzinger dargestellt. Dies ist ein barocker Prachtraum, dem Buch gewidmet.

Offenberg

Auf der äußersten Spitze eines ins Donautal vorgeschobenen Höhenzuges steht das Schloß Offenberg, eine dreiflüglige, nach Norden hin offene Anlage, die als Burgsitz bereits 1225 erwähnt wurde. In das in Privatbesitz befindliche Schloß gelangt man über eine prächtige Allee und eine Brücke, die über den jetzt trockengelegten Graben führt. Die ursprünglichen vier Ecktürme wurden später abgetragen. Der äußerlich schmucklose Bau besitzt einen schönen Innenhof mit zweigeschossigen Arkaden und eine 1699 geweihte Schloßkapelle.

Schloß Egg

Das am meisten an das Mittelalter erinnernde Schloß des Vorwaldes ist Schloß Egg, ein Bau, der hauptsächlich auf die im neugotischen Stil erfolgten Umbauten zurückgeht, die von 1839 bis 1842 ausgeführt wurden. Der damalige Besitzer, Joseph Ludwig Graf von Armannsperg, wurde 1826 Minister der Finanzen, des Inneren und Auswärtigen des Königreichs Bayern. Er wurde allgemein nur „Sparmannsberger" genannt, bei einem Finanzminister nicht verwunderlich. 1832 ging er mit König Otto V. nach Griechenland und war dort einige Jahre Staatskanzler. Nach seiner Rückkehr ließ er Schloß Egg um- und ausbauen. Die ersten Burgherren wurden allerdings schon zu Beginn des 11. Jahrhunderts erwähnt; sie standen im Dienst der Grafen von Bogen. Von 1427 an gehörte Egg 150 Jahre lang den Wittelsbachern.

Neuhausen

Die Pfarrkirche St. Vitus in Neuhausen westlich von Metten ist ein stattlicher, unlängst erweiterter Bau. Er birgt eine Fülle gotischer Plastiken, die teilweise erst vor wenigen Jahren auf dem Kirchenboden entdeckt wurden. Sie haben den Erneuerungsfimmel der Neugotik dadurch überstanden, weil sie ein kunstsinniger Pfarrherr aufkaufte. Ein wahres Prachtstück ist der Renaissance-Grabstein des Freiherrn David von Tannberg, der – wie eine Umschrift aussagt – am 23. April 1589 verstorben ist. Der Ritter, der auch Herr von Offenberg, kaiserlicher Major und Kämmerer des österreichischen Erzherzogs war, ist in voller Lebensgröße dargestellt. Das aus Rotmarmor geschaffene Epitaph ist 3,05 Meter hoch und sicher eine der besten Darstellungen eines Ritters weit und breit. Ritter und Rüstung sind aus dem Gestein detailgetreu herausgearbeitet. ▷

Oberbreitenau

Von Deggendorf steigt der Bayerische Wald jäh aus der Donauebene nordwärts empor. Hinter dem 1114 Meter hohen Breitenauer Riegel öffnet sich eine landschaftlich sehr schöne Hochfläche, die Oberbreitenau, die nach Nordwesten vom Geiskopf mit 1079 Meter begrenzt wird. Hier sollen 1585 die Degenberger acht Untertanen angesiedelt haben. 1832 wohnten hier 80 Menschen, doch 1928 registrierte man nur noch acht Weiler mit 32 Bewohnern. Sie hatten in 1000 Meter Höhe sicher kein leichtes Leben. Als letztes Anwesen wurde 1956 das „Sixn-Sachl" von seinen Bewohnern verlassen. 1959 baute die Sektion Deggendorf des Bayerischen Waldvereins das ehemalige Greil-Anwesen zu einem Berghaus aus, das aber 1965 abbrannte. Das dann errichtete „Landshuter Haus" ist heute ein vielbesuchter Wanderstützpunkt.

Ulrichsberg

Die kleine Wallfahrtskirche St. Ulrich mit dem schindelverkleideten Turm auf dem 636 Meter hohen Ulrichsberg grüßt weit hinunter ins Deggendorfer Tal. Die jetzige Kirche wurde an Stelle einer romanischen Burgkapelle im 17. Jahrhundert errichtet. Zu dieser Zeit setzte auch bei uns die Verehrung des hl. Ulrich ein, der an sich Bistumspatron von Augsburg ist. Von der romanischen Burgkapelle ist nur noch die Ostwand mit der Apsis erhalten. Die Sakristei ist aus dem 15. Jahrhundert, ein Anbau und die im Winkel angesetzte Kapelle aus dem 18. Jahrhundert.

Die idyllische Kirche wird noch heute von Wallfahrern besucht, mehr aber noch von Wanderern, welche die einmalige Aussicht bewundern, die an Föhntagen bis zu den Alpen reicht.

Blick vom 1045 Meter hohen Rauhen Kulm an einem Spätherbsttag nach Osten. In den Tälern liegt Nebel, der sich nur an den Talrändern etwas gelichtet hat. In das Nebelmeer tauchen die von Süden in den Mittleren Bayerischen Wald abfallenden Bergrücken des Vogelsang (1022 Meter) und des Breitenauer Massivs ein. Ganz im Hintergrund zieht sich der Grenzkamm des Bayerischen Waldes hin, von dem man den Doppelgipfel des Rachel gut erkennt.

Datting

Im Westen des Lallinger Winkels findet man noch einige Dörfer mit gut erhaltener alter Bausubstanz. An der Spitze muß hier die Ortschaft Datting genannt werden, deren Ortskern in einer Sitzung des Landesdenkmalrates und der Obersten Denkmalschutzbehörde am 23. Juli 1982 als Ensemble, also als Gruppendenkmal ausgewiesen und damit in seiner damaligen Form der Nachwelt gesichert wurde. Es handelt sich dabei durchwegs um Waldlerhäuser aus dem frühen 19. Jahrhundert in Holzblockbauweise. Ich habe Datting in den letzten zwanzig Jahren immer wieder besucht, doch leider muß man feststellen, daß die Ortschaft durch die neue Zufahrtsstraße, durch inzwischen eingesetzte neuzeitliche Fenster und Türen und manches andere mehr bei weitem nicht mehr den ursprünglichen Anblick bietet wie einst. Doch man muß auch die große Bürde anerkennen, welche den Bewohnern solcher Ensembles auferlegt wird, die ihnen untersagt, Hausveränderungen durchzuführen.

Im nahen Dorf Gerholling wurden ebenfalls fünf Häuser und eine Feldkreuzgruppe nördlich davon unter Ensembleschutz gestellt. Sie stehen wie in Datting in unterschiedlicher Richtung um die geschwungene Ortsstraße.

◁◁◁
Totenbretter an einem Backofen in Datting.

◁◁
Altes Holzhaus in Datting.

◁
Der Bauer Ludwig Jakob, geboren 1901, aus Gerholling, einem Dorf, das ebenfalls mehrere schöne alte Holzhäuser aufweist.

Das Haus Datting Nr. 166 zählt zu den ursprünglichsten des Landkreises Deggendorf. Der Schrot hat wunderschön gedrechselte Stützen, auf dem Dach kräht ein tönerner Hahn, und natürlich darf der Misthaufen vor dem Haus nicht fehlen. Das untere Foto des gleichen Hauses, auch im Winter gemacht, zeigt die überlegte Bauweise solch alter Waldlerhäuser. Obwohl ringsum meterhoher Schnee liegt, ist die Gred, das ist der steingepflasterte Platz am Haus, schneefrei. Die Bäuerin kommt eben mit dem Futterkübel aus dem Stall. Die Milchkannen sind sauber gemacht und aufgestellt, die vollen stehen zur Kühlung im Wassergrand rechts. Neben dem Hauseingang hängt ein Kruzifix, ebenso wie am anderen Dattinger Haus rechts oben direkt unter dem Dachgiebel. Mit großen Holzstapeln ist man für einen langen Winter gerüstet. Damit man besser hinausschauen kann, wurden im Erdgeschoß die kleinen Fenster mit Fensterkreuzen bereits gegen modernere ohne Fensterkreuze ausgewechselt.

St. Hermann bei Bischofsmais

Weitbekannt ist die Wallfahrt zum „Hirmon" bei Bischofsmais, wie die Waldler den hl. Hermann nennen. Dieser Benediktinerheilige kam aus Niederalteich hierher, um als Einsiedler zu leben, bevor er nach Frauenau ging, wo er 1326 starb. Diese Wallfahrt ist eine der volkstümlichsten und ältesten im Waldland. Die mauerumfriedete Baugruppe besteht aus der Einsiedelei, der Brunnenkapelle und der Wallfahrtskirche. Sie zählt zum reizvollsten, was der Volksglaube im Waldland geschaffen hat und sucht weithin ihresgleichen.

Die Einsiedelei ist sicher ein Bau aus dem 17. Jahrhundert, der an Stelle der alten Einsiedelei erbaut wurde. Die malerische kleine Kapelle mit dem weit heruntergezogenen Dach und dem kleinen Zwiebeltürmchen ist ganz mit Schindeln verkleidet. Das Innere bedecken zahlreiche Votivtafeln, von denen leider schon viele ebenso wie der einmalige Hinterglaskreuzweg Einbrechern zum Opfer fielen. Deshalb hat man den Chorraum durch ein Gitter gesichert. Auf dem kleinen Barockaltar steht das eigentliche Gnadenbild, eine gotische Plastik des hl. Hermann, fälschlich mit Bischofsstab und Mitra dargestellt. Hinter dem Gitter links wird eine derbe Figur des hl. Hermann aufbewahrt. Mit ihr hopsten früher heiratswillige Mädchen um die Kapelle. Wenn nämlich die Figur nickte, auf waldlerisch „knauckte", dann waren die Heiratsaussichten im kommenden Jahr günstig.

Nach Westen schließt sich die „Hermannszelle" an, in der zahlreiche Votive von Wundertaten künden. In viele der geschnitzten Arme und Beine hat man die Art der Verletzung drastisch eingeschnitten. Überflüssig gewordene Stöcke und Krücken weisen auf zahlreiche Heilungen hin.

Daneben steht die 1611 erbaute runde Brunnenkapelle, äußerlich ein Renaissancebau, mit einer schönen schindelgedeckten Kuppel mit Laterne. Die Quelle wird von den Waldlern als heilkräftig angesehen, deswegen wäscht man sich mit ihrem Wasser die Augen oder trinkt es.

Der Bau der Wallfahrtskirche daneben wurde 1656 begonnen und die Kirche 1677 konsekriert. Auch bei ihr hat man die Westseite und den spitzen Dachreiter, der 1844 eine Kuppel ersetzte, mit Schindeln verkleidet. Der Hochaltar aus dem Anfang des 18. Jahrhunderts trägt ein 1720 von Franz Rauscher gemaltes Altarbild „Die Verklärung des hl. Hermann". Der Tabernakel und die Seitenaltäre stammen aus der Bauzeit, die Figuren an der Wand, die hll. Bartholomäus und Laurentius, sind von Thomas Rieger aus Deggendorf. In der Kirche werden zahlreiche Wallfahrtsgaben, meist Opferkerzen, aufbewahrt.

Kirchweih in St. Hermann

"Houst scho o'kirwat?" hörte ich eine alte Bäuerin eine Bekannte fragen, die sie an einem Kirchweihtag auf dem Weg nach St. Hermann traf. Auf hochdeutsch heißt dies: *"Hast du schon abgekirchweiht?"* In Wirklichkeit heißt dies viel mehr. Die Frage beinhaltet alles, was man auf einer Hirmonskirwa tun kann: in die Kirche gehen, beichten, kommunizieren, dann Pferdewurst – die gibt Kraft – oder Emmentaler Käse essen, Bier trinken, Bekannte treffen, familiäre Neuigkeiten austauschen, einkaufen, für die Verstorbenen beten und vieles andere mehr. Wer noch originales Waldlerleben kennenlernen will, der muß an den Namenstagen der Wallfahrtspatrone, dem des hl. Laurentius am 10. August und dem des hl. Bartholomäus am 24. August, nach St. Hermann kommen. Am Vortag um 17 Uhr ist die Einleitungspredigt mit Vesper, am Haupttag um 7 Uhr das Frühamt, dem weitere Gottesdienste folgen. Kaum glaublich der Zustrom der Wallfahrer von nah und fern. Die Budenstadt wird immer größer, die erste Festhalle aus Holz steht das ganze Jahr. Nicht mehr alles ist heute waldlerisch, wie Videoverkaufsstände oder Neger als Schmuckhändler. Insgesamt gesehen geht von den Käse- und Kuchenständen, den Pferdewürsten und Lakritzschlangen noch ein Hauch alten Herkommens aus, der mit Bier- und Weihrauchduft untrennbar zum Wald gehört.

◁◁ *Die drei Heiligtümer der Wallfahrt St. Hermann.*

△ *Hochaltar in der Wallfahrtskirche.*

◁ *Votivgaben in der Einsiedlerzelle.*

Impressionen von den Hirmonskirchweihen. ▷

DEGGENDORF – TOR ZUM BAYERISCHEN WALD

Deggendorf – Stadt zwischen Gäu und Wald – auf der Sonnenseite des Bayerischen Waldes – die lebensfrohe Einkaufsstadt oder nur: Deggendorf – Tor zum Bayerischen Wald, das ist eine Auswahl von Schlagwörtern, mit denen Deggendorf auf sich aufmerksam zu machen sucht.

Im Bereich des Bayerischen Waldes ist Deggendorf die einzige Große Kreisstadt am Nordufer der Donau. Die Römer haben bekanntlich zwischen Passau und dem Limes die Donau nicht nach Norden überschritten, vielleicht war ihnen das Land jenseits zu unwirtlich. Deggendorf ist daher keine sehr alte Siedlung. Trotzdem liegen die Anfänge ihrer Geschichte weitgehend im dunkeln. Als Siedlung soll Deggendorf erstmals 868 bezeugt sein, als Regensburg immerhin schon 700 Jahre alt war! Die Herzöge errichteten damals hier einen Meierhof, der unter Karl dem Großen zum Königshof wurde. Die erste urkundliche Erwähnung Deggendorfs erfolgte im Jahre 1002.

Nach dem Aussterben der Babenberger und der Grafen von Bogen fiel es an die Wittelsbacher, deren Herzog Otto II. um 1250 das neue Deggendorf neben der älteren Hafnerstadt mit Wall, Graben, Mauer und vier Toren errichten ließ. Dieser befestigte Platz sicherte die Isarmündung und den Zugang zum Graflinger Tal. Der planmäßig angelegte Stadtkern blieb bis um 1800 fast unverändert erhalten. Durch neue Verkehrsmittel – Dampfschiffahrt und Eisenbahn – sowie die Industrialisierung wuchs die Stadt langsam über ihre Grenzen und hat heute nach mehreren Eingemeindungen, auch über die Donau hinüber, rund 7725 Hektar Fläche und 30 000 Einwohner.

Die zwei Gesichter Deggendorfs, eines nach Süden zur und über die Donau, eines nach Norden in den Wald, haben der Stadt zum Segen für Handel und Gewerbe eine einmalige Brückenkopffunktion eingebracht.

Die Stadt am Strom und vor dem Wald, dies zeigt das Foto links eindringlich. Drei Türme prägen das Stadtbild: rechts der Turm der Pfarrkirche Maria Himmelfahrt, dann der viereckige Rathausturm und daneben der wunderschöne Turm der Hl.-Grab-Kirche. Die vier Plätze Luitpoldplatz, Oberer Stadtplatz, Michael-Fischer-Platz und Pferdemarkt baute man 1967 zum Stadtplatz (▽) um. In seiner Mitte steht frei das Rathaus, dem im Norden noch eine ältere St.-Martins-Kirche angebaut war, die bei der Säkularisation aufgehoben wurde. Der Südbau wurde 1535 aufgeführt und der Turm um 1350. Der 54 Meter hohe wuchtige Bau kann seit 1981 bis in 45 Meter Höhe über 129 Holztreppen erstiegen werden, wobei man nicht nur die Wohnung des ehemaligen Türmers besichtigen, sondern auch eine herrliche Aussicht genießen kann. Heute sieht man dem Rathaus kaum noch an, daß es drei verschiedenen Jahrhunderten entstammt. An allen Werktagen ist auf dem Platz lebhafter Grünzeugmarkt.

105

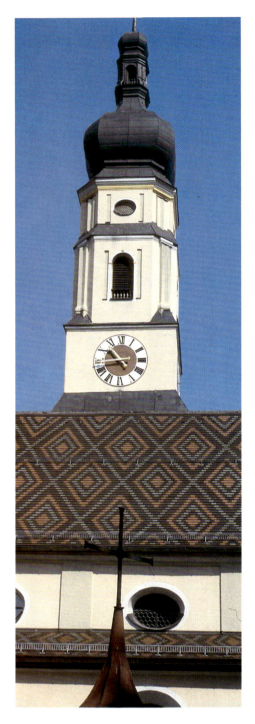 

Pfarrkirche Maria Himmelfahrt

Maria Himmelfahrt ist die Urpfarrei Deggendorfs. Seit 1002 gehörte sie dem Stift Niedermünster in Regensburg bis 1803. Eine romanische Kirche brannte 1240 ab, Ende des 15. Jahrhunderts begann man einen Neubau, doch nur Chor und Sakristei wurden fertig. 1654 setzte man den Bau fort, durch Kriegswirren wurde er wieder zerstört. 1748 begann man mit dem Bau in heutiger Form, den man 1885 bis 1889 zur Straße verlängerte und mit der Vorhalle und zwei Treppenaufgängen versah.

Links blickt man über den kleinen Zwiebelturm der Wasserkapelle auf das mächtige Dach und den Turm mit Zwiebel und Laterne, rechts die Figur des Evangelisten Markus an der Kanzel. Diese Plastik wie auch die drei anderen Evangelisten am Kanzelkorpus sind meisterliche Rokokoarbeiten des Bildhauers Christoph März um 1760. Der barocke Hochaltar ist ein Meisterwerk des Eichstätter Hofbildhauers Matthias Seybold, den dieser für den Eichstätter Dom geschaffen hatte und der Ende des 19. Jahrhunderts von dort nach Deggendorf kam.

Wandernde Altäre

Die Deggendorfer Kirchen besitzen eine Reihe sehenswerter Altäre mit einer interessanten Geschichte. Man könnte sie als „wandernde Altäre" bezeichnen, denn in beinahe keiner anderen Stadt Ostbayerns wurden die Kirchenaltäre so häufig gewechselt und getauscht wie in Deggendorf. So steht der ursprüngliche Hochaltar der Wallfahrtskirche auf dem Geiersberg heute in der Abteikirche in Disentis in Graubünden. Er wurde 1882 abgebrochen und drei Jahre später in die Schweiz verkauft. Die Geiersbergkirche erhielt im Zuge der Neugotisierung einen immerhin gelungenen neugotischen Hochaltar.

In der Pfarrkirche Maria Himmelfahrt stand früher ein gotischer Altar. Dessen qualitätvollen Plastiken baute man um 1625 in einen Renaissance-Altar ein, den man 1690 entfernte und von 1692 bis 1953 in der gotischen St.-Johannis-Kirche in Schaching aufstellte, das damals noch gar nicht zu Deggendorf gehörte. 1954 mußte er nochmals umziehen: Er kam in die neuerbaute St.-Martins-Kirche, wo er seither dem nüchternen Bau etwas Glanz verleiht.

Als Ersatz für diesen Renaissance-Altar schuf in zwanzigjähriger Arbeit der Straubinger Bildhauer Franz Mozart einen neuen Hochaltar für Maria Himmelfahrt, der um 1720 aufgestellt wurde. Diesen entfernte man Ende des 19. Jahrhunderts und ersetzte ihn durch den barocken ehemaligen Hochaltar des Eichstätter Domes, der dort 1749 geweiht worden war und bei der Neugotisierung entfernt wurde.

Ein Deggendorfer Altar ist somit dreimal in der Stadt umgezogen, einer steht jetzt in der Schweiz und einer kam aus Eichstätt!

St. Martin

Der Hochaltar, der seit 1954 die St.-Martins-Kirche ziert, gilt als eines der bedeutendsten Kunstwerke Deggendorfs. In dem Renaissance-Gehäuse hat man in der Mitte anstelle eines Altarblattes die Muttergottes mit Kind im Strahlenkranz, links den Evangelisten Johannes, rechts den hl. Lukas angebracht, gute Arbeiten um 1500. Neben den weinlaubumrankten Säulen stehen links der hl. Wolfgang, rechts der hl. Georg, oben ein Erbärmdechristus und Gott Vater als Halbfigur. Engel und Engelsköpfe umsäumen das Ensemble. Der „Tod Mariens" an der Predella über dem Altartisch (Foto oben rechts) stammt auch aus der Zeit um 1500, dürfte jedoch von früheren Altären kommen, wie Kunstsachverständige vermuten. Die gotischen Plastiken und das Renaissance-Gehäuse des Altars passen gut zusammen.

Wallfahrtskirche Geiersberg

Mitten zwischen hohen Bäumen steht die Wallfahrtskirche zur Schmerzhaften Muttergottes auf dem Geiersberg, auch zur „Gottesmutter in der Rose" genannt (△). Die jetzige gotische Kirche wurde 1486 vollendet, das älteste Votivbild stammt schon von 1483. Das Gnadenbild ist eine Vespergruppe von etwa 1400, das am neugotischen Hochaltar in einer Rose von vier goldenen Blattreihen aufbewahrt wird (△).

Bemerkenswert ist die große Zahl ausgezeichneter Votivbilder, von denen jedoch 46 der besten 1976 gestohlen wurden. 26 von ihnen kamen 1977 in zwei Paketen wieder zurück. Diese Votivbilder allein sind den Besuch der Kirche wert. Das Votivbild unten links ist eine Gelöbnistafel der Menschen, welche bei dem großen Eisgang am 2. Januar 1816 sich auf der alten Holzbrücke zwischen Deggendorf und Fischerdorf befanden und gerettet wurden. Obwohl die Brücke weggerissen wurde, konnte man alle Menschen retten. Das andere Votivbild hat der Maurer Joseph Hirsch aus Deggendorf gleich zwei Gnadenorten verlobt, der Muttergottes vom Geiersberg und der von Sammarei, die oben auch aufgemalt sind. Auf dem Bild wird der Maurer gerade vom Bader behandelt: Zwei Frauen ziehen auf der einen Seite an einem Strick, den man ihm um die Brust gebunden hat, zwei Männer auf der anderen, während der Bader sein Bestes versucht.

Sell'sche Apotheke im Stadtmuseum

Das Museum der Stadt Deggendorf enthält nicht nur eine umfangreiche Sammlung zur Stadtgeschichte, sondern auch zur Vor- und Frühgeschichte des Deggendorfer Raumes und beherbergt eine umfangreiche Sammlung sakraler Kunst.
Ein Glanzstück des Museums ist die Sell'sche Apotheke, wie sie 1832 der Eggenfeldener Schreinermeister Josef Neustifter angefertigt hat. An den Wänden sind die Repositorien mit den vielen Standgefäßen, aus deren Inhalten die Apotheker die gewünschten Rezepte mixten. Vorn ist der Kundentisch mit der Apothekerwaage, dahinter die Rezeptur mit einem Stehpult. Wer jemals in einer solchen Apotheke war, der glaubt beim Betrachten des Bildes noch den eigenartigen Geruch zu spüren, den all die Kräuter, Wässer und Medizinen ausströmten.

Wallfahrt Halbmeile

Die Wallfahrt zur Schmerzhaften Muttergottes von Halbmeile ist noch besuchter als die auf dem Geiersberg. Sie liegt eine „halbe Meile" östlich von Deggendorf. 1672 hat hier der Pfleger Johann Wiegant das Bild der Muttergottes mit den sieben Schwertern aufstellen lassen. 1690 kam der calvinistische Kürassier Philipp Klein vorbeigeritten und schoß dem Marienbild mit der Pistole direkt ins Herz. Noch am gleichen Tage verunglückte er tödlich. Bei diesem Bild blühte bald eine Wallfahrt auf, wenn auch gegen den Widerstand des Klosters Niederaltaich. 1782 konnte man die Wallfahrtskirche vollenden. Das Wallfahrtsbild befindet sich auf dem freistehenden Altar in der Mitte hinter Glas. Deutlich kann man noch den Pistoleneinschuß erkennen.

△ *Der Bäckeraltar aus der Zeit kurz nach 1500 stand früher in der Bäckerkapelle der Grabkirche. Seine Teile stammen nicht aus einer Hand. In der Mitte der Verrat des Judas, Christus am Kreuz und die Beweinung des Herrn.*

▽ *Das Abendmahlrelief aus Kalkstein fertigte 1624 der Straubinger Bildhauer Martin Leutner. Prunkstück und Abschluß des Stadtplatzes nach Süden ist der herrliche Turm der Grabkirche von Johann Michael Fischer.* ▷

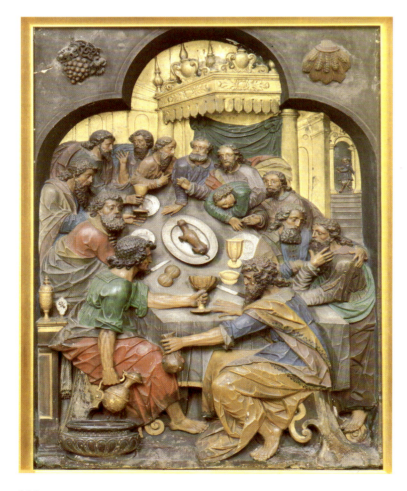

Heilig-Grab-Kirche

Die 1337 begonnene gotische Heilig-Grab-Kirche zählt zu den großen Sehenswürdigkeiten Deggendorfs. Sie ist eine der besuchtesten Wallfahrten Niederbayerns. Ihre Entstehung durch einen Hostienfrevel, den Juden begangen haben sollen, ist nicht bewiesen. Bereits 1361 erhielt die Kirche den ersten Ablaß. Papst Bonifaz XI. gewährte vom 30. September abends bis zum 4. Oktober einen viertägigen Ablaß. Daraus entwickelte sich für die Wallfahrt die Bezeichnung „Gnad", die noch heute mit der feierlichen Öffnung der „Heiligen Pforte" an der Westseite der Kirche beginnt. Die Pforte steht auf den Grundmauern der früheren Synagoge. Zur Gnad mit ihren kirchlichen Veranstaltungen und dem gleichzeitigen Gnad-Markt kommen jährlich Zehntausende. Zur 400-Jahr-Feier der Wallfahrt 1737 wurden über 100 000 Kommunionen ausgeteilt!

In der dreischiffigen Basilika mit einschiffigem Chor standen früher fünfzehn Altäre. Während der eigentliche Bau gotisch, zum Teil neugotisch ergänzt ist, wurde der 69 Meter hohe Turm von Johann Michael Fischer in den Jahren 1722 bis 1727 erbaut. Er gilt mit als schönster Kirchturm Bayerns und wurde in den letzten Jahren in den ursprünglichen Farben Grau, Gold und Ocker gut restauriert.

Neue Altstadt

Wie in vielen Städten litt auch die Deggendorfer Altstadt zunehmend unter Auszehrung. Immer mehr Menschen zogen aus dem Stadtkern mit seinen alten Wohnungen. Am 5. November 1982 wurde schließlich der Grundstein für eine völlig neue Altstadt gelegt, ein Stadtviertel zwischen Oberem Stadtplatz und Bahnhofstraße, Westlichem Stadtgraben und Schlachthausgasse. Auf einer Grundfläche von 5911 Quadratmeter wurden die Altbauten niedergelegt und ein dreistöckiger Neubaukomplex errichtet, der 3206 Quadratmeter Wohnflächen und 1630 Quadratmeter Gewerbeflächen enthält. Zudem wurden 209 Autostellplätze geschaffen. Das Ergebnis kann sich sehen lassen und gilt als eines der gelungensten in Ostbayern.

An sich hat Deggendorfs Altstadt bis heute ihre ursprüngliche Form, die einer Birne ähnelt, erhalten. Allerdings ist von der einst die ganze Stadt umschließenden Stadtmauer nur noch ein Rest erhalten. Die vier Stadttore sind längst abgebrochen, das Regener Tor im Osten wurde nach einem Brand 1822 abgerissen, das Schachinger Tor 1830, das Donautor im Süden und das Obere oder Viechtacher Tor im Norden 1853.

Die Fotos rechts zeigen einen Teil der Altstadtsanierung, unten mit einem Rest der Stadtmauer. An der Nordwestecke der Anlage hat man der Deggendorfer Knödelwerferin ein Denkmal gesetzt (△). Dies geht auf die Legende zurück, wonach bei der Belagerung der Stadt durch Ottokar von Böhmen 1266 ein Verteidiger einem Böhmen, der ihn beim Essen überraschte, einfach einen Knödel ins Gesicht warf. Wenn die noch soviel zu essen haben, können wir die Belagerung aufgeben, sagten die Böhmen und zogen ab.

VOM LALLINGER WINKEL NACH VILSHOFEN

Der Lallinger Winkel gehört zu den wenigen von der Natur besonders begünstigten Gebieten des Bayerischen Waldes. Er wurde daher auch früh besiedelt. Schon im ersten Jahrhundert seines Bestehens unterhielt das Kloster Niederalteich hier einen Wirtschaftshof.

Auf drei Seiten ist der Lallinger Winkel von bis zu 1000 Meter aufsteigenden Bergrücken umgeben, nur nach Süden fällt das Gelände stufenförmig ins Donautal ab. Dieser Umstand verhindert kalte Nord- und Ostwinde, läßt aber warme Südwinde ungehindert einströmen. Die Kirche St. Stephan in Lalling wurde anfangs des 18. Jahrhunderts erbaut. 1767 ließ das Kloster Niederalteich einen neuen Zehentstadel bauen, 1786 die Kirche restaurieren und neu einrichten. Am Hausstein errichtete 1908 der Münchner „Verein für Lungenkranke aus dem Mittelstand" das Lungensanatorium, wobei der Granitboden und die klimatisch günstige Lage für diese Standortwahl ausschlaggebend waren. Da die Tuberkulose stark zurückging, schloß die Stadt München 1975 die Heilstätte.

Im Lallinger und Bernrieder Winkel wird seit langem Obst angebaut. Doch häufig wird die Bedeutung des Obstbaus überschätzt. 1979 waren von 50 986 Hektar landwirtschaftlicher Nutzfläche im Landkreis Deggendorf nur 132 Hektar für den Obstbau genutzt, also nur ein viertel Prozent. Den Fotografen ermöglicht der Obstbau so schöne Fotos von Lalling wie unten.

Das Bild oben zeigt den Lallinger Winkel von Langfurth aus. Lalling mit der leuchtenden Kirche ist in der Bildmitte etwas nach links zu sehen, davor Rohrstetten mit der im Osten vorbeiführenden neuen Umgehungsstraße. Östlich von dieser liegen die Dörfer Padling und Hunding. Die ing-Orte gelten als besonders alt, meist wohl ab dem 9. Jahrhundert gegründet. Dies alles war einst Niederalteicher Klosterland. In den beiden ersten Jahrhunderten seines Bestehens legte das Kloster Niederalteich über einhundert Siedlungen an und dies begründete seinen Ruf als bedeutendstes Rodungskloster für den Bayerwald. Als die Gemeinde Hunding 1981 sich um ein eigenes Ortswappen bemühte, teilte ihm das Bayerische Hauptstaatsarchiv u. a. mit: „Der Ort Hunding war namengebend für eine Ortsmannschaft und ist seit 1818 Sitz einer Gemeinde. Von Hunding selbst gehörten nach einer Konskription von neun Anwesen acht zur Grundherrschaft des Klosters Niederalteich, in Padling von acht Anwesen sieben, in Rohrstetten von fünfzehn Anwesen vierzehn, in Sonndorf von acht Anwesen drei zum Kloster Niederalteich und drei zum Kollegiatsstift Vilshofen, in Zueding von neun Anwesen acht zum Kloster Niederalteich." In seltener Geschlossenheit gehöre dieses Gebiet zur Grundherrschaft dieses Klosters. Für Hunding wurde ein Wappen vorgeschlagen, das Verbindung zum Bergbau habe, denn ein Akt von 1562 betreffe das Bergwerk zu „Hundern" im Gericht Hengersberg, in dem dem Pfleger Burkhard von Tannberg das Schürfen nach Silber und Blei erlaubt worden sei. Um 1700 hätten die Hundinger Bauern von Kurfürst Max Emanuel eine Schürfgenehmigung auf Gold erhalten, einen Schacht gegraben, seien aber nicht fündig geworden. Um 1800 lebte das Goldfieber wieder auf und 1880 suchte eine Gesellschaft mit sächsischen Bergleuten nach Gold. In der Tat machte sie geringe Goldfunde bei Hunding. ▷ König Max II. und Königin Maria fuhren am 11. Juli 1849 von Deggendorf her die Rusel hinauf und als sie in der Nähe des Haussein in den Lallinger Winkel blickten, soll der König ausgerufen haben: „Marie, ich hätte nie gedacht, daß unser Bayernlandl so schön ist!" Auf der Fahrt dorthin begegneten den Majestäten auch etliche zwei- und vierbeinige Waldbewohner. Als Max II. den Bürgermeister Josef Biller von Tattenberg fragte, warum die Gemsen hier so zutraulich sind, antwortete dieser: „Dös sand Geuß, Herr Kini!" Zu deutsch: Das sind Geißen, Herr König! Ein Stein im Ruselhochwald erinnert an diesen hohen Besuch.

Benediktinerabtei Niederalteich

Der gotische Hallenchor der Abteikirche wurde 1260 begonnen, 1326 wurde das gotische Langhaus geweiht, 1514 bis 1534 wurden die beiden Türme bis zum Gesims gemauert. Der Passauer Jakob Pawanger barockisierte von 1718 bis 1729 das Kircheninnere, Johann Michael Fischer führte von 1724 bis 1726 Mönchschor, Sakristei und die Turmaufbauten aus. Unser Bild zeigt das Kuppelfresko im Mönchschor nach der von Abt Dr. h.c. Placidus Stieß 1978 eingeleiteten Restaurierung.

▽ *Hochaltar von 1703 von Jakob Schöpf aus Straubing. Das Altarbild von Franz Geiger aus Landshut von 1675 zeigt den hl. Mauritius.*

▷ *Kanzel mit den vier Evangelisten in den Korpusnischen, Ende des 17. Jahrhunderts.*

▷▷ *Seitenaltar der Schmerzhaften Muttergottes, an der Südseite mit steinernem Vesperbild von 1480.*

Das Kloster Niederalteich wurde 731 von Bayernherzog Odilo gegründet. Der von ihm bestimmte Standort war ein unbewohnter Platz im Altwassergebiet der Isarmündung. Die in seinem Auftrag vom Kloster Reichenau im Bodensee hierher gesandten zwölf Mönche nannten den Ort „Altaha", was „Altwasser" heißt. Dies wandelte sich später in Alteich und nach der Gründung von Oberalteich um 1100 in Nieder-Alteich. Zum Patron des Klosters wurde der hl. Mauritius bestimmt. Herzog Odilo hatte den Standort gut gewählt: Auf der einen Seite war die Donau, von deren Nordufer man die Kolonisation in den Bayerischen Wald vortreiben konnte. Er stattete das Kloster reich aus. Schon 790 besaß es 350 Bauernhöfe, Weinberge bei Bogen und Salzpfannen in Reichenhall. Über Schwarzach, Auerbach, Außer- und Innernzell, wo Mönche saßen, stieß man nordwärts vor. 753 nach nur 21 Jahren konnte Niederalteich bereits das Kloster Wessobrunn besiedeln, 820 unterhielt es schon eine Schreibschule und 826 zählte es 140 Insassen. Dies war ein unwahrscheinlicher Aufstieg. Nach dem Tod Herzog Tassilos III. 788 wurde es unter Karl dem Großen königliches Kloster. Niederalteicher Äbte wurden Bischöfe in Mainz und Würzburg und Kanzler des Reichs. 848 erhielt es

das Recht der freien Abtwahl, 857 die Bestätigung zur Reichsabtei. Es erhielt Besitz in der Wachau und am Plattensee. Doch dann begann eine Zeit des Niedergangs. Das Klosterleben erlosch fast, nur noch Chorherren bewohnten die Gebäude. Doch das Pendel schlug zurück: Ausgehend von der Reform von Cluny wurde auch Niederalteich reformiert, zuerst von Abt Erchanbert, ab 996 von Abt Gotthard, der 960 im nahen Reichersdorf zur Welt kam. Unter ihm begann die zweite Rodungsperiode bis hin nach Rinchnach.

Abt Gotthard wurde 1022 Bischof von Hildesheim und nach seinem Tod als erster Bayer 1131 heiliggesprochen. Im 13. Jahrhundert erlebte das Kloster eine dritte Hochblüte und rodete vornehmlich im Gebiet von Zwiesel und Frauenau. Nach den Wirren des Dreißigjährigen Krieges und mehrerer Brandunglücke kam mit Abt Joscio Hamberger ab 1700 die letzte große Blüte der alten Abtei. 1803 wurde sie durch die Säkularisation aufgehoben, der Besitz enteignet, der Konvent mußte das Kloster verlassen. Der Passauer Religionslehrer Fr. X. Knabenbauer hinterließ 1908 für die Wiederbesiedlung des Klosters 180 000 Goldmark, was die Abtei Metten 1918 veranlaßte, zwei Mönche nach Niederalteich zu schicken. Nur mühsam gelang die Sanierung. Abt Emmanuel Heufelder verstärkte die ökomenische Arbeit. Heute besitzt das Kloster eine byzantinische Kirche und ein Gymnasium mit Internat.

Einmalig sind in der Abteikirche die auf beiden Längsseiten des Langhauses umlaufenden Choremporen. Sie tragen in Ovalkuppeln Deckenfreskos, meist von dem Welser Maler Andreas Haindl, die durch ovale Öffnungen von den Seitenkapellen aus von unten betrachtet werden können. Das Bild zeigt die Emporen im nördlichen Obergeschoß mit Blick auf den Mönchschor.

◁ *Sakristei von Joh. Michael Fischer mit Stukkaturen von Ignaz Holzinger und dem Schrankwerk des Laienbruders Pirmin Tobiaschu.*

▽ *Deckenfresko in einer nördlichen Chorempore von Andreas Haindl. Kurios: Eine weibliche Figur rechts von der Mitte trägt eine Brille.*

▽ *Im nördlichen St.-Martins-Altar werden die Gebeine des hl. Magnus aufbewahrt, reich bekleidet und edelsteinbesetzt.*

Schöllnstein

Südlich des staatlich anerkannten Erholungsortes Schöllnach, einem sehr um den Fremdenverkehr bemühten Markt, liegen zwei kleine Kirchen, Schöllnstein und Handlab. Beide befinden sich südlich der Autobahn, die sich hier mit am weitesten in den Bayerischen Wald hineingefressen hat. Das eine ist die originelle Kirche Maria Heimsuchung in Schöllnstein, die zusammen mit dem ehemaligen Expositurhaus ein originelles Ensemble bildet. Das Kirchlein ist ein Zentralbau, dem man später den gerundeten Vorbau ansetzte, so daß der Turm ins Innere zu stehen kam. Die Wandrundung des Innenraumes kommt leider wegen einer Flachdecke nicht besonders zur Geltung, doch ist die Innenausstattung sehenswert. Die Siedlung Schöllnstein liegt tief dahinter im Tal der Kleinen Ohe, über die in 74 Meter Höhe die A 3 darüberführt.

Handlab

Diese alte Wallfahrt bezeichnet sich nach einer Begebenheit, die ihr Name ausdrückt: „Maria Handl ab!" soll die Ehefrau des Ritters Hartlieb von Dobl ausgerufen haben, als ihr der Ehemann mit dem Schwert die rechte Hand abgeschlagen hatte. Er glaubte, sie der Untreue überführt zu haben. Maria half umgehend, denn nach der Legende wuchs die Hand sogleich wieder an. Ein Gemälde um 1750 über der Kirchentüre stellt dies eindringlich dar.

Die Wallfahrtskirche Maria Krönung liegt auf einer Anhöhe südlich von Iggensbach, von wo man einen weiten Blick ins Waldgebiet hat. Sie wurde 1644 anstelle einer früheren, der hl. Korona geweihten kleinen Kapelle erbaut. Im Inneren kann man vor lauter Votivgaben kaum die ursprüngliche Ausstattung erkennen. Auf dem Altar mit einem Barockaufbau befindet sich ein

Kastentabernakel mit der Büste der hl. Korona, eine einfache Arbeit um 1480. Die Krone kam erst später dazu. Das Altarbild zeigt Marias Himmelfahrt, das Bild im Aufzug ist eine Nachahmung des Martyriums der Heiligen von St. Korona bei Passau. Die Legende berichtet noch von einem Muttergottesbild, das hier in einer hohlen Eiche stand. Dreimal wollte man es nach Iggensbach bringen, dreimal kam es auf rätselhafte Weise zurück. So richtete man die Wallfahrt nach „Handlouh" ein. Ein Großteil der Votivtafeln wurde erst nach dem Kriege angebracht. Ein Müttererholungsheim gegenüber der Kirche sorgt dafür, daß hier beinahe ständig Beter anzutreffen sind.

Vilshofen

Die Stadt Vilshofen liegt malerisch an der Mündung der von Süden kommenden Vils in die Donau. Ihr Bild bestimmen der Stadtturm, von 1643 bis 1647 erbaut, und der der Stadtpfarrkiche von 1803. Hoch darüber sieht man die Doppeltürme der 1911 geweihten Klosterkirche Schweiklberg. Vilshofen ist seit 1250 bayerisch. Lange war es Grenzstadt zum Fürstbistum Passau. Es war ein bedeutender Wasserumschlagplatz und besaß in seiner Donaubrücke, der nächsten nach Deggendorf, eine bedeutsame Verbindung zum Bayerischen Wald. 776 erscheint es erstmals in Urkunden des Klosters Mondsee. Am 12. 5. 1794 brannten große Teile der Stadt ab, darunter die Pfarrkirche. 1803 wurde sie wieder aufgebaut. Dabei hatte man Glück, denn durch die Säkularisation erhielt man eine sehr qualitätvolle Innenausstattung, so alle Altäre, Kanzel, Chorstühle, Taufstein und St.-Nepomuk-Figur von Egid Quirin Asam vom Kloster St. Nikola in Passau; Orgel, Beichtstühle und Turmuhr kamen aus Aldersbach, die größte, 100 Zentner schwere Glocke von Niederalteich. Man verstand es, daraus ein wirklich sehenswertes Gotteshaus zu machen. Vilshofen besitzt noch eine sehr schöne Mariahilfkirche, ein Zentralbau. Die Fischerzeile an der Vils, die kleinen Gassen zur Donau und die schönen Häuser im Innstadtstil machen die Stadt zudem sehenswert.

Ländeplatz der Passagierschiffahrt, im Hintergrund der Renaissance-Stadtturm.

Die malerische Fischerzeile an der Vils mit dem Turm der Stadtpfarrkirche.

Pfarrkirche St. Johannes d. Täufer, Auszug des mittleren linken Seitenaltars: hl. Jakobus mit Pilgerstab inmitten vieler Putten. △

Erster Seitenaltar links: ein herrliches, aus Italien stammendes Altargemälde „Anbetung der Hl. Drei Könige", links der hl. Blasius mit Kerze, rechts der hl. Nikolaus. ▷

Die Brüder Asam an der Donau

Die Klosterkirche St. Emmeram (△▽) in Regensburg wurde von den Brüdern Asam von 1731 bis 1733 innen im Stil des Frührokoko umgestaltet. An Stelle der Flachdecke zogen sie ein Tonnengewölbe ein, das sie überreich mit Stuck und herrlichen Bildern vom Martyrium des hl. Emmeram überzogen. Erweiterte Fenster, vorgesetzte Seitenaltäre, Großplastiken, Voluten und Vasen, prunkvolle Rahmen und Blumenranken machten aus dem karolingischen Bau eine üppige Rokokohalle.

Der Bayerische Wald ist keine Kunstlandschaft. Lediglich seine Randgebiete werden in den Kunstführern ausführlich behandelt, im Norden das Regental, im Süden das Donautal. Der 300. Geburtstag des 1686 geborenen Cosmas Damian Asam war Anlaß für eine große Asamausstellung in Aldersbach bei Vilshofen. Die Werke der beiden Asam-Brüder Cosmas Damian und Egid Quirin sind die Höhepunkte barocken Kunstschaffens in Ostbayern. Die Klosterkirchen Weltenburg, Rohr, St. Emmeram, Aldersbach, die Ursulinenkirche in Straubing und die Damenstiftskirche Osterhofen-Altenmarkt haben wesentlich zum Ruhm dieser Künstler beigetragen. Hinzu kommen noch Arbeiten in Alteglofsheim, in der Thurn und Taxis'schen Hofbibliothek Regensburg, in Metten, Niederalteich, Oberalteich, Passau und anderen Orten. Erstaunlich ist, wie früh diese Brüder höchste künstlerische Vollendung erreichten: Als sie Weltenburg bauten, war Cosmas 30, Egid 25 Jahre alt.

Sie schufen in ihren Werken wahre Form- und Farbenorgien, die den Betrachter wie ein Rausch treffen, sie machten den Altar zur Bühne, die Kirche zum heiligen Theater. Ihre herrlichen Bauten und Kunstwerke machen Ostbayern zum Ziel von Tausenden von Kunstfreunden.

Ursulinenkirche Straubing

St. Ursula, die Klosterkirche der Ursulinen in Straubing, ist das letzte gemeinsame Werk der Asambrüder. Der kleine Zentralbau wurde von Egid Quirin entworfen. 1736 legte man den Grundstein, 1738 war das Gewölbe geschlossen, die Fassade vollendet. Cosmas Damian malte in nur 75 Tagen ohne Hilfe die Fresken dieser Kirche. Am Tage seiner Abreise, dem 11. September 1738, unterzeichnete er den Kontrakt für die Aufnahme seiner Tochter Anna Theresia in das Kloster und überließ diesem sein Honorar in Höhe von 3000 Gulden als deren Mitgift und für die Einkleidung. Im folgenden Winter malte er noch drei Altarbilder, von denen jedoch das Hochaltarbild verschwunden ist. Es wurde um 1900 durch ein Bild im Nazarenerstil ersetzt, das wiederum 1981 einem Altarbild im „Asam-Stil" weichen mußte, das der Würzburger Maler Wolfgang Lenz gemalt hatte und viel besser zu dem Asamwerk paßt als das Nazarenerbild. Nach dem Tod von Cosmas Damian Asam am 10. Mai 1739 führte sein Bruder Egid Quirin auch das Werk seines Bruders zusammen mit eigenen Stuckarbeiten zu Ende.

Die mächtigen, gedrehten Säulen des Hochaltars bekrönt ein Baldachin, auf dessen Reif ein herniederschwebender Erzengel Gabriel (▷) zu sehen ist, von Gottvater darüber ausgesandt. Der Putto rechts überbringt eine weiße Lilie, das Zeichen der Jungfräulichkeit.

Den Hochaltar flankieren unten die überlebensgroßen Figuren des hl. Ignatius von Loyola, des Gründers des Jesuitenordens, und des hl. Karl Borromäus (△), Kardinal von Mailand, der die erste Regel des Ursulinenordens aufstellte. Karl Borromäus ist knieend und anbetend in einem purpur-goldenen Kardinalsgewand dargestellt, vor ihm hält ein Putto ein Kreuz, daneben liegt ein Totenschädel. Ein Engel dahinter hält die Kardinalsinsignien, eine ungewöhnlich bewegte Gruppe von Egid Quirin Asam.

St. Margaretha in Osterhofen – drei Genies bauen eine Kirche!

Selbst nüchterne Gelehrte sprechen bei diesem Gotteshaus vom glanzvollsten Kirchenraum, von einem genialen Werk, einem Zenit künstlerischen Schaffens. Wir verdanken es drei Künstlern, den Brüdern Asam und Baumeister Johann Michael Fischer, der 1692 im oberpfälzischen Burglengenfeld zur Welt kam. Eine Sternstunde für die Bau- und Raumkunst hat diese Genies hier zusammengeführt, wo jeder auf seinem Gebiet eine Höchstleistung vollbrachte. Als 1726 die damalige Prämonstratenserkirche einstürzte, riet Fischer zu einem Neubau und ließ auch gleich den Rest der alten Kirche abbrechen. Dann baute J. M. Fischer sein erstes ganz großes Werk, einen herrlichen, lichten und weiten Kirchenraum mit sechs ovalen Seitenkapellen, darüber Oratorien, deren vorspringende Balkonbrüstungen wie in einem Theater wirken. Die Kirche besitzt nichts Gerades, Eckiges: Alles ist gerundet. Begeisternd das herrliche Ineinanderfließen aller Raumteile! Cosmas Damian Asam malte auf dem Höhepunkt seines Künstlerlebens 21 verschieden große Fresken, deren größte in der Mittelachse dem Leben des hl. Norbert gewidmet sind, der den Prämonstratenserorden gründete. Eine Meisterleistung der Illusionsmalerei ist das Kuppelfresko, das auf nur mäßig gewölbter Decke aufgetragen wurde. Egid Quirin Asam erreichte in der Ausstattung mit Stuck und Altären seine künstlerische Vollendung, wie beim Tabernakel mit den herrlichen Anbetungsengeln (△) und der Einrahmung durch Engelsköpfe vor dem Strahlenkranz oder im Rosenkranzaltar (◁), auf dem in einer bewegenden Szene die hl. Maria dem aufblickenden hl. Dominikus einen Rosenkranz übergibt, während das Jesuskind der hl. Katharina von Siena, die sich in demütiger Gebärde niederbeugt, eine Krone aufs Haupt setzt. Über diese im Dreieck komponierte Gruppe halten Engel eine riesige Krone.

Drei Beispiele für die Meisterschaft des Egid Quirin Asam: der Hochaltarbaldachin mit den Evangelisten-Symbolen Ochse und Adler (△). Engel mit kräftiger Gestik halten eine Wolkendecke, auf der strahlend weiß das Lamm Gottes aus dem mystischen Goldgelb heraustritt. Der Stuck in der bewegten Raumarchitektur (◁) ist trotz der Farben Rot, Grün und Gold nicht aufdringlich und läßt den Wänden viel Weiß! Ungewöhnlich das Stuck-Chorgestühl mit vergoldeten Reliefdarstellungen von Ordensheiligen (▷).

Der Hochaltar in Osterhofen besitzt vier mächtige Stuckmarmorsäulen. Um ihnen etwas die Wucht zu nehmen, hat Egid Quirin Asam zwischen ihnen Bogengehänge aus vergoldeten Früchten, Blumen und Blättern angebracht, auf denen weiße Engel sitzen oder sich in die Tiefe zu stürzen scheinen (◁◁). Die Figur des hl. Nikolaus auf einem Seitenaltar zeigt vornehme Bewegtheit. Die ausgestreckte Rechte ist auf eine hier nicht sichtbare Monstranz gerichtet (◁).
Wie sehr Johann Michael Fischer die geraden Flächen durch Fenster, Seitenkapellen und Oratorien auflöste, verdeutlicht das Bild der südlichen Seitenwand. Cosmas Damian Asam malte alle Fresken, mehrere Altargemälde, darunter das des Hochaltars. Im Freskenprogramm der Seitenkapelle wurden Szenen aus dem Marienleben und der Passion dargestellt. An der Decke des Vorraumes hat sich der Künstler als demütig zu Boden blickender Zöllner (▷) selbst verewigt. An die Säule neben sich malte er sein Signum: Cosmas Damian Asam.

Klosterkirche Aldersbach

In Aldersbach bei Vilshofen, wo bereits 735 eine Kirche bezeugt ist, übernahmen 1146 Zisterzienser das Kloster. 1720 begannen sie mit dem Bau eines neuen Langhauses ihrer Klosterkirche. Abt Theobald I. übertrug die Stuckierung und die Fresken den Brüdern

Asam, ohne ihnen Auflagen zu machen. Cosmas Damian Asam malte an die Decke ein 20 Meter langes Riesenfresko, auf dem er die Weihnachtsvision des hl. Bernhard von Clairvaux, des Ordensgründers, darstellte. Es wurde eines der entscheidenden Bildwerke des 18. Jahrhunderts, denn auf ihm erscheinen die Gesetze der Perspektive und Architektur teilweise aufgehoben. Egid Quirin Asam zeigte sich als Meister des Stucks, besonders an einer üppigen Orgelempore. Die unwahrscheinliche Fülle verschiedener Formen, Ornamente, Kapitelle vereint sich mit den von dem Passauer Bildhauer Joseph Matthias Götz entworfenen Altären, von denen er den Hochaltar selbst ausführte, die anderen wurden Künstlern in der Umgebung übertragen, zu einem Höhepunkt spätbarocker Kirchenausstattung, wie das Bild oben zeigt (△). Fresken, Stuck und Plastik von einem guten Dutzend unterschiedlicher Künstler harmonieren ausgezeichnet miteinander.

DER PASSAUER VORWALD

△
Innenhof des Renaissanceschlosses Rathsmannsdorf.

◁
Burgruine Hals bei Passau.

▽
Wasserschloß Aicha vorm Wald.

Das Gebiet nördlich von Passau, zwischen Gaißa, Ilz und Erlau gelegen, wird allgemein als Passauer Vorwald bezeichnet. Es zieht sich bis hinter die Städte Grafenau und Freyung hin. 1217 wurden die Bischöfe von Passau zu Fürstbischöfen erhoben und blieben dies bis zur Säkularisation 1803. Aus dieser Zeit des Hochstifts Passau stammen auch die heute nur noch auf die Landschaft bezogenen Grenzen, die sich nach Süden über den Neuburger Wald erstrecken. Den Passauer Fürstbischof wählte jeweils das Domkapitel, auf das Bayern und Österreich Einfluß auszuüben trachteten. So kam ein normaler Wechsel bei der Besetzung zustande, bis Bayern durch die Beeinträchtigung des Passauer Salzhandels den Bogen überspannte und ab 1598 im Domkapitel die österreichische Seite bevorzugt wurde.

Diese Landschaft verdankt ihr Relief den zahlreichen in das kristalline Gestein eingeschnittenen Bachtälern, die in Schluchten tiefe Leiten bilden. Das Gebiet steigt von Passau aus allmählich bis etwa 800 Meter Höhe an.

Hier findet man noch zahlreiche Burgruinen, Burgen und Schlösser, so die Burgruine Hals bei Passau, die vom 12. Jahrhundert bis zum Aussterben 1375 Stammsitz der mächtigen Grafen von Hals war.

Aicha vorm Wald wurde bereits 946 erwähnt. Das Wasserschloß stammt in der Hauptsache aus der Renaissancezeit, ebenso das Schloß Rathsmannsdorf. Beide besitzen sehr schöne Arkadeninnenhöfe. Schloß Rathsmannsdorf war früher Jagdschloß, später Lustsitz der Passauer Fürstbischöfe. Heute ist es im Besitz der gräflichen Familie von Preysing. Auch Aicha vorm Wald gehörte früher den Passauer Bischöfen. 1742 haben die Panduren Ort und Schloß zerstört. Heute ist der renovierte Bau wieder bewohnt.

Das Gebiet des Passauer Vorwaldes zählt zu den reizvollsten Gegenden des Bayerwaldes.

Die Erlau

Die Erlau ist ein kleiner, munterer Bach, mit Erlen am Ufer und vielen Steinen im Bachbett. Bei Unterhöhenstetten nimmt sie den schnellen Sausbach auf und eilt mit ihm zur Donau, in die sie bei Erlau mündet. Dies geht völlig undramatisch vor sich. Das Foto zeigt die Erlau bei Raßberg.

Perlesreut

Die Landschaft bei Perlesreut, das man mit seiner St.-Andreas-Kirche auf der Höhe links sieht, ist typisch für das Vorwaldgebiet: weitschwingende Höhen mit Wiesen und Wäldern, in die viele Bäche Täler eingeschnitten haben. Wer im Waldland von Perlesreut hört, der denkt an den Perlesreuter Schnupftabak. ▽

Ilz und Ohen

Die Ilz, die bei Passau in die Donau mündet, ist weithin das einzige Bayerwaldgewässer mit Wildwassercharakter. Die Ilz entsteht durch den Zusammenfluß der aus dem Rachelsee abfließenden Großen Ohe und der im Lusengebiet entspringenden Kleinen Ohe bei Eberhardsreuth. Es gibt noch eine Wolfsteiner Ohe, die bei Fürsteneck in die Ilz mündet und eine Mitternacher Ohe, die bei Schönberg in die Große Ohe fließt. Doch damit nicht genug: Die bei Schalding in die Donau mündende Gaißa bildet sich auch aus einer Großen Ohe und einer Kleinen Ohe, und bei Hofkirchen mündet nochmals eine Kleine Ohe in die Donau; alle sind eigenständige Gewässer. Das obere Bild zeigt die Ilz bei Schrottenbaummühle, das untere eine Wildwasserregatta auf der Ilz.

Fürsteneck

Auf einem von der Wolfsteiner Ohe umflossenen Bergrücken liegen hoch über dem Tal Burg und Dorf Fürsteneck. Nordwestlich des Burgberges vereinigen sich Ilz und Wolfsteiner Ohe, um südwärts zu fließen.

Der Passauer Bischof Wolfker von Erla soll um 1200 die Burg als Grenzfeste errichtet haben, denn hier stießen die bischöflichen Besitzungen an das Gebiet der bayerischen Herzöge. Im Jahre 1232 wurde sie erstmals urkundlich genannt. Im Jahre 1391 war Heinrich Tuschl von Söldenau Pfandinhaber, dem damals auch die Burgen Saldenburg, Ranfels und Dießenstein gehörten. Ritter Tuschl hatte wenig Glück bei den Frauen. Als ihm die dritte davongelaufen war, nannte er sich nur noch „Ritter Allein" und führte diesen Namen auch im Wappen. Um den 1376 auf Saldenburg verstorbenen Ritter ranken sich manche Sagen. Nach ihm kam 1410 die Burg wieder in bischöflichen Besitz. 1570 ließ Bischof Urban von Trenbach die Burg gründlich renovieren und richtete gleichzeitig ein Landgericht ein, das bis zur Säkularisation bestand. Der bayerische Staat verkaufte 1814 die Burganlage an einen Regensburger, der darin eine große Brauerei einrichtete. 1964 brannte das nunmehrige Schloß samt Brauerei ab. Beim Wiederaufbau riß man das Sudhaus ab. Die Brauerei ist heute stillgelegt.

Die Schloßanlage ist auf einer nach Norden offenen Bergzunge erbaut, die an den Hängen dicht bewaldet ist. Das Schloß steht unter Denkmalschutz, die Schloßhänge unter Landschaftsschutz. Der Zugang führt über eine Brücke, die den ehemaligen Burggraben überspannt.

Ältester Bauteil ist der in der Anlage noch mittelalterliche Torturm. Im Innenhof beherrscht der 25 Meter hohe Bergfried den Komplex. Er ist quadratisch und hat unten 4 Meter und oben $2^1/_2$ Meter dicke Mauern. Er diente ausschließlich Verteidigungszwekken. Der ursprüngliche Zugang liegt auf der Südseite in 3 Meter Höhe. Neben dem Bergfried befindet sich die 1745 erbaute und 1747 eingeweihte Schloßkapelle St. Johann Baptist, ein interessanter Zentralbau mit drei halbkreisförmigen Ausbuchtungen. Diese Schloßkapelle war früher eine Marienwallfahrt. Auf dem Hochaltar steht ein Bild der Muttergottes mit dem Jesuskind. Als beim Schwedeneinfall 1633 in Regen ein Bild der Muttergottes mit Kind wunderbar erhalten blieb, brachte man es zur Sicherheit nach Fürsteneck. Als man es 1643 wieder zurückforderte, ließ man eine Kopie anfertigen. Dies ist das Gnadenbild in Fürsteneck. Das Original kam von Regen 1652 nach Plain bei Salzburg, wo es noch heute Mittelpunkt der besuchtesten Wallfahrt des Salzburger Landes ist.

Neukirchen vorm Wald

Einen der schönsten barocken Kirchtürme des Vorwaldes besitzt die Pfarrkirche St. Martin in Neukirchen vorm Wald. Ihn hat der Passauer Hofpolier Anton Gärtler 1758 barock umgestaltet und dabei auch erhöht. Er war ursprünglich wie die Kirche gotisch. Die Barockisierung der übrigen Kirche leitete der Ingolstädter Festungsbaumeister Georg Sälzl 1724. Den Auftrag hierzu hatte ihm Graf Maximilian Joseph von Taufkirchen zu Englburg erteilt, der damals Statthalter in Ingolstadt war.

Die Kirche hat eine schöne Barockausstattung und eine ganze Reihe sehenswerter Epitaphien von Mitgliedern ehemals auf den umliegenden Burgen sitzenden Adligen, aber auch von Pfarrherren. ▷

Verkehrsweg Ilz

Die Ilz – auf dem Bild bei Kalteneck – war lange ein bedeutsamer Holztransportweg. Schon 1730 unternahm man eine erste Probetrift, die nicht gut ausfiel. 1731 wagte man einen zweiten Versuch, bei dem man bei Fürsteneck einen Holzrechen aufstellte. Ihn ersetzte man 1737 durch Steinpfeiler, die noch dreimal um- und ausgebaut wurden. Hier hielt man das Triftholz zurück, bis man in Hals das angelandete Holz aufgearbeitet hatte. 1870 baute man oberhalb Fürsteneck in der Ilz eine weitere Triftsperre. Ende der 80er Jahre beschloß man, in Fürsteneck einen Holzhof einzurichten, von dem das Holz gleich auf Eisenbahnwaggons verladen wurde. Er ging 1902 in Betrieb.

Schon 1770 wurden auf der Ilz rund 60 000 Ster Holz getriftet. Bis 1803 oblag die Triftaufsicht den fürstbischöflichen Beamten, 1811 übernahm sie der Staat. Er baute 1827 bei Hals eine Triftsperre mit fünf gemauerten Pfeilern. Zur Vermeidung der engen Ilzschleife sprengte man einen 116 Meter langen Triftkanal mit 7,5 Quadratmeter Querschnitt durch den Berg, ein noch heute sehenswertes Verkehrsbauwerk. In der Bschütt in Passau legte man 1857 bis 1859 einen großen Holzlagerplatz an. Eisenbahn und Lastkraftwagen machten jedoch der Trift nach und nach den Garaus. ▽

DREIFLÜSSESTADT PASSAU

Passau ist keine schöne Stadt, nein, Passau ist eine herrliche Stadt! Passau ist einmalig. Drei Flüsse fließen hier zusammen – Donau, Inn und Ilz –, und zwar an der gleichen Stelle. Keine andere Stadt Deutschlands ist so sehr eine Dreiflüssestadt wie Passau. Die zu beiden Seiten steil ansteigenden Höhen mit der Veste Oberhaus im Norden und der Wallfahrt Mariahilf im Süden, dazwischen die geistlich geprägte Altstadt, das ist ein Städtebild, wie es kein Architekt schöner hätte entwerfen können, hier ist es in Jahrhunderten gewachsen.

Passau ist eine Stadt zum Schauen und zum Staunen, eine Stadt, die man mit den Augen trinken kann. Ein Spaziergang um die Ortsspitze, über die alten Plätze oder die steilen Gassen zum Wasser hinunter, das ist ein Vergnügen, das unvergeßlich bleibt. Von Osten gesehen scheint die Stadt daherzuschwimmen. Häuser, Kirchen und Türme dichtgedrängt, als wären sie hier vom Wasser angeschwemmt worden.

Überall blickt einen hier Geschichte an, wie rechts auf dem Residenzplatz, wo der gotische Ostchor des Doms mit seiner Steinwand mächtig emporsteigt, überdeckt von den barocken Kuppeln der Türme, und dem schönen Wittelsbacher-Brunnen, wobei die Westkuppeln des Doms erst Ende des vorigen Jahrhunderts, der Brunnen erst 1903 im Neobarockstil anläßlich der 100jährigen Zugehörigkeit Passaus zu Bayern ausgeführt wurden.

Das Panorama von Passau vom Mariahilfberg aus ist eine der klassischen Ansichten der Stadt. Aus der fast gleichhohen Gebäudefront der Altstadt ragen außer zwei Gotteshäusern zahlreiche Türme heraus. Am Beginn der eigentlichen Altstadt links der schlichte Turm der St.-Pauls-Kirche, die schon 1050 bezeugt ist, doch erst nach dem Brand 1662 neu aufgeführt wurde. Daneben der Dom und dann, etwas im Hintergrund, der Rathausturm aus dem 19. Jahrhundert. Schließlich blickt die Jesuitenkirche St. Michael mit ihrem roten Ziegeldach über die Häuser, von ihren Doppeltürmen ist nur der südliche zu sehen. Im anschließenden ehemaligen Jesuitenkolleg erkennt man den niedrigen „Astronomischen Turm", der heute eine kleine Sternwarte birgt. Die Doppeltürme der Klosterkirche Heiligkreuz zu Niedernburg beschließen die Turmparade aus dieser Sicht. Doch ganz vorn am Innufer, dort, wo gerade das Rundfahrtschiff vorbeifährt, steht der runde Schaiblingsturm, den man 1481 direkt am Innufer auf einem Felsen errichtete und der über einen Wehrgang auch bei Hochwasser von der alten Stadtbefestigung aus erreichbar war. Er diente als Wellenbrecher und Schutz für den flußabwärts hinter ihm liegenden Salzschiffhafen, wo die Salzschiffe aus dem Salzkammergut ihre Fracht löschten.

Die nur einmal eingenommene mächtige Veste Oberhaus oben auf dem Steilufer dahinter demonstrierte lange Zeit die Macht der Fürstbischöfe. Der Generalsbau links mit dem Aussichtsturm, heute

Jugendherberge, dann vorn der Ritterbau und der Fürstenbau sind Hauptteile der umfangreichen ehemaligen Befestigungsanlagen, von denen sich über die Batterien Linde und Katz die Vorwerke bis zur gotischen Burganlage Niederhaus hinunterziehen. Über ihr steht in der Ilzstadt die im Kern gotische St.-Bartholomäus-Kirche, und im Hintergrund erkennt man die Neubauviertel von Passau-Grubweg.

Das Innufer gibt der Stadt ihr italienisches Gepräge. Es beruht nicht zuletzt auf einer Anordnung der Fürstbischöfe nach schweren Bränden von 1664 und 1681, daß aus Gründen des Feuerschutzes alle Dächer mit Mauern zu ummanteln und die Stirnseiten bis zur Giebelhöhe hochzuziehen sind. Dadurch erhielten die Häuser oben einen geraden Abschluß, hinter dem sich der Dachgiebel verbirgt. Die Stadt besitzt noch viele solcher „Innstadthäuser", wie man diese Bauart nannte, oft mit barocken Verzierungen und kleinen ovalen Fenstern oben.

Es mag erstaunen, daß die Altstadt zahlreiche mächtige Baukörper aufweist, wie jenseits der Innbrücke das Stadttheater und das einstmals „fürstl. Neugebäud", das heute Postamt ist. Vor dem Dom die gelbe „Alte Residenz", heute Landgericht, dann die „Neue Residenz", vor dem Rathausturm das Herberstein-Palais, ein italienischer Renaissancebau, heute Amtsgericht, und schließlich rechts der Jesuitenkirche das einstige Jesuitenkolleg, heute Gymnasium Leopoldinum. Die Häuser vorn gehören zur langgezogenen Innstadt, wo schon die Römer siedelten.

Als Bischof Ulrich Graf von Dießen-Andechs von Kaiser Friedrich II. im Jahre 1217 mit dem Ilzgau belehnt und in den Fürstenrang erhoben wurde, ließ dieser zum Zeichen seiner Macht 1219 mit dem Bau der Veste Oberhaus beginnen, die auch als Trutzburg gegen die aufständische Bürgerschaft gedacht war. Doch ihr Bau zog sich Jahrzehnte hin. Besonders markante Abschnitte wurden im 16. und 17. Jahrhundert aufgeführt. 1822 wurde die Veste Militärstrafanstalt, verlor 1867 ihre Festungseigenschaft und kam 1932 in den Besitz der Stadt. Heute

◁ Die Innpromenade, das italienische Gesicht Passaus mit Jesuitenkirche und ehemaligem Jesuitenkolleg.

ist darin das Oberhausmuseum untergebracht. Ganz vorn auf der Felsspitze an der Einmündung der Ilz in die Donau liegt die Veste Niederhaus, die 1250 erbaut wurde. Nach einer Pulverexplosion 1435 errichtete man sie umgehend neu. Nach 1809 war sie Donausperrfort. Dabei trug man ihren viereckigen Burgfried vorn um die Hälfte ab und rüstete die Vorwerke bis hinauf nach Oberhaus mit Kanonen und Batterien aus. Durch den Felsgrat hinter der Veste führen zwei Straßentunnel.

Blick vom „Großen Hofsaal" des Dom- und Diözesanmuseums über den Inn auf die Pfarrkirche St. Gertraud in der Innstadt. ▷

Herrlich ist der Blick von der Veste Oberhaus auf das Dreiflußeck. Von links aus dem Bayerischen Wald kommt die braune Ilz, die als Große Ohe aus dem Rachelgebiet abfließt. Sie hat bisher 54 Kilometer zurückgelegt. Die mehr graue als blaue Donau entspringt im Schwarzwald und hat bis hier 662 Kilometer Lauf hinter sich und noch 2226 Kilometer bis zur Mündung ins Schwarze Meer vor sich. Der Inn mit seinem heller gefärbten Wasser ergießt sich oben in die Donau, die er dabei weit ans linke Ufer drückt. Er entspringt im schweizerischen Graubünden und hat hier 510 Kilometer zurückgelegt. Nicht selten bringt er mehr Wasser mit als die Donau.

Früher reichte die Ilzstadt links, einst ein Stadtteil mit Fischern, Flößern und Säumern, bis nahe ans Ufer. Nach mehreren großen Hochwassern wurde ab 1974 die alte Häuserzeile längs des Ufers abgerissen, die Uferstraße um Stockwerkshöhe aufgeschüttet und verbreitert. Das Dreiflußeck im Ort, wie die Altstadtspitze heißt, wurde erst nach 1900 angeschüttet und mit Bäumen bepflanzt.

Das Stadtviertel Haibach links oben ist neu, das sieht man auf den ersten Blick. Passau hat durch die Enge der Flußtäler und durch die Lage unmittelbar an der Grenze zu Österreich wenig Ausdehnungsmöglichkeiten. Das Gebiet auf den Höhen über dem rechten Innufer ist bereits österreichisch.

Passau ist eine kreisunmittelbare Stadt. Durch die Eingemeindungen von Heining, Hacklberg, Hals und Grubweg vergrößerte sich 1972 das Stadtgebiet auf rund 70 Quadratkilometer, die Einwohnerzahl stieg auf 51 800. Die Stadt ist Ausgangspunkt der Passagierschiffahrt donauabwärts bis zum Schwarzen Meer. Ein modernes Kabinenschiff liegt gerade am Donaukai. Fahrten auf den drei Flüssen und donauabwärts bis Linz ziehen jährlich Hunderttausende an.

Sehr schön ist die Veste Niederhaus zu sehen, die über mehrere Vorwerke mit der Veste Oberhaus verbunden ist. Daß man von ihr aus die Donau beherrschte, ist eindeutig, zumal bis 1837 auf der bayerischen Donau nur Ruderschiffe und Flöße verkehrten.

Das grüne Gebäude im Ort nahe der Schiffsanlegestelle ist der ehemalige Salzstadel. In seine Mauern hat man ein steinernes Salzfaß eingemauert, wie sie früher zum Salztransport verwandt wurden. Passau hat lange Zeit vom schwunghaften Salzhandel nach Böhmen profitiert, bis Bayern weiter westlich in St. Nikola selbst einen Salzstadel baute und Bayernherzog Albrecht 1594 die gesamte Salzproduktion der Salzburger Bischöfe aufkaufte.

Man sagt häufig, das Gesicht der Stadt Passau sei nach Osten gerichtet. Das mag mit den ostwärts fortfließenden Wassern zusammenhängen. Einen weiteren Ursprung hat es sicher in der bedeutenden Rolle der Stadt als geistiges und kulturelles Zentrum im Mittelalter, wo von hier aus große Teile der Ostmark, Böhmens und Ungarns kolonisiert wurden. Wien gehörte bis 1462 zum Bistum Passau, und der Wiener Stephansdom war eine Tochterkirche des Doms St. Stephan in Passau.

◁◁ Die Hauptfassade des Rathauses zeigt zur Donau, sein Saalbau von 1405 hat venezianische Stilelemente. Der Rathausturm wurde anstelle eines 1811 abgebrochenen von 1889 bis 1892 erbaut.

◁ Der Rathausplatz ist das Touristenzentrum der Stadt. Eifrig werden vor dem Ratskeller am frühen Morgen Tische und Stühle für den Gästeansturm bereitgestellt. Unter den Fenstern des Rathaussaales sieht man das alte Portal, über dem zwei steinerne Löwen das Stadtwappen halten.

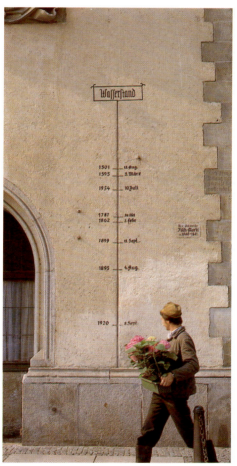

◁◁ Am Rathausturm hat man die Wasserhöhe der größten Hochwasser markiert, welche die Stadt heimsuchten. Das höchste war am 15. August 1501, das schwerste am 10. Juli 1954, als der Wasserstand der Donau sieben Meter überstieg. Bis 1842 war dieser Platz Fischmarkt.

◁ Ein Beweis, daß es in Passau auch viele herrliche Sonnentage gibt, ist diese Sonnenuhr an der schönen Barockfassade des Hauses Steinweg Nr. 12.

◁◁ Steil steigt von der Donau die Pfaffengasse nach Norden zum Domberg an. Hier wohnten einst die Domgeistlichen.

◁ In der schönen Tür Pfaffengasse Nr. 4 befindet sich heute noch ein Pesttürchen. Durch diese Klappe wurden den Hausinwohnern zur Pestzeit Medikamente und Lebensmittel hineingereicht, ohne direkt mit diesen in Berührung zu kommen.

Niedernburg

Das 740 als Kanonissenstift gegründete Kloster ist eines der ältesten Bayerns. Von 1010 bis 1803 beherbergte es Benediktinerinnen, ab 1836 ein Institut der Englischen Fräulein. Die Klosterkirche ruht auf Pfeilern aus dem 5. Jahrhundert. 1979 entdeckte man Reste eines Ciboriumaltars, den man ergänzt wieder aufstellte. △

Neue Residenz ▽

In die 1771 vollendete bischöfliche Neue Residenz baute Melchior Hefele ein wunderschönes Rokokotreppenhaus, in dem der Stukkateur Johann Baptist Modler mit seinen Söhnen die überaus graziösen Stukkaturen anbrachte und der Passauer Johann Georg Unruhe ein wenig religiös anmutendes Deckengemälde „Der Olymp beschirmt die Unvergänglichkeit Passaus" malte.

Wallfahrt Mariahilf

Die Wallfahrtskirche Mariahilf wurde 1627 von Francesco Carbanino erbaut, ein Jahr später die Wallfahrtsstiege mit 264 Stufen. Anlaß zur Wallfahrt war das Gnadenbild von Lukas Cranach d. Ä., das Kurfürst Georg von Sachsen 1611 Fürstbischof Erzherzog Leopold von Österreich schenkte. Domdekan Marquardt von Schwendi gewann es so lieb, daß er sich eine Kopie anfertigen ließ und diese 1622 in einer Holzkapelle aufstellte. Daraus entwickelte sich eine Wallfahrt, die Ausgangspunkt aller Mariahilfwallfahrten wurde, auch in Amberg und Innsbruck, wohin 1625 das Originalgemälde kam. Beim Stadtbrand 1662 wurde die Wallfahrt zerstört, erstand jedoch bald wieder neu. Zu seiner Hochzeit 1676 mit Gräfin Eleonore von Pfalz-Neuburg stiftete Kaiser Leopold die prunkvolle Kaiserampel (▷) des Augsburger Goldschmieds Lukas Lang. Als die Türken auf Wien vorrückten, flüchtete der Kaiser nach Passau. Unter dem Ruf „Maria hilf!" wurden die Türken am 12. September 1683 am Kahlenberg geschlagen. Die seit langem von den Kapuzinern betreute Wallfahrt ist eine der lebendigsten Bayerns. Das Bild unten (△) zeigt den vergoldeten Hochaltar mit dem Gnadenbild, seitwärts die Nebenpatrone St. Sebastian und St. Rochus.

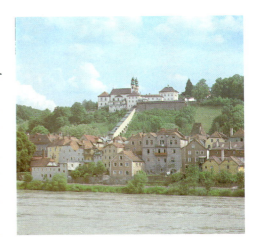

Dom St. Stephan

Von wo aus man auch Passau betrachtet: Mittelpunkt der Stadt ist stets der Dom St. Stephan. Der mächtige Bau ist bis auf den beim Brand 1662 unversehrt gebliebenen gotischen Chor und Teile des Querschiffs außen und innen rein italienischer Barock. Dies ist kein Wunder, kennt man die Namen der ausführenden Künstler: Architekt war Carlo Lurago, den Stuck und die Seitenaltäre fertigte Giovanni Battista Carlone, die Fresken stammen von Carpoforo Tencalla und Carlo Antonio Bussi.

Das Gotteshaus ist innen 102 Meter lang, 33,5 Meter breit und hat seinen höchsten Punkt in der 48 Meter hohen Vierungskuppel. Der gewaltige Stuck wird durch die zahlreichen Fresken zwar gemildert, trotzdem scheinen die vielen Blumen und Rosetten, Ranken und Engel geradezu auf den Besucher herabzustürzen. Die Ausschmückung dieses größten barocken Kirchenraumes Süddeutschlands steigert sich von einer gewissen Nüchternheit unten bis zu einem für den Betrachter geradezu verwirrenden Farben- und Formenrausch in der Gewölbezone. Den modernen Hochaltar „Die Steinigung des heiligen Stephanus" schuf der Münchner Professor Joseph Henselmann, die Orgel mit 231 klingenden Registern und 17300 Pfeifen baute die Firma Steinmeyer in Oettingen. Sie ist die größte Kirchenorgel der Welt mit fünf Manualen und Spielwerken. Das herrliche Orgelgehäuse schuf bis 1736 der berühmte Passauer Bildhauer Joseph Matthias Götz. An der weit auseinandergezogenen Westfassade steht der Südturm so weit seitwärts, daß man unter ihm noch die eigentümliche Zengergasse hindurchführen konnte, in welcher man etwas von der Macht verspürt, welche die Kirche einst in geistlicher wie weltlicher Hinsicht darstellte. Ringsum steigen die Steinmauern, auf denen sich dieses Reich gründete, schluchtartig empor.

◁ Domineres, Blick auf die Langhausdecke nach Westen mit der Domorgel.

△ Blick von der Zengergasse auf den Südturm. Der Arbeiter am Fenster unter der Uhr macht die Größenverhältnisse deutlich.

▽ Deckenfresko in der Vierungskuppel von Tencalla, das offene Himmelsgewölbe darstellend: „Ich sehe den Himmel offen!"

Museum Oberhaus

Passau ist unbestritten seit langem das kulturelle Zentrum Ostbayerns. Dies hat sich in der Neuzeit verstärkt durch die seit 1952 veranstalteten „Europäischen Wochen" mit einem anspruchsvollen Festspielprogramm und die 1978 eröffnete Universität Passau. Nicht zuletzt trägt dazu aber auch eine Reihe ausgezeichneter Museen bei. So wurde 1985 das Passauer Glasmuseum und 1986 das Römische Museum Boiodurum in der Innstadt mit Funden aus der Steinzeit bis ins 19. Jahrhundert eröffnet.

Das bedeutendste Museum der Stadt und gleichzeitig das schönstgelegene in ganz Ostbayern ist das Museum Oberhaus. Es bietet dem Besucher gleich ein dreifaches Vergnügen: zunächst die Besichtigung der einmaligen Sammlungen, dann die der sehenswerten Innenräume der ehemaligen fürstbischöflichen Veste Oberhaus und schließlich noch einen der schönsten Ausblicke, den man auf die Dreiflüssestadt und auf ihr Umland haben kann. Rein geographisch gesehen ist das Museum Oberhaus das Höchste, was Passau zu bieten hat. Schwerpunkte dieses Museums sind die Geschichte der Stadt, Schiffahrt und Salzhandel, mittelalterliche Waffen wie die berühmten „Passauer Wolfsklingen", eine gute Volkskundeabteilung und eine berühmte Passauer Porzellansammlung. In den fünfzig Räumen sind auch das Böhmerwaldmuseum und das Niederbayerische Feuerwehrmuseum mit Feuerlösch- und Rettungsgeräten aus alter Zeit untergebracht.

Spätgotische Gruppe „Beweinung Christi", passauisch, um 1515 bis 1520. △△

Rokoko-Gruppe, Porzellanaufsatz der Passauer Porzellanfabrik, um 1900. Dieses Porzellan steht dem Meißner im Preis nicht nach. Es ist am Boden mit einem lateinischen „L" gezeichnet nach dem Besitzer „Lenk". Erst 1942 schloß diese Porzellanfabrik im Stadtteil Rosenau ihre Pforten. Die spitzenfeinen Röcke der Rokokofiguren wurden auf einfache Weise hergestellt: Man tauchte echte Spitzen in Kaolin und brannte sie an den Porzellanfiguren. In der Hitze verbrannten die Spitzen, das Kaolin wurde zu Porzellan. △

Blick in das Niederbayerische Feuerwehrmuseum. ▷

Passauer Glasmuseum

Das Passauer Glasmuseum im Hotel „Wilder Mann" ist mit seinen 10 000 Exponaten die wohl umfangreichste und einzigartige Glasausstellung der Welt mit Gläsern aus der Zeit von 1790 bis 1930 aus den besten Glashütten Bayerns, Böhmens und Österreichs. Hausherr Georg Höltl hat sie in jahrzehntelanger Sammlertätigkeit zusammengetragen.
Hier findet man alle Arten, Stile, Farben und Materialien der Glaskunst dieser Zeit in bestechenden Beispielen. Abgerundet wird die Glasschau in den herrlichen Räumen, in denen schon Kaiserin Elisabeth II. von Österreich nächtigte, durch die größte deutschsprachige Kochbuchsammlung des Ehepaares Erna Horn und Dr. Julius Arndt.

△ *Jugendstilvasen, Glashütte Ferdinand von Poschinger in Buchenau, um 1900.*

◁ *Alabastergläser, bemalt und vergoldet, aus der Steigerwald-Hütte in Schachtenbach, um 1850.*

◁◁ *Weingläser aus der Glashütte Benedikt von Poschinger in Oberzwieselau, Ende des 18. Jahrhunderts.*

◁ *Vasen und Krug aus der Glashütte Ludwigsthal, nach 1900.*

Hotel „Wilder Mann" mit dem Passauer Glasmuseum am Rathausplatz. ▽

DIE WEGSCHEIDER HOCHFLÄCHE

Die „Neue Welt"

„Diese Gegend, drei Stunden im Gevierte haltend und von 8000 Seelen bewohnt, heißt die ‚neue Welt' und ist eine der gefälligsten und wohlgepflegtesten im ganzen Walde." Dies stellte bereits 1850 der Münchner Schriftsteller und Maler Dr. Josef Friedrich Lentner in seiner handschriftlichen Aufzeichnung „Dr. Lentners Ethnografie von Niederbayern" fest. Als „Neue Welt" bezeichnete man das Gebiet um die Orte Neureichenau, Sonnen, Breitenberg und Jandelsbrunn, welches erst ab 1698, also ein halbes Jahrhundert nach dem Dreißigjährigen Krieg, gerodet wurde. Welch wunderschönes Land diese Neuwelt ist, zeigen die Bilder dieser beiden Seiten. Über das alleinstehende Haus von Raßreut geht der Blick über Breitenberg bis zum Grenzkamm des Gebirges zwischen dem benachbarten österreichischen Mühlviertel und der Tschechoslowakei mit dem Hochficht, der mit 1388 Meter Höhe markantesten Erhebung. Das Bild rechts wurde vom Aussichtsturm des 930 Meter hohen Friedrichsberges aus gemacht, der eine herrliche Rundsicht bietet. Wieder sieht man Breitenberg in der Mitte, während im Hintergrund das Dreisesselmassiv aufsteigt.

Das Steinerne Meer am Plöckenstein leuchtet aus dem Blaugrün der Wälder, ein Bild voller Harmonie und Ruhe!

Webereimuseum Breitenberg

Im letzten Jahrzehnt ging geradezu eine Museumswelle durch den Bayerischen Wald. Überall wurden neue Museen eröffnet, in denen meist die letzten Zeugnisse waldlerischen Lebens von ehedem zusammengetragen und für die Nachwelt gerettet wurden. Zu den wirklich gelungenen Museen im Bayerischen Wald zähle ich das Webereimuseum in Breitenberg-Gegenbach. Es ist der Initiative des Lehrers Helmut Rührl zu verdanken, der das Glück hatte, auf verständnisvolle Gemeindepolitiker zu stoßen. In der 1972 zum Markt Breitenberg gekommenen Gemeinde Gegenbach befand sich der Lepoldenhof, ein Hakenhof, bei dem Wohnhaus und Stall und Stadel im rechten Winkel zueinander stehen, sich aber unter einem Dach befinden. Die Hofstelle dürfte um 1600 angelegt worden sein, als der Passauer Fürstbischof Wenzeslaus von Thun das Gebiet von Wegscheid bis zur Mündung des Gegenbaches in die Mühl als „Neue Welt" kolonisieren ließ. Bereits 1788 ist im ersten Urbar des Amtsgerichts Jandelsbrunn ein „Augütl" hier aufgeführt, das spätere Lepoldenhaus.

Lange Zeit wurde das Haus von der Familie Ascher bewirtschaftet, bis die letzten Besitzer dieses Namens 1947 nach Hintereben verzogen. Das dann verpachtete Anwesen wurde 1968 von der Gemeinde Gegenbach angekauft. Bis zum Jahre 1938 hatte das Haus einen offenen Herd. Zudem waren Küche und Stube, wie im benachbarten Österreich oft üblich, getrennt. Aus dem kunstvollen granitenen Türsturz hat der Steinmetz die Jahreszahl 1815 herausgeschlagen.

Zum Museum gehören der hauseigene Backofen sowie zwei Getreidekästen aus der zweiten Hälfte des 18. Jahrhunderts. Der dem Lepoldenhaus gegenüberliegende Getreidekasten stammt aus dem Jahre 1775. Er beherbergt eine Sammlung alter Webstühle, wie sie in dieser Gegend einst verwendet wurden. Ein altes Passionskreuz an der Außenwand und ein weiterer kleinerer Getreidekasten vervollständigen dieses gelungene Ensemble. Weiter oberhalb steht seit 1985 das Hutsteiner Haus, ein Inhäusl, das bis 1954 bewohnt war, also ein Austragshaus, das von Ungarsteig nördlich von Breitenberg hierher versetzt wurde. Rund um dieses Inhäusl wird Flachs gebaut, und so kann man hier vom Rohstoff bis zur Flachsbereitung und Flachsbearbeitung, vom Weben bis zum Bedrucken des fertigen Leinens alles sehen, was unsere Vorfahren einst können und arbeiten mußten, um sich zu bekleiden. Wahrlich eine Sehenswürdigkeit!

Getreidekasten mit einem Schopfwalmdach, einem eingebauten Schrot, zu dem außen eine Holzstiege führt. In ihm werden Holzbearbeitungsgeräte gezeigt. Ein Großteil der alten Hobel, Sägen und Eisen stammt von der Schreinerfamilie Seidl, welche im vorigen Jahrhundert die weithin berühmten Breitenberger Möbel herstellte, heute Prunkstücke manchen Heimatmuseums. Unter den Raritäten befinden sich auch zwei hölzerne Drehbänke aus dem vorigen Jahrhundert.

Flachsanbau beim Hutsteiner Inhäusl, das im Bild rechts zu sehen ist. Der Flachs braucht feuchtes, regenreiches und nicht zu heißes Klima. Daher waren der Bayerische Wald und der Böhmerwald für den Flachsanbau besonders geeignet. Jeder Bauer baute für sich, später auch für den Leinenverkauf Flachs an. Die Flachsbearbeitung war ungeheuer mühevoll. Das begann schon nach der Aussaat, wo möglichst drei Monate lang das Flachsfeld unkrautfrei gehalten werden mußte, denn nur dichter Flachs wuchs lang und fein. War er reif, so wurde er mit den Wurzeln aus dem Boden gerauft, gebündelt, aufgestellt, getrocknet, mit einem Riffelkamm streifte man dann die Samen ab, die gemahlen und weiterverarbeitet wurden. Die Stengel wurden „geröstet", wozu der Flachs in Wasser oder einige Wochen ins Freie gelegt werden mußte. Dann wurde er wieder getrocknet, im Brechhaus oder Backofen gedörrt, über eine hölzerne Breche gebrochen, geschwungen, gehechelt, dann erst hatte man Werg, aus dem man Leinen machte.

Der Webstuhl

Im Mittelpunkt des Webereimuseums stehen natürlich die Webstühle. In der „Höhstube", der guten Stube im Obergeschoß des Lepoldenhauses kann man gleich drei bewundern, auf denen man Handtücher, Tischzeug oder einfarbiges Hausleinen weben kann. Auf unserem Bild zeigt Museumswärter Fritz Zillner gerade, wie man so ein kompliziertes Gerät bedient, wobei man nicht nur Augen und Hände, sondern auch die Füße benützen muß. Da gibt es in der Fachsprache der Weber eine Fülle von Ausdrücken, um den Vorgang zu erklären, wie Kettbaum und Streichbaum, Lade und Tritte, Kettfaden und Schäfte. Ein Schiffchen saust hin und her, und ruckweise kommt das fertige Produkt am Ende zum Vorschein. Auf dem Bild wird gerade blauweißes Handtuchleinen gewebt. Lange Zeit stellte man nur glatte Leinwand her. Hierzu wurde der eine Tritt getreten, dadurch hob sich jeder zweite Längsfaden. Nun wurde das Weberschiffchen mit dem Querfaden durchgeschleudert, dann hob der zweite Tritt die liegengebliebenen Längsfäden, und wieder wurde das Weberschiffchen durchgeschossen. Später konnte man auf Webstühlen mit mehreren Tritten auch gemustertes Leinen weben, ganz geschickte Weber stellten sogar Damast her. Doch damit war die Arbeit noch nicht getan. Das fertiggewebte Leinen mußte noch gebleicht, gemangt, wellenförmig zusammengelegt und gerollt werden.

Unterseilberg

Eine der sehenswertesten kleinen Holzkapellen des Waldlandes steht in Unterseilberg unweit westlich von Grainet. Das Kirchlein ist eine Privatkapelle, die zu dem gegenüberliegenden Bauernhof gehört. Sie ist von außen zwar gefällig, doch unscheinbar, innen überrascht sie mit einer wahren Fülle von Figuren und Malereien. Die Wände und die rundbogige Decke des nur etwas über vier Quadratmeter großen Raumes sind mit insgesamt 23 Bildern überzogen, welche Szenen aus der Heilsgeschichte darstellen. Es handelt sich dabei um ländliche Malereien, also um echte Volkskunst. Einige der Bilder sind auf Holzplatten gemalt und in Holzrahmen an den Wänden oder der Decke angebracht. Da kann man die Geburt Christi, das Abendmahl, die Auferstehung, die Himmelfahrt und die Aussendung des Heiligen Geistes sehen. Die Malereien setzen sich bis hinter den kleinen Altar fort, der als Hauptfigur einen gegeißelten Heiland zeigt. Darüber blickt Gottvater aus den Wolken, flankiert von zwei Engeln. Auf dem Altartisch stehen zwei Kerzenengel, zu beiden Seiten zwei Heilige und links an der Wand ein heiliger Johann Nepomuk, rechts eine Muttergottes mit Kind. Die Kapelle in Unterseilberg wurde 1766 erbaut, wie man auf dem Gewölbebogen lesen kann. Ihr Erbauer wie auch der Maler der Bilder sind unbekannt.

Büchlberg

Die Kirche St. Ulrich besitzt einen gotischen Chor und ein Wallfahrtsbild von 1753, ein Marienbild im Goldrahmen. Besonders sehenswert sind die 73 Votivtafeln unter der Empore. Da hat sich „Mathias Leonhard, Bauers=Sohn v. Hof Pfr. Neukirchen v. Wald" wegen eines Beinleidens hierher verlobt. Der arme Kranke sitzt auf dem Bett, das Bein aufgestellt, während der Bader gerade den Oberschenkel aufschneidet. Blut läuft heraus. Der Pfarrer mit Tonsur und Stola wartet, ob er vielleicht die Letzte Ölung spenden muß. Doch die Maria von Büchlberg hat geholfen.

Die kniende Familie von 1784 unten zeigt außen die Eltern, dann die vier Töchter und zwei Söhne, von denen drei verstorben sind, wie die Kreuze beweisen. Dieses Bild zeigt genau, welche Tracht Ende des 18. Jahrhunderts in dieser Gegend getragen wurde.

Hutthurm

In den Kirchen dieses Gebiets gibt es manches Kleinod zu entdecken. So birgt die St.-Martins-Kirche in Hutthurm eine Reihe ausgezeichneter Rokokofiguren, darunter auch die lieblichen beiden Putten oben, an der Längswand einen heiligen Wolfgang aus der Gotik und mehrere schöne Epitaphien aus der Zeit dazwischen.

Kropfmühl

Wertvollstes Mineral des Bayerischen Waldes ist der Graphit, der in der Europäischen Gemeinschaft nur bei Kropfmühl nahe Hauzenberg im Untertagebau gewonnen wird. Vom 18. Jahrhundert an bauten in diesem Raum die Grundeigentümer in Eigenregie ab. Sie machten damit gute Geschäfte. Ab 1933 liegt der Abbau bei der „Graphitwerke Kropfmühl AG." in München. Graphit ist an sich reiner Kohlenstoff. Er kommt hier in Gneis- und Kalkschichten vor, wird über Tage aufbereitet und dann an die unterschiedlichsten Abnehmer wie Bleistiftfabriken oder Atomkraftwerke verkauft. Der Abbau geht bis 270 Meter unter Tage, eine gefährliche Arbeit, bei der erst 1986 wieder zwei Bergleute ihr Leben lassen mußten. 1982 wurde in Kropfmühl ein Graphitmuseum eröffnet, bei dem auch ein Stollen begangen werden kann.

Hammerwerk Blössl

Diese Aufnahme von 1986 zeigt Schmiedemeister Nepomuk Blössl in seinem Eisenhammer nahe Breitenberg. Trotz seiner 83 Jahre steht der rüstige Meister noch täglich an seinem über ein Wasserrad angetriebenen Hammerwerk und schmiedet Messer, Äxte, Beile und Sensen. „18 AP 40" ist in den Granitaufbau eingemeißelt, denn bereits 1840 besaß ein Anton Plössl dieses Hammerwerk. 150 Kilogramm wiegt ein Hammerbär, den man während des Betriebs so regulieren kann, daß er je nach Bedarf schnell oder langsam, kräftig oder weniger stark auf das glühende Eisen klopft. Die Hammermeister haben schon gute Zeiten erlebt. So mußte Vater Nepomuk Blössl sen. jahrelang im Ersten Weltkrieg Messer zum Torfstechen schmieden. Einen solchen Eisenhammer zu bedienen, bedarf es großer Erfahrung. Allein drei Stunden braucht man für ein Metzgerbeil.

Wegscheid

An einer alten Handelsstraße nach Böhmen liegt Wegscheid, das um 1100 entstanden und seit 1200 etwa Pfarrei ist. 1360 verlieh ihm der Passauer Fürstbischof das Marktrecht. Wegscheid lebte jahrhundertelang, besonders zur Zeit, als das Gebiet jenseits der nahen Grenze noch zu Bayern gehörte, vom Handel. Zudem war es ein Zentrum der Hausweberei, wo in den besten Zeiten bis zu 700 Weber Beschäftigung fanden. Die industrielle Massenfertigung ließ die Hausweberei zur Bedeutungslosigkeit absinken. Wegscheid erlebte mehrere Großbrände, so 1822 und 1866. Kein Wunder, daß wirklich Altes nur noch außerhalb steht. Hierzu zählt die 1716 erbaute Friedhofskirche, die durch ihre ungewöhnliche Form überrascht und auch im Inneren zahlreiche Kunstwerke birgt. Daneben steht die Wasserkapelle von 1769.

Waldkirchen

Man muß Glück haben, die alte Ringmauer von Waldkirchen von dieser Stelle ohne Autos fotografieren zu können, denn Waldkirchen ist eine geschäftige und betriebsame Stadt. Sie war einst einer der Hauptorte des Passauer Abteilandes. Es ist bemerkenswert, daß Waldkirchen im letzten Krieg noch am 26. April 1945 von US-Truppen beschossen wurde. Dabei wurden 48 Häuser zerstört, und auch die von 1857 bis 1859 erbaute Pfarrkirche, allgemein nur als „Dom des Bayerischen Waldes" bezeichnet, ging in Flammen auf. Inzwischen ist alles wieder aufgebaut, von den Kriegsspuren ist nichts mehr zu sehen, und Waldkirchen erfreut sich wieder eines florierenden Handels wie zu Zeiten des Goldenen Steiges oder später ab 1910, als es durch die Eröffnung der Lokalbahn nach Haidmühle und Böhmen ein wenn auch bescheidener Eisenbahnknotenpunkt wurde.

Hauzenberg

Die Waldbauernmühle

Auf alten Landkarten findet man an vielen Wasserläufen des Waldlandes Mühlen eingezeichnet. Sie stehen meist heute noch, doch ist das Klappern ihres Mühlwerks oft verstummt. Das Getreide wird längst in Großmühlen vermahlen, und nur noch wenige betreiben mit ihrem Mühlrad ein Sägegatter oder erzeugen Strom. Die Waldbauernmühle bei Ziering ist eine klassische Kleinmühle und besitzt sogar zwei Mühlräder. Sie wäre noch gut zu betreiben, wenn nur Nachfrage bestünde.

Am 28. April 1978 feierte Hauzenberg mit Böllern und Glockengeläut und dem Auflassen Hunderter von Brieftauben die Stadterhebung. Bereits 1359 hatte es Marktrecht, erstmals urkundlich erwähnt wurde es um 1130. Der rege Ort ist Mittelpunkt der Granitindustrie, besaß aber früher besonders als Handelsplatz sowie Hopfenbau- und Weberort einen Namen. In der 1972 geweihten St.-Vitus-Kirche, die eine zu klein gewordene neugotische Vorgängerin ersetzte, befinden sich hier kaum vermutete Kunstwerke: der „Freudenseer Altar", ein wunderschöner gotischer Schreinaltar von etwa 1490, und eine herrliche „Sitzende Madonna" von etwa 1520.

Thyrnau

Lange war der Ort der Lieblingsaufenthalt der Passauer Bischöfe. In ihrem 1718 vollendeten Jagdschloß befindet sich jetzt ein Zisterzienserinnenkloster mit einer bekannten Paramentenstickerei. Am anderen Ortsende sind gleich drei Kirchen: die Christophoruskirche, die 1769 geweihte Pfarrkirche mit sehenswerten Plastiken, darunter eine bewegte Steinmadonna mit Kind, und die Loretokapelle. Diese ist außen ganz mit Architekturmalerei überzogen und besitzt einen beachtlichen Turm. Sie wurde 1699 an Stelle einer Marienkapelle erbaut, wobei man die in der echten, in Italien stehenden Loretokapelle vorhandenen Mauerrisse nachbaute. In dem nur durch ein Oberlicht dürftig erleuchteten Raum befindet sich eine Nachbildung der Loretomadonna, die noch heute zahlreiche Beter anzieht.

Obernzell

Der herrlich gelegene Markt hieß früher Haffnerzell, weil hier die weithin bekannten, feuerfesten Töpfe aus Graphitton und anderes Geschirr gemacht wurden. Die Schmelztiegel, bekannt als „Passauer Tiegel", wurden von Alchimisten und von Münzstätten gesucht. Im ehemaligen bischöflichen Schloß im Osten ist seit 1982 das Staatliche Keramikmuseum untergebracht. Die doppeltürmige Pfarrkirche Maria Himmelfahrt beherrscht weithin das Ortsbild. Sie wurde 1740 begonnen, konnte jedoch nach teilweisem Abtrag und Wiederaufbau erst im 19. Jahrhundert vollendet werden. Die Künstler haben versucht, ihre Arbeit dem ursprünglichen Rokokostil anzupassen. Obernzell ist ein bedeutender Fremdenverkehrsort und besitzt eine Reihe sehr schöner alter Bürgerhäuser, welche noch heute die Wohlhabenheit ihrer Erbauer widerspiegeln.

STEININDUSTRIE

Viel Steine gab's und wenig Brot

Das Urgebirge Bayerischer Wald besteht zur Hauptsache aus Gneis, Granit und Glimmer. Davon wird vor allem der Granit im

Gebiet um Hauzenberg, Tittling, Deggendorf und südöstlich von Cham abgebaut. Längs des Pfahls arbeiten einige Quarzsteinbrüche, und im Westen bei Regensburg-Keilberg, wo die aus den Urmeeren entstandenen Jura- und Keuperschichten am Rande des Gebirges hochgepreßt wurden, wird in riesigen Brüchen Kalkstein abgebaut.

Von allen Gesteinsarten hat der Granit die größte wirtschaftliche Bedeutung, wenn auch der alte Spruch „Viel Steine gab's und wenig Brot" auf die einst niedrigen Löhne der Steinhauer anspielt. „Feldspat, Quarz und Glimmer, die drei vergeß' ich nimmer!" So lernte man die Zusammensetzung des Granits, der zu 66 Prozent aus Feldspat, zu 26 Prozent aus Quarz und zu 8 Prozent aus Glimmer besteht.

Je tiefer der Granit liegt, desto härter ist er. In über 20 Meter Tiefe ist das Gestein sehr alt, feinkörnig und hart. Weiter oben sind die Granitschichten grobkörniger und weicher. Der härteste Granit wird nördlich von Tittling gebrochen. Wegen seiner Dichte spaltet er sich schlecht. Bei Eging gibt es dekorativen Preßsackgranit mit ganz grober Maserung. Er ist neuerdings sehr gefragt. Schöner heller Granit steht bei Hauzenberg an.

Durch Hebung und Senkung der Erdkruste im Erdaltertum wurden die ursprünglich horizontalen Gesteinsschichten zerbrochen und gegeneinander verschoben, so daß heute der Granit meist nur in verworfenen Steinbänken vorkommt. Das erschwert den Abbau ganz erheblich.

Aus Granit gewinnt man Schotter, Bord- und Pflastersteine, Stufen, Türen- und Fensterfüllungen, Denkmäler, Boden- und Wandbeläge. Granitbruch wird im Straßenbau und für Uferbefestigungen verwendet und überall dort, wo man Steine von großer Druck-, Verschleiß- und Abriebfestigkeit sowie Dichte und Säurebeständigkeit benötigt.

Im Bayerischen Wald sind derzeit 36 Granitsteinbetriebe tätig, die – je nach Auftragslage – zwischen 2000 und 2500 Arbeitskräfte beschäftigen. Vor der Mechanisierung waren es fast doppelt so viele. Die wirtschaftliche Lage der Granitindustrie bezeichnete Karl Vornehm, Geschäftsführer des Fachverbandes Granit in Passau, für 1985 als gut. Die Ursache hierfür sei ein ausgeprägter Trend zum Naturstein für Bodenbeläge innen und außen. Der Jahresumsatz dieses Industriezweiges im Bayerischen Wald beträgt rund 100 Millionen DM.

Noch vor wenigen Jahren hatte die Granitindustrie hart zu kämpfen, wobei ihr besonders Billigimporte aus Rumänien und Portugal zusetzten. Heute wird in sechs Bayerwaldbetrieben ausländischer Granit mitverarbeitet. Bayerwaldgranit ist meist sehr hell, für Exklusivbauten wird neuerdings auch roter Granit aus dem Ural, schwarzer aus Afrika oder rot-schwarzer aus dem Isergebirge verlangt.

Die Arbeit in einem Granitsteinbruch ist auch heute noch Schwerarbeit, jedoch nicht mehr Schwerstarbeit. Der Einsatz der verschiedensten Maschinen und Geräte hat zu einer wesentlichen Humanisierung der Arbeitsplätze in der Steinindustrie geführt. Steinbrucharbeit ist nicht mehr die Knochenarbeit, die sie einmal war. Auch die Silikose, die Staublunge, einst die gefürchtetste Berufskrankheit der Steinhauer, hat ihre Schrecken verloren. Heute wird der Steinstaub weggeschwemmt oder abgesaugt. Der Verwendung von Granit waren früher durch das Fehlen leistungsfähiger Transportmittel enge Grenzen gesetzt. Granit wurde meist nur im Umfeld der Steinbrüche verarbeitet. Man machte Tür- und Fensterstöcke, Grabsteine, Gartensäulen oder meißelte mitunter auch einmal einen riesigen Brunnentrog aus einem mächtigen Findlingsblock.

Bei Hauzenberg schlug man 1849 aus dem Granit 18 sechskantige Säulen von 6,7 Meter Länge und 1,55 Meter Dicke für die Befreiungshalle bei Kelheim. Doch als sie fertig waren, gab es kein Beförderungsmittel für die jeweils 40 000 Kilogramm schweren Steinsäulen. Erst 1909 gelang es, zwei der Säulen mit der Eisenbahn nach München zu befördern, wo man sie überarbeitet vor der Universität aufstellte.

Schwierig war auch der Transport von Granitblöcken aus Hauzenberg nach Prag für ein Radetzky-Denkmal. Hierfür mußte man extra schwere Wagen bauen, Pioniere mußten die Brücken verstärken, und Fuhrmann Georg Reitberger aus Leoprechting erhielt vom österreichischen Kaiser Franz Josef für den tadellos ausgeführten Auftrag nicht nur einen Orden, sondern auch eine Leibrente von zweieinhalb Gulden im Jahr. Großaufträge gab es für die Granitindustrie des Bayerischen Waldes erstmals durch den Eisenbahnbau, wo nicht nur für Brücken und Tunnel, sondern auch für die vielen Bahnhöfe und Wohnbauten längs der Bahn riesige Mengen Granitsteine nötig waren. Große Mengen Granitbruchsteine wurden zum Bau des Nord-Ostsee-Kanals von 1887 bis 1895 nach Norddeutschland transportiert, und der Bau des Reichsparteitaggeländes in Nürnberg brachte der Granitindustrie vor dem letzten Krieg bedeutende Aufträge.

Für das 1912 eingeweihte Kriegerdenkmal in Kötzting wurde für den großen granitenen Löwen ein 240 Zentner schwerer Granitblock von einem Fuhrmann achtspännig angefahren. Vier Mann schufteten am Sterz, damit das schwere Gefährt um alle Kurven kam. Solche Transporte wären heute kein Problem mehr. Riesige Kräne, Hub- und Gabelstapler, schwere Abraum- und Transportmaschinen sowie anderes Greif-,

Hebe- und Transportgerät kennzeichnen heute die Arbeit in einem Granitsteinbruch. Die Beseitigung des Abraumes, früher ein Kostenproblem erster Ordnung, wird von riesigen Bulldozern und Schrämmaschinen zwar kostenintensiv, jedoch ohne großen Personalaufwand erledigt.
Die Bearbeitung der Steine erfolgt mit Preßluft- und Prallhämmern, mit Steinglättern, Poliermaschinen, Steinsägen und anderen Maschinen.

Granit wird als roh gespalten, gestockt, gespitzt, sandgestrahlt, geschliffen oder poliert verkauft. Jede Bearbeitungsart gibt ihm ein anderes Aussehen.

Doch trotz aller Maschinen und Arbeitshilfen muß auch jetzt noch der Steinmetz mit Hammer und Meißel umgehen können. So gibt er manchem Werkstück erst den letzten Schliff. Menschenhand formt harten Stein!

△
Die Hände eines Steinhauers. Ganz ohne Handarbeit geht es auch heute bei der Granitbearbeitung nicht.

Steinbruch bei Tittling: Große Maschinen und wenig Menschen. ◁

Vom Handbohrer zur Bohrlanze

Granit hat eine für seine Bearbeitung bedeutsame Eigenschaft: Er läßt sich gut längs dreier beinahe senkrecht zueinander stehender Flächen spalten.

Zunächst müssen aus dem Berg große Granitblöcke herausgebrochen werden. Dazu bohrte man früher in mühevoller Arbeit tiefe Bohrlöcher. Bei dieser Dreier-Arbeit drehte einer den Bohrer, auf den die beiden anderen im Takt ihre schweren Hämmer schlugen. Mit Schwarzpulver sprengte man dann die Blöcke heraus. Heute verwendet man zum Bohren Preßluftbohrer oder richtige Bohrmaschinen. Die Blöcke mußten dann weiter geteilt werden. Man trieb entlang der Spaltrichtung Keile in den Stein, setzte zwischen die Keile starke Eisen- oder Stahlbleche, die man dann mit kräftigen Hammerschlägen so lange in den Stein schlug, bis sich dieser spaltete oder „aufmachte", wie die Steinhauer sagen. Das war schwerste Knochenarbeit.

Um auf drei Seiten Keillöcher zu bohren, mußte man den Block wenden. Hierzu dienten große Winden, die von mehreren Männern bedient wurden. Später kam das „Gassenschießen" auf, bei dem man quer zur Bruchwand eine grabenförmige Gasse aussprengte.

Vor etwa zwanzig Jahren kam dann für das Aufsprengen großer Granitbänke die Brennlanze auf, die nach dem System des Antriebs der deutschen V-1-Raketen im letzten Krieg arbeitet. In der Brennlanze wird Heizöl mit Preßluft vermischt und unter einem Druck von sieben Atmosphären verbrannt. Zum Entzünden des Spezialbrenners verwendet man anfangs reinen Sauerstoff. Die etwa 30 Zentimeter lange Flamme entwickelt eine Temperatur von etwa 1500 Grad Celsius. Sie tritt rückstoßartig aus dem Brenner. Dieser braucht daher nur geführt, aber nicht getragen zu werden.

Wird die Flamme auf den Stein gerichtet, erhitzt sich dieser schlagartig. Dadurch platzt die Oberfläche des Gesteins ab, sofort erhitzt sich die darunterliegende Oberfläche und platzt ab, und so geht es weiter. Die abgesprengten Steinteilchen sind bis zu Handteller groß. Einen etwa 12 Zentimeter breiten Schnitt kann man bis etwa 6 Meter Tiefe in den Granit schneiden. Der Stein wird dann dort getrennt, wo er verwachsen ist. Dabei wird das Gestein nicht beschädigt, wie dies beim Sprengen oft der Fall war. In einer Stunde kann man mit 40 Liter Heizöl etwa einen Quadratmeter Gestein schneiden. Dieses Verfahren wird meist dort angewandt, wo eine Steinbank an einem Ende sperrt. Würde man diese sprengen, so gäbe es viele Gesteinstrümmer, die zudem durch die plötzliche Druckbefreiung weit herumgeschleudert werden würden.

Bei diesem Arbeitsvorgang lösen sich zwei Männer alle halbe Stunde ab. Sie müssen Schall- und Gesichtsschutz und Schutzkleidung tragen, damit sie zum einen nicht durch die abplatzenden Gesteinsteilchen verletzt werden, zum anderen, daß sie keine Gehörschäden wegen des unheimlichen Lärms davontragen, welcher bei diesem Verfahren entsteht. Mit der Brennlanze arbeitet man daher meist nur in abgelegenen Steinbrüchen, in der Nähe von Wohnsiedlungen nicht zur Nachtzeit.

◁
Eine Vielzahl meist durch Preßluft betriebener Arbeitsgeräte hilft den Steinhauern beim Zerteilen großer Granitblöcke oder beim Kantenglätten roher Randsteine. Um ein besonders schwieriges Werkstück plangerecht zu fertigen, muß der Steinmetz noch immer Hammer und Meißel zur Hand nehmen (unten).

▷
Mit der Brennlanze wird der Granit regelrecht aufgeschnitten. Das Foto entstand in einem Hauzenberger Granitsteinbruch.

DREIBURGENLAND

Den Landschaftsbegriff „Dreiburgenland" für das Gebiet um die Burgen Englburg, Fürstenstein und Saldenburg prägte 1924 der Tittlinger Lehrer Karl Mayrhofer. Eine offizielle Begrenzung dieses landschaftlich wunderschönen und mit vielen Sehenswürdigkeiten ausgestatteten Landes gibt es nicht. Hätten einige weitere Burgen in diesem Gebiet Krieg und Feuer überstanden, so könnten wir heute vielleicht von einem Vier- oder Fünfburgenland reden.

Fürstenstein ▷
Die frühere Grenzfeste der Grafen von Hals wurde 1330 zerstört, nach dem Wiederaufbau erhielt sie den Namen Fürstenstein. Die Burg wechselte mehrmals den Besitzer und brannte 1848 nieder. 1860 erwarb sie der Bischof von Passau, der sie den Englischen Fräulein übergab, die darin eine Internatsschule unterhalten. Zur ursprünglichen Burg gehören mehrere spätere An- und Ausbauten. Die sehenswerte Schloßkirche ist der Altöttinger Gnadenkapelle nachgebaut und enthält auch eine Nachbildung des Altöttinger Gnadenbildes.

Englburg ◁
Auch diese Halser Grenzburg wurde 1330 zerstört, 1394 sogar nochmals durch Passauer Bürger. Andreas von Schwarzenstein und Wilhelm von Puchberg bauten sie wieder auf. Die Schloßkapelle ist noch gotisch, die beiden Ecktürme sind aus dem 16. Jahrhundert, erhielten ihre Kuppeln jedoch erst hundert Jahre später. 1875 setzte man beim Wiederaufbau nach einem Brand den Aussichtsturm auf. Seit 1929 gehört das Schloß den Englischen Fräulein. Es beherbergt ein Erholungsheim und die katholische Landvolkhochschule.

Saldenburg ▷
Sie ist die bekannteste der drei Burgen. Wegen seiner quadratischen Form wird der Wohnturm „Waldlaterne" genannt. Er entspricht äußerlich noch seinem früheren Aussehen. Gewolff von Degenberg verlor die Burg wegen seiner Teilnahme am Böcklerbund. Bei der Eroberung durch Herzog Heinrich den Reichen 1468 wurden die Vorwerke zerstört. Joh. Ferdinand Graf von Preysing ließ die Burg 1682 von Heinrich Zuccalli wieder instand setzen. Ein gotischer Saal und die barocke Schloßkapelle in der jetzigen Jugendherberge sind sehenswert.

Schöne Landschaft

Das Dreiburgenland zählt zu den abwechslungsreichsten und schönsten Landschaften des Bayerwaldes. Hier sind die Berge nicht zu hoch, die Wälder nicht zu dicht. Überall rauschen Bäche, Nadelwald wechselt mit Laubwald ab, und so kann man im Herbst wahre Farborgien erleben. Das Bild rechts ist bei Ranfels nach Osten aufgenommen. Es zeigt ein liebliches Tal, im Hintergrund die Hauer-Mühle. Hier ist nichts Aufregendes. Von dieser Landschaft gehen Ruhe und Beständigkeit aus. Doch hier kann man auch auf eigenartige Felsformationen stoßen, wie bei Solla der Wackelstein, ein viele Tonnen schwerer Granitkoloß, der wegen seiner kleinen Auflagefläche von einem Mann bewegt werden kann. Am Diebstein oder „Steinernen Kircherl" läßt sich die „Wollsackbildung" des Granits studieren.

Thurmansbang

△
Eine der idyllischsten Bründlkapellen steht bei Thurmansbang, wenn sie auch durch eine neugebaute Straße viel an Ursprünglichkeit verloren hat. Die Kapelle Maria Namen wurde Anfang des 17. Jahrhunderts erbaut. Die Quelle des Bründls befindet sich etwas davor in einem originellen Häuschen mit Zwiebeltürmchen.

Ranfels

Die Entstehung dieser einstigen Burg liegt im dunkeln. Vielleicht haben sie die Grafen von Formbach mit Grafenau und Bärnstein begründet. Im 13. Jahrhundert sind Ministerialen der Grafen von Hals nachgewiesen. Von ihnen kam sie an die mächtigen Landgrafen von Leuchtenberg, und so ging der Wechsel mehrmals weiter, bis 1748 das Damenstift St. Anna in München Eigentümer wurde. Dieses verkaufte im Jahre 1833 das nunmehrige Schloß an den Bayerischen Staat. Der machte reinen Tisch. Die Ländereien wurden verkauft, das dritte Obergeschoß des Schloßbaus abgetragen, der Rest als Wohnung für den Schloßkaplan bestimmt. Die aus der Schloßkapelle hervorgegangene Kirche St. Pankratius liegt innerhalb des Schloßhofs auf einem Bergrücken mit herrlicher Aussicht.

▷
Der einstige Schloßbau von Ranfels ist heute Pfarrhof (links). Im Hintergrund die kleine Pfarrkirche St. Pankratius, die auch im ehemaligen Schloßhof liegt.

Preying

Ein wahres Kleinod für den Kunstfreund ist die Pfarrkirche St. Brigida in Preying, die von der B 85 bei Trautmannsdorf gut zu sehen ist. Diese Kirche zählt sowohl als Bauwerk als auch wegen ihrer ausgezeichneten Innenausstattung zu den großen Sehenswürdigkeiten des Dreiburgenlandes. Die spätgotische Kirche dürfte Ende des 15. Jahrhunderts erbaut worden sein. Von wem ist unbekannt. Turm und Sakristei sind älter. Der Chor ist kaum schmäler als das Hauptschiff. Das mag daran liegen, daß man den Chor zuerst baute und dann wegen des vorhandenen Turms das Längshaus nicht größer bauen konnte. Die Decke überzieht ein besonders im Chor enges Netzrippengewölbe. Der nach Osten gerichtete Chor ist außen baulich stark ausgeprägt. Schlanke, dreigeschossige Strebepfeiler stützen ihn ab, wobei auf der abfallenden Geländeseite die Pfeiler zum Teil verdoppelt sind.

Die Kirche ist aus Bruchsteinen, zum Teil mit Granitquadern vermischt, aufgemauert. Die Pfeiler und Tür- und Fensterfassungen sind aus Granithausteinen, die Wände verputzt.

Das eindrucksvolle Kircheninnere überrascht durch eine Reihe ausgezeichneter Plastiken. Am rechten Seitenaltar befindet sich eine herrliche Selbdrittgruppe von etwa 1520 bis 1530 (oben). Am linken Seitenaltar ist eine Madonna mit Kind von etwa 1480, und links neben dem Hochaltar befindet sich, ebenfalls auf einem kleinen Seitenaltar, eine etwas steif wirkende Holzfigur der heiligen Brigida, etwa um 1500. Beachtlich ein lebensgroßes Chorbogenkruzifix aus der Mitte des 16. Jahrhunderts und zwei Rokokofiguren, die heiligen Johannes und Philippus darstellend. Dazu kommen noch einige gute Altarbilder.

Heilige Brigida, 60 cm hoch, um 1500.

Muttergottes mit Kind, 80 cm, um 1480.

Ansicht der Preyinger Kirche St. Brigida von Osten.

Museumsdorf Bayerischer Wald

Zu den ganz großen Sehenswürdigkeiten des Bayerischen Waldes gehört das Museumsdorf am Dreiburgensee bei Tittling. Es ist das Verdienst des Allround-Unternehmers Georg Höltl aus Tittling. Dieser eröffnete 1945 zunächst ein Busunternehmen und stieg dann ins Reisebürogeschäft ein, wo er mit den von ihm entwickelten „Rollenden Hotels" weltweit Furore machte. Während des Baus ihres 1973 eröffneten „Hotels Dreiburgensee" kauften Georg und Centa Höltl die zum Abbruch bestimmte Rothaumühle, ließen sie restaurieren und richteten darin ein kleines Museum ein. Immer mehr Besucher kamen, immer öfter wurden den Besitzern alter Hausrat und altes Handwerkszeug, ja ganze Werkzeugsammlungen und komplette Bauernhäuser zum Kauf angeboten. So entschlossen sich Georg und Centa Höltl 1977, in einem Museumsdorf die schönsten und interessantesten Zeugnisse bäuerlichen Kulturgutes aus dem Bayerischen Wald vom 15. bis 19. Jahrhundert aufzustellen. Heute sind es bereits über fünfzig Anwesen, die originalgetreu hier wieder aufgebaut wurden. Es gibt einen Gasthof „Mühlhiasl", der einst das Reittergütl aus Nesselbach war und schon 1842 dort stand. Im Museumsdorf steht die älteste erhaltene Schule Deutschlands. Sie war im 1667 bis 1670 erbauten Marktschreiberhaus in Simbach bei Landau (Niederbayern) untergebracht, wo es außer dem Schulstüberl, das auch als Sitzungsraum für den Gemeinderat diente, noch die Marktschreiberstube und ein Gefängnis gab. Die jährlich etwa 300 000 Besucher erhalten in dem Museumsdorf einen einmaligen Einblick in die Lebensweise der Waldbevölkerung von ehedem.

Die Fotos links zeigen oben die gute Stube im Marktschreiberhaus, darunter den ehemaligen Geigerhof von 1732 mit dem Getreidekasten von 1819 und unten den Rothaumühlhof, den Ursprung des Museumsdorfes.

Die Napoleonkapelle

Zu den Prachtstücken des Museumsdorfes gehört die Napoleonkapelle, die bis 1978 in Thierham bei Sonnen stand. Sie wurde 1828 von einem angeblich sehr menschenscheuen Waldler namens Mathiasen Thommerl allein gefertigt. Der Thommerl soll als bayerischer Soldat an Napoleons Feldzug gegen Rußland teilgenommen haben, wo von 30000 ausgezogenen Bayern nur wenige Hundert wieder nach Hause kamen. Sicher hat der Thommerl dabei Fürchterliches mitgemacht und vielleicht ein Gelübde abgelegt, bei glücklicher Heimkehr eine Kapelle zu bauen, die später als „Waldkapelle zur heiligen Maria vom guten Rat" bezeichnet wurde. Offensichtlich haben den Waldler die russisch-orthodoxen Kirchen stark beeindruckt, da er auch bei seiner Kapelle einige ihrer Stilelemente verwandte. Alte Fotos von 1924 zeigen im Innern einen kleinen Altarraum, der durch ein bemaltes Holzgitter abgetrennt war, wie dies auch in orthodoxen der Fall ist. Die Türe hatte früher Ornamentstäbe und geschnitzte Blumen, und auf dem kleinen Türmchen war noch ein zwiebelförmiger Aufsatz. Das Innere war mit einer Unmenge von Bildern, Tafeln und Sprüchen übersät, ein Zeichen, daß die Napoleonkapelle großen Zuspruch fand. Über der Tür steht: „Ich trage Kreuz und Leiden und schreibe dies mit Kreiden und wer kein Kreuz und Leiden hat, der lösche diese Kreiden ab."

Nationalpark Bayerischer Wald

Der Nationalpark Bayerischer Wald ist die größte Attraktion, die der Bayerische Wald heute zu bieten hat. Am 11. Juni 1969 beschloß der Bayerische Landtag einstimmig die Errichtung dieses Nationalparks, der am 3. Oktober 1970 festlich eröffnet wurde. Das Nationalparkgebiet von jetzt 13 082 Hektar Größe mit den Bergen Lusen und Rachel liegt unmittelbar an der deutsch-tschechoslowakischen Grenze und dehnt sich westwärts bis Klingenbrunn, Spiegelau und Neuschönau aus. Daß die beinahe zweihundertjährige Bewirtschaftung durch die staatliche Forstverwaltung diesem Waldgebiet noch soviel Ursprünglichkeit beließ, daß man es zum Nationalpark bestimmen konnte, stellt der Arbeit dieser Männer ein ausgezeichnetes Zeugnis aus.

In einem Nationalpark soll sich die Natur frei entfalten, der Mensch darf hier keine wirtschaftliche Nutzung betreiben. Dies ist im Nationalpark Bayerischer Wald bereits weitgehend der Fall. 6400 Hektar seiner Fläche unterliegen heute keiner Nutzung mehr. Sie sind einer natürlichen Entwicklung überlassen. Damit besitzt der Nationalpark Bayerischer Wald das größte nichtgenutzte Waldreservat Mitteleuropas. Hier werden auch keine Windwürfe aufgearbeitet, das Wild wird nicht mehr bejagt.

Natürlich kann in so einem Gebiet auch nicht der Mensch unreguliert herumlaufen. Immerhin kommen pro Jahr 1,5 Millionen Besucher in diesen Nationalpark, seit seinem Bestehen sind es rund 18 Millionen. Man hat daher drei Zonen gebildet, um diesen Besucherstrom zu regulieren, eine Gehegezone, eine Wanderzone und eine Reservatzone. Der Unterhalt des Nationalparks kostet dem Freistaat Bayern im Jahr etwa sechs Millionen DM, dazu kommen einige Millionen für den entgangenen Holznutzen. Volkswirtschaftlich wird dies bei weitem durch den Nutzen für den Fremdenverkehr ausgeglichen.

Ein wahres Wäldermeer bietet sich dem Auge, wenn man vom Seeblick beim Waldschmidt-Haus am Großen Rachel nach Osten schaut. Tief unten leuchtet dunkelgrün der Rachelsee herauf, und jenseits der Grenze verlaufen im Dunst die letzten Höhen des Böhmerwaldes. Blickt man mehr nach Südosten, so kann man über den unendlichen Wäldern des Nationalparks in der Ferne das Dorf Waldhäuser erkennen, die größte Siedlung im Parkgebiet. ▷

In einem Nationalpark kann sich die Natur frei entwickeln. Der Wald soll nicht genützt, das Wild nicht gejagt werden. Selbst gegen den Borkenkäfer greift der Mensch nicht ein. Der Kulturwald soll wieder zum Natur-Wald, zum Ur-Wald werden. Dies dauert Jahre. Dann kann man wieder solche Bilder sehen: Ein vom Sturm gestürzter Baum, der seine Wurzeln gespenstisch in die Höhe reckt, dahinter eine Fichte mit zahlreichen Krebsgeschwülsten. ▽

Tiergehege im Nationalpark–

Viele erwarten von einem Nationalpark nicht nur Pflanzen und Bäume, sondern – angeregt durch Berichte über die Nationalparks in Nordamerika und Afrika – vor allem einen unmittelbaren Kontakt zu freilebenden Tieren. Ein solcher ist im Nationalpark Bayerischer Wald nur sehr schwer zu vermitteln. In einem so dichten Waldgebiet lebt zudem wenig Wild, dazu sind viele Wildarten dämmerungsaktiv. Sie verlassen ihre Einstände und Höhlen nur in den Dämmerungsstunden zur Nahrungssuche. Freilebende Hirsche, Füchse und Wildschweine habe ich bisher nur sehr selten im Bayerischen Wald gesehen, obwohl ich seit dreißig Jahren einen Großteil meiner Freizeit dort verbringe. Um trotzdem die Besucher nicht zu enttäuschen, hat die Nationalparkverwaltung ein großes Tier-Freigehege geschaffen. In

△
Wisentherde

◁
Braunbär

Schnee-Eule
▽

wie vereinbart sich das?

ihm sind 32 Tierarten zu bewundern, und zwar 19 Vogelarten und 13 Säugetierarten. Hier will man den Besuchern die Tiere zeigen, welche zwar noch frei im Parkgebiet leben, aber kaum im Wald zu sehen sind, oder solche, die einst hier lebten, denn Luchs und Wolf gab es seit dem vorigen Jahrhundert im Bayerischen Wald nicht mehr, Wisente dürften hier kaum gelebt haben. Keinesfalls durfte dabei ein Waldzoo entstehen, wo die Tiere in viel zu kleinen Käfigen gehalten werden.

Die Absicht, die Tiere möglichst wirklichkeitsnah zu zeigen, verbot auch Großherden, die hier nicht vorkommen. Es kann daher leicht sein, daß man an einem heißen Sommertag kaum Dachs, Luchs, Reh, Wolf, Fuchs oder Wildkatze in ihren Gehegen zu Gesicht bekommt. Mit den Vögeln ist es anders, und mancher Naturfreund mag bei starkem Andrang die ängstlich in den Volieren herumflatternden Gefangenen bedauert haben. So sind die Tiergehege und Volieren mehr eine Konzession an die Besucher als eine mit dem Nationalpark verbundene Notwendigkeit. Man darf aber auch nicht vergessen, daß die Zucht dieser bedrängten Tierarten mithilft, sie als Art in die Zukunft zu retten. Immerhin brüten noch im Nationalpark 80 Vogelarten, von denen ein Viertel auf der „Roten Liste" der bedrohten Tierarten steht.

△
Luchs

▷
Wolf

Fischotter
▷▷

165

Der Lusen (1373 m)

Der Lusen ist einer der markantesten Bayerwaldberge. Mit seiner Höhe von 1373 Meter ist er nur um 80 Meter niedriger als der Rachel mit 1453 Meter. Sein Gipfel erscheint wie eine von Riesenhand hingeschüttete Geröll- und Felshalde. Diese entstand in Jahrtausenden durch Wasser und Eis, Kälte und Sonnenhitze, Sturm und Regen, welche nach und nach das massive Gestein aufspalteten.

Die Fotos zeigen diesen eindrucksvollen Berg links am Nachmittag und unten am Abend. Da türmt sich eine Wand von Felstrümmern auf. Nur das sich in den Himmel reckende Gipfelkreuz läßt ahnen, daß hierher auch Menschen kommen. Bizarr das Gewirr wild durcheinanderliegender Felsbrocken. Die gelbgrünen Flechten können den leblosen Eindruck nur wenig mildern.

Dann unten der Blick hinüber über die Grenze. Die Felsbrocken des Gipfels, die fast ganz entlaubten und vom vielen Wind zerzausten Sträucher glühen wie der Bergzug im fernen Böhmerwald im Licht der untergehenden Sonne. Es ist die Zeit zwischen Tag und Nacht. Auf freien Flächen, wo die Sonne im Tal schon länger verschwunden ist, wie auf der Waldlichtung vor dem alten Böhmerwalddorf Bürstling, hat sich Nebel gebildet. Der Tag verrinnt in Stille und Unendlichkeit.

Hier sitzen, schauen und den Tag vergehen lassen, das ist ein einmaliges Erlebnis. Die Stille ist fast absolut. Und geradezu schaurig kann es sein, wenn im Herbst die Brunftschreie der Hirsche aus den Tiefen der Wälder heraufdröhnen.

Doch es gibt auch andere Stunden, wo ein beinahe ununterbrochener Strom von Wanderern auf den verschiedenen Anstiegen dem Lusengipfel zuströmt, ein Menschenstrom, der durch die Einrichtung des Nationalparks Bayerischer Wald erheblich zugenommen hat.

So bleiben dem wirklichen Naturfreund meist nur die Wochen außerhalb der Saison und da meist nur die ruhigen frühen Morgen- und späten Abendstunden, um den Lusen wirklich als Naturerlebnis genießen zu können.

Der Rachel (1453 m)

Der Große Rachel hat keinen so markanten Gipfel wie der Lusen. Er zählt jedoch zweifellos zu den schönsten und eindrucksvollsten Bergen des Bayerischen Waldes. Der Große Rachel ist nur um drei Meter niedriger als der Große Arber, der unbestritten als König unter den Bayerwaldbergen gilt. Doch haben Rachel und Arber mit Falkenstein und Osser eines gemeinsam: Sie alle haben Doppelgipfel, also einen „Großen" und einen „Kleinen". Allerdings lohnt sich beim Rachel und beim Falkenstein die Besteigung des kleinen Gipfels kaum, während die kleinen Gipfel von Arber und Osser schon attraktiver sind, nicht zuletzt wegen ihrer ausgezeichneten Sicht auf den Hauptgipfel.

Die Bilder dieser beiden Seiten zeigen den Gipfel und die Gipfelregion des Großen Rachel.

Hier kann man gut erkennen, daß der Bayerische Wald und der Böhmerwald jenseits der Grenze landschaftlich eine Einheit bilden. Die Gneisbrocken des Rachel ragen viel kantiger empor als das durch Verwitterung abgerundete Felsgeröll auf dem Lusen.

Rachel und Lusen sind Wanderberge. Nur zu Fuß kann man ihre Höhen erklimmen. Hier gibt es keine Bergbahn, keinen Parkplatz in Gipfelnähe. Um so mehr erfreuen Gipfelrast und Aussicht nach den Mühen des Anstiegs.

Mit Drähten ist das mit einem Kruzifix versehene Gipfelkreuz gesichert, damit es kein Gipfelsturm hinwegfegt. Fantastisch ist die Sicht, besonders an klaren Föhntagen, wo man bis zu den Alpen schauen kann. Weit geht auch der Blick hinüber in den Böhmerwald.

Der ständige Strom begeisterter Wanderer auf diesen Berg hat natürlich auch seine Schattenseiten. Um sie so gering wie möglich zu halten, wurden die offenen Wege mit einem Bohlengeländer eingefaßt. Das ist nicht besonders schön, jedoch notwendig, damit die Gipfelregion des Rachel nicht völlig zertrampelt wird.

Das Waldschmidt-Haus in 1360 Meter Höhe, wenige Minuten unterhalb des Gipfels, ist einer der klassischen Wanderstützpunkte des Bayerwaldes.

Auf der Bildseite rechts sehen wir links oben den Blick vom Rachel hinüber zum Lusen, daneben den Rachel mit Gipfelkreuz, darunter den Gipfelaufstieg und das vielbesuchte Waldschmidthaus.

Der Rachelsee

Dieser stille, rätselhafte Waldsee verdankt seine Entstehung der Eiszeit. Acht Kaltzeiten hat der Bayerische Wald erlebt, wie der unvergessene Erforscher der Geologie des Bayerwaldes, Dr. h. c. Georg Priehäußer, nachwies. Fünfmal wurden dabei auch die Gipfel von Rachel und Arber von Eis bedeckt. Dabei entstanden Gletscher, die in den Karen langsam talwärts wanderten. Wo sie endeten und abschmolzen, bildete sich aus dem abgesetzten Gestein und Erdreich ein Moränenwall. Dahinter wurde dann neu abschmelzendes Gletscherwasser angestaut, ein See entstand.

An sich besteht der Rachelsee aus zwei Seen, einem hinteren Seebecken, das 17 Meter tief und durch eine Felsbarriere vom 14 Meter tiefen vorderen Rachelsee abgetrennt ist. Beide bilden jedoch eine zusammenhängende Wasserfläche, da der Schuttwall des vorderen Seebeckens höher liegt als die Felsschwelle des hinteren Sees. Zudem wurde der Seedamm des vorderen Sees um 1835 etwa einen Meter erhöht, um mehr Wasser für die Holztrift nützen zu können. Der hintere Teil des Rachelseeufers und die Rachelseewand dürfen nicht mehr betreten werden, sie sind Teil der absoluten Reservatzone!

Am eindrucksvollsten erlebt man den Rachelsee in den Morgen- und Abendstunden, wenn der Strom der Wanderer verebbt ist und die Stille an seinen Ufern einkehrt, die dieser See verdient. Dann liegt im schwachen Licht die smaragdgrüne Wasserfläche da wie ein blanker Spiegel. Ein andermal huscht hin und wieder ein Kräuseln über sie, der Hauch eines Windes, der verweht wie der ferne Ruf eines Vogels.

Man sitzt und sinniert: Welches Geheimnis mag der Seegrund wohl bergen? Wie lange mag es dauern, bis sich alles Wasser darin erneuert? Schläft der See nachts? Es gibt kein Ende der Gedanken, kein Ende in diesem unergründlichen See!

Die Rachelkapelle

Hoch über dem Rachelsee, der blaugrün aus dem Wäldermeer heraufleuchtet, steht die Rachelkapelle, die wohl meistfotografierte Waldkapelle im Bayerwald. Ihre Entstehung liegt gerade hundert Jahre zurück und ist mit einer wundersamen Erzählung verbunden. Auf einem Dienstritt soll sich einmal ein Forstmeister im dichten Nebel in der Rachelseewand verirrt haben. Nichts war mehr zu sehen. So sehr der Forstmann auch sein Pferd vorwärtstreiben wollte, es blieb wie angewurzelt stehen. Da stieg der Reiter ab und bemerkte zu seinem Schrecken, daß das Pferd unmittelbar am Abgrund der steilen Seewand seinen Dienst verweigert hatte. Aus Dankbarkeit für seine Errettung gelobte der Forstmeister, an dieser Stelle eine Holzkapelle zu erbauen. Eine andere Erzählung, die mehr bei den Waldlern populär ist, spricht davon, daß das Pferd auf eine Irrwurz getreten sei und dadurch vom Weg abkam.

Glaube und Aberglaube vermischen sich. Doch sei es wie immer. Jedenfalls ließ der kgl. Forstmeister Ludwig Leythäuser 1885 hier eine einfache Kapelle erbauen, aus Holzbalken und mit Schindeln. Diese brannte nach dem Zweiten Weltkrieg ab. 1951 errichtete man eine zweite, ähnlich wie die erste. Doch auch diese wurde im Frühjahr 1972 durch den Leichtsinn Jugendlicher ein Raub der Flammen. Am 12. August 1972 wurde die dritte und noch heute stehende Rachelkapelle geweiht. Sie ist wie ihre Vorgängerinnen eines der beliebtesten Wanderziele im Rachel-Lusen-Gebiet. Vielleicht hat schon vor hundert Jahren dem Forstmann einfach nur dieser herrliche Platz gefallen, wo man bei guter Sicht hinaussehen kann bis hin zu den Alpen, hinunter in die Tiefe, wenn im Herbst in seidenweicher Luft die bunten Blätter der Laubbäume heraufleuchten oder wenn im frühen Winter die Sonne versteckte Strahlen in die frisch verschneiten Seewände sendet.

Die Holztrift

Um den Holzreichtum der riesigen Wälder um Rachel und Lusen besser nutzen zu können, führte man im 18. Jahrhundert im heutigen Nationalparkgebiet die Holztrift ein. Beim Triften schwimmen kürzere Holzstämme frei in den dazu eingerichteten Triftbächen oder Triftkanälen. Im Frühjahr, meist zur Zeit der Schneeschmelze, warf man das am Ufer gestapelte Holz ein und schwemmte es mit dem Schwall zu Tal. Dieser entstand, wenn man die Klausen zog. Um das nötige Wasser zur Trift zu haben, sammelte man es in künstlich angelegten Klausen, die man dann zum Fortschwemmen des Holzes abließ. An den Triftbächen hielten dann Trifter mit einem „Hong", einer mit einem Haken versehenen Stange, die Trift in Gang. Im „Waldgeschichtlichen Wandergebiet" bei Finsterau kann man alte Triftanlagen sehen.

Das obere Foto zeigt die alte Diensthütte bei der Schwarzbachklause bei Finsterau. Die Klause selbst besteht allerdings nicht mehr. Das Foto unten wurde an der Martinsklause bei Waldhäuser aufgenommen. Sie ist heute ein idyllischer, kleiner Waldsee. Zahlreiche Bergbäche speisten die Klausen, um diese nach dem Leerlaufen möglichst schnell wieder zu füllen.

Felswanderzone

Hervorragendes Wegenetz

Feldbau in 1000 Meter Höhe

Nicht nur ein Wäldermeer

Viele halten den Nationalpark Bayerischer Wald für einen riesigen, menschenleeren Wald. Dies trifft nicht ganz zu. Der seit 1981 von der UNESCO als internationales Biosphärenreservat ausgezeichnete Nationalpark ist zwar zu fast 85 Prozent mit Wald bedeckt, in ihm gibt es aber auch Wege und Straßen, Wiesen und Moore und sogar drei kleine Orte, nämlich Altschönau, Guglöd und Waldhäuser.

Letzteres ist eine im 17. Jahrhundert gegründete Siedlung am Guldensteig, einem Saumpfad, auf dem Salz aus Bayern nach Böhmen gebracht wurde. Eine bescheidene Landwirtschaft, die Arbeit im Wald und ein steigender Fremdenverkehr ernährten früher und jetzt die Menschen in diesen abgelegenen Walddörfern.

Das Nationalparkgebiet gilt heute als das besterforschte Waldgebiet Europas. Es ist auch das besuchteste und bekannteste.

Damit der Besucherstrom nicht ausufert, hat die staatliche Nationalparkverwaltung unter ihrem engagierten Leiter Dr. Hans Bibelriether über 200 Kilometer Wanderwege angelegt, ein großes Informationszentrum, Spielplätze und Lehrgärten geschaffen. Zur Verwirklichung des Nationalparkzieles wird natürlich eine Ausweitung der Reservatzone mit Wegeverbot angestrebt, nicht immer zur Freude der Eingesessenen.

Fraglich ist, ob sich eineinhalb Millionen Besucher im Jahr überhaupt mit den Nationalparkzielen vereinbaren lassen. Eine allgemeine Beschränkung, auch hinsichtlich der ununterbrochenen Flut von Publikationen, bei der anhaltenden Berichterstattung in allen Medien, wäre sicher den Nationalparkzielen dienlicher.

Am Tummelplatz

Alte Waldlerhäuser in Waldhäuser

Urwald

Ursprünglich war der Wald ein Urwald. Erst der Mensch machte ihn zum Wirtschaftswald. Bis etwa 1000 n. Chr. war der ganze Bayerische Wald ein einziger Urwald. Heute gibt es nur noch ganz wenige Waldstücke, welche diese Bezeichnung verdienen. Im Nationalpark ist der größte Urwaldrest in der Rachelseewand, einen kleineren findet man am „Bärenriegel" bei Finsterau. Beide sind für Wanderer gesperrt.

Wodurch unterscheidet sich ein Ur-Wald von einem normalen Wald, wie wir ihn kennen? Ein Urwald hat viel ältere Bäume und beherbergt mehr Baumarten in den verschiedensten Altersstufen als ein Wirtschaftswald. Urwald macht an sich einen ungeordneten Eindruck: Hier stehen die Bäume nicht in der Reihe, es gibt keine Wege, am Boden liegt viel totes Holz. Dies ist der Nährboden für neues organisches Leben, seien es Bäume oder Sträucher, Pilze, Moose oder Flechten. In den Urwäldern im Nationalpark ist der Fichtenanteil kleiner als im Wirtschaftswald. Hier wird weder krankes Holz aufgearbeitet, noch werden neue Bäumchen gepflanzt. Urwald wächst aus sich heraus!

Im Nationalpark soll auf großen Teilen der Wirtschaftswald wieder zum Urwald werden. So wurde im Sommer 1983 durch den II. Zehnjahresplan die Reservatfläche des Nationalparks auf 6400 Hektar vergrößert. Wenige Wochen später warfen die Sturmböen einer Gewitterfront Bäume mit 31000 Kubikmeter Holzinhalt zu Boden, davon 20000 Kubikmeter in den Reservaten. Das war ein halbes Prozent der gesamten Holzmasse im Nationalpark. Sollen die 20000 Kubikmeter Holz im Reservatteil aufgearbeitet werden oder soll dieses Holz im Wert von rund zwei Millionen DM liegen bleiben und verfaulen? Bayerns Landwirtschaftsminister Dr. Hans Eisenmann entschied für den Urwald und gegen die Staatskasse. Im

Kreislauf des Waldes sollen diese gestürzten Baumriesen die natürliche Entwicklung zum Urwald fördern.

Forstleute bezeichnen diesen Sturmwurf auch nicht als Katastrophe, sondern als ein natürliches Ereignis. Nunmehr könne man genau beobachten, wie sich die Natur ohne ein Eingreifen des Menschen entwickelt und wie die vom Sturm getroffenen Waldflächen wieder aufwachsen.

Welche Pflanzen wachsen in den Urwaldresten des Nationalparks? Natürlich mächtige alte Bäume, Bergahorne, Fichten und Tannen, aber auch Erlen und Vogelbeeren. Oft ist der Boden von Farn überwuchert, Moose und Bärlapp haben sich ausgebreitet, und an die kahlen Felsen klammern sich Flechten. Auf den abgestorbenen Baumriesen wachsen Baumschwämme.

Großtiere sind im Urwald selten, dagegen Kleingetier bis herunter zu den Würmern recht zahlreich.

Steil steigt die Felsenwand des Bärenriegel aus dem Schwarzbachtal empor. Wirr liegen gestürzte Baumriesen zwischen mächtigen alten Urwaldrecken, die hier seit über hundert Jahren allen Stürmen trotzen. Graue und gelbe Flechten überziehen die Felsen dieses Naturschutzgebietes, wie das Foto ganz links zeigt. Das andere Foto oben links wurde in der Rachelseewand gemacht, dem größten zusammenhängenden Urwaldrest im Nationalpark.

Stille Wasser, rauschende Wasser

Das Nationalparkgebiet ist niederschlagsreich. Kein Wunder, daß hier der Wasserhaushalt noch in Ordnung ist. Im dreißigjährigen Mittel liegt die jährliche Niederschlagsmenge von Waldhäuser bei 1295 Millimeter, von Klingenbrunn bei 1138 Millimeter, vom Großen Falkenstein bei Zwiesel sogar bei 1737 Millimeter. Es überrascht jedoch, daß Waldhäuser mit einer Höhenlage von rund 1000 Meter im Jahr nur durchschnittlich 54 Tage mit Schneefall hat, dagegen der Große Falkenstein mit 1313 Meter Höhe 72 Tage, Passau nur 14 Tage. Im zwanzigjährigen Durchschnitt fielen pro Jahr auf dem Großen Falkenstein 494 Zentimeter Schnee, in Finsterau 300 Zentimeter und in Passau nur 60 Zentimeter. Waldhäuser hatte im dreijährigen Mittel von 1974 bis 1976 mit 428 Zentimeter Schnee pro Jahr siebenmal so viel wie Passau! So groß sind die Niederschlagsunterschiede bei so relativ kurzen Entfernungen, jedoch bei rund 900 Meter Höhenunterschied! Wo so viele Niederschläge fallen, da rauschen noch die Bäche, da ist ihr Wasser meist noch glasklar!

◁
Das Foto links zeigt die 1860 erbaute Reschbachklause, die größte Triftklause im Nationalparkgebiet. Wie eine grüne Wand steht der Wald um das tiefgrün schimmernde, regungslose Wasser. Hier ist es jetzt still, wo einst das Rufen der Trifter und das Poltern der eingeworfenen und vom Wasser mitgerissenen Hölzer laut durch den Wald schallte.

△ ▷
Ein Bild wunderbarer Harmonie atmen die beiden anderen Bilder: Wasser, Wald und Wolken! Die Große Ohe, welche sie zeigen, entwässert einen großen Teil des Nationalparkareals, bevor sie sich hinter Spiegelau durch die Steinklamm stürzt.

DER HAUPTKAMM DES GEBIRGES

Der Bayerische Wald ist kein geschlossener Gebirgszug, sondern in mehrere Gebirgszüge geteilt. Der Hauptkamm zieht sich von Nordwesten nach Südosten in etwa fünfzehn Kilometer Breite von der Further Senke im Norden bis zum Dreisessel im Süden. Dieses Gebiet ist meist dicht bewaldet. In den unteren Lagen trifft man Fichten- und Buchenwälder, ab den mittleren Höhenlagen reine Fichtenwälder an.

Alle Berge dieses Hauptgebirgszuges liegen auf deutscher Seite, einige unmittelbar an der Grenze, wie der Osser oder der Dreisessel. Nach der naturräumlichen Gliederung, die auch das Bayerische Staatsministerium für Landesentwicklung und Umweltfragen im Regionalbericht 1974 übernommen hat, gehört dieses Gebiet zum Hinteren Bayerischen Wald, den man teilweise auch den Mittleren Bayerischen Wald nennt.

In diesem Abschnitt wird der Hauptkamm insoweit behandelt, als er nicht in den Abschnitten „Nationalpark Bayerischer Wald" und „Die Schachten" berücksichtigt wird.

Die meisten der Hauptberge dieses Gebirgszugs haben Doppelgipfel, so Osser, Arber, Falkenstein und Rachel. Auch haben sich dort einige Karseen aus der Eiszeit erhalten, und man findet noch die letzten Urwaldreste des Waldgebietes. Der größte Teil des Waldes ist in Staatsbesitz. Längs des Bayerwaldhauptkamms konzentriert sich auch der Fremdenverkehr: Hier ist die Landschaft noch am urigsten, hier sind die Berge am höchsten, hier ist der Bayerische Wald noch so, wie man ihn sich weithin vorstellt – ein schier unendliches Waldgebirge.

◁
Der große Osser, ein wahrer Prachtberg, ist 1293 Meter hoch. Östlich des Gipfels, wenige Meter unterhalb, steht das Osserschutzhaus, heute Otto-Willmann-Hütte. Ein Windgenerator erzeugt in luftiger Höhe den Strom, den man zum Betrieb des Unterkunftshauses braucht, das ganzjährig geöffnet ist. Wenige Meter vom Ossergipfel entfernt zieht sich die deutsch-tschechoslowakische Grenze hin, wie die weißblauen Grenzpfähle zeigen. Östlich davon sieht man nie einen Wanderer, höchstens tschechische Grenzsoldaten, doch auf bayerischer Seite ersteigen an schönen Tagen Tausende diesen herrlichen Berg mit seiner unwahrscheinlichen Aussicht. ▷

Der Silberberg

Das Wahrzeichen von Bodenmais, mit rund 700 000 Übernachtungen im Jahr der besuchteste Fremdenverkehrsort im Waldland, ist der 955 Meter hohe Silberberg. Hier wurde früher nach Silber gegraben, später nach verschiedenen Erzen, die man im Tal meist zu Polierrot für die Spiegelglasschleifen verarbeitete. Die rund 22 Kilometer langen Stollen des stillgelegten Bergwerks können begangen werden, und die kühle, feuchte Luft darin bringt vielen Asthmakranken Linderung.

Zwercheck

Das Zwercheck mit 1333 Meter Höhe ist kein markanter Berg, mehr ein Bergzug unmittelbar an der Grenze, der das Arbermassiv mit dem Künischen Gebirge verknüpft, wie man den Gebirgszug um den Osser nennt. Das große Geröllfeld nach Westen ist durch Verwitterung entstanden. Einst stand unmittelbar jenseits der Grenze ein Unterkunftshaus, dessen Ruine noch zu sehen ist. Hier oben stößt die Grenze der Regierungsbezirke Oberpfalz und Niederbayern an die der CSSR.

Lam

Zu Beginn des 14. Jahrhunderts war Lam, der Hauptort des Lamer Winkels, Rodungsgebiet des Klosters Rott am Inn. 1522 wurde es eine „vollkommen gefreite Bergstatt" mit vielen Sonderrechten für seine Bewohner. Die Glashütten des Lamer Winkels, welche den unergiebigen Bergbau ablösten, wurden ein Opfer der Eisenbahn, weil man nun das Holz billig versandte anstatt es zu verbrennen. Unser Bild zeigt den malerischen Friedhof von Lam rings um die St.-Ulrichs-Kirche.

Der Kleine Arbersee

Nördlich des Arbermassivs liegt in einer tiefen Senke der Kleine Arbersee in 919 Meter Höhe. Er ist zweieinhalb Hektar groß und bis zu sechs Meter tief. Schon lange steht er unter Naturschutz, ist aber trotzdem in seinem Bestand gefährdet. Bekannt ist er besonders durch seine schwimmenden Grasinseln. Sie bestehen in der Hauptsache aus abgestorbenen Bäumen, Wurzeln, verfilztem Pflanzenwerk und Gras. Auf ihnen wachsen bereits wieder kleine Bäume. Diese Inseln haben eine Dicke von etwa einem Meter und werden vom Wind langsam auf der Seeoberfläche umhergetrieben. Der Kleine Arbersee ist viel stiller und ursprünglicher als der Große Arbersee auf der anderen Bergseite. Der aus ihm abfließende Seebach ist der Quellfluß des Weißen Regen, der den ganzen Lamer Winkel durchfließt.

Unser Foto vom Gipfel des Großen Arber aus zeigt unten den Kleinen Arbersee mit den großen Grasinseln und dem Gasthaus Seehäusl am Nordufer. Über ihm erkennt man in der Ferne den Markt Lam. Links im Bild zieht sich der Gebirgszug mit Enzian, Schwarzeck und Mühlriegel bis zum Hohenbogen hin, auf dem man den hellen Radarturm erkennen kann. 500 Meter Höhenunterschied sind es bis zum See, und die beschwerlich zu gehende Route durch die Seewände führt größtenteils durch Naturschutzgebiet.

Der Große Arber

Der Große Arber ist 1456 Meter hoch. Er ist damit der höchste aller Bayerwaldberge, der „König des Bayerwaldes". Sein kleinerer Bruder, der Kleine Arber, bringt es immerhin noch auf 1384 Meter Höhe. Über sechzig Berge und Gipfel des Bayerischen Waldes sind über tausend Meter hoch, doch keiner von ihnen ist so bekannt, so besucht, so erschlossen wie der Arbergipfel. Er ist damit aber auch einer der ungemütlichsten geworden.

Betrachtet man den Bayerischen und den Böhmerwald als ein geologisch Ganzes, so gebührt auch hier dem Arber die Krone: Kein Berg übertrifft ihn an Höhe. Der Große Arber ist in der Bundesrepublik Deutschland außerhalb der Alpen und nach dem Feldberg im Schwarzwald die höchste Erhebung! Er ist zudem erdgeschichtlich älter als die Zugspitze, der Watzmann und sogar der Montblanc!

Man hat dem Arber, der bei den Einheimischen nur „Arwa" oder „Arwer" genannt wird, schon die unterschiedlichsten Namen gegeben, wie Ätwa, Hadriwa, Hadruwich, Hochwarte Germaniens, Dach des Böhmerwaldes und andere. Seine beherrschende Lage führte dazu, daß man auf ihm 1983 eine große Radarstation in Betrieb nahm, deren beide Kuppeln weithin zu sehen sind und das Bild des Gipfels total veränderten. Genaugenommen sind sie nun die Spitze des Arbermassivs. 1985 hat man das Berghaus des Bayerischen Waldvereins renoviert und vergrößert in Betrieb genommen. Eine leistungsfähige Sesselbahn und im Winter fast ein Dutzend Skilifte führen bergwärts, so daß von Jahr zu Jahr mehr Menschen auf den Arber kommen. Er ist zweifellos der lebhafteste, der lauteste Berg im Bayerischen Wald. Und trotzdem: Es gibt keinen Waldfreund, der nicht immer wieder von ihm angezogen würde. Daß es Tausenden so ergeht, das zeigen die großen Parkplatzschleusen im Bergwald.

Sein charakteristischer Gipfel ist jetzt mit den beiden Radartürmen noch besser weithin auszumachen. Im Oberteil ist der Arbergipfel ein abgeflachter Bergkegel. Aus diesem ragen vier gewaltige Felsgrate hervor: Einer trägt den Hauptgipfel mit dem Gipfelkreuz, von einem fällt die steile Seewand zum Kleinen Arbersee ab, im Westen blickt man von der Bodenmaiser Mulde auf den vielfotografierten Richard-Wagner-Kopf, und im Süden schließt das Gipfelplateau den Seeriegel ab, von dem man weit ins Böhmische schauen kann und wo tief unten der Große Arbersee heraufleuchtet.

Der Arber bietet also selten ein einsames, stilles Bergerlebnis. Hier sind fast immer Menschen, hier herrscht Leben und Betrieb. Doch das weite Bergplateau verträgt auch einigen Ansturm, ohne daß es gleich eng würde. Man kann ohne weiteres stundenlang hier oben umherlaufen und hat

doch nicht das Gefühl bedrängter Enge. Überall gibt es neue Ausblicke, eröffnen sich überraschende Tiefblicke. Besonders an Föhntagen ist die Gipfelschau ein wirkliches Erlebnis. Da kann man die Alpenkette im Süden erkennen, und der Bayerische Wald mit seinen Bergen ringsum liegt zum Greifen nah.

1949 errichtete die fürstliche Verwaltung – der Arber gehört größtenteils dem Fürsten von Hohenzollern-Sigmaringen – einen Einsessellift, den man 1962 zum Doppelsessellift ausbaute. Er überwindet auf einer 910 Meter langen Strecke 323 Meter Höhenunterschied und endet nahe des 1375 Meter hoch gelegenen Schutzhauses des Bayerischen Waldvereins. Dieser baute 1903 erstmals eine Schutzhütte auf dem Arbergipfel. 1937 errichtete man das Schutzhaus, das man 1958 und – wie erwähnt – unlängst renovierte und erweiterte. In der Radarstation ist auch die Bergwetterwarte des Deutschen Wetterdienstes untergebracht. Natürlich darf auch ein Fernsehumsetzer nicht fehlen, und einige kleinere Hütten und Lifthäuschen sowie die stilvolle Arberkapelle komplettieren die Gipfelbebauung durch den Menschen. Die Kahlheit des Arbergipfels ist wohl weniger der Höhe, als vielmehr der jahrhundertelangen Beweidung der Gipfelregion zuzuschreiben, wie Dr. Georg Priehäußer feststellte.

Das Bild links oben zeigt den eigentlichen Arbergipfel mit dem Gipfelkreuz ganz rechts, davor in der Bodenmaiser Mulde eine Vereins-Unterkunftshütte. Zwischen dem Gipfelkreuz und der rechten Radarkuppel, von denen jede 16 Meter hoch ist, erhebt sich der Fernsehumsetzer, das höchste Bauwerk auf dem Arbergipfel. Der Zugang zu der Radarstation erfolgt von der Bergbahn-Talstation über einen unterirdischen Stollen.

Auf dem Bild unten links ist der Seeriegel zu sehen, von dem man einen herrlichen Weitblick hat und ganz unten auch den Großen Arbersee erkennen kann. Auf dem Seeriegel ist der Blick besonders gut nach Süden und ins Böhmische in Richtung Eisenstein.

Eine Gymnasialklasse hat ihn eben erklommen. Während sich die Schüler angeregt unterhalten, ihre mitgebrachten Brotzeiten verzehren, steht ihr Lehrer, ein Pater, etwas abgesondert daneben. Als ein Wanderer ihn fragte, ob er eben mit geschlossenen Augen meditiert habe, bejahte er dies und antwortete ganz einfach: „Ich habe an Gott gedacht und ihm dafür gedankt, daß er all diese Schönheit hier geschaffen hat!"

Auf diesem Bild erkennt man auch, daß der Arber ein Koloß aus Gneis ist. An seinen Flanken haben sich Latschen nestartig angesiedelt. In Mulden blüht im Herbst der Pannonische Enzian, und im Winter meint man oft, Schneegeister würden hier einen Tanz aufführen, so skurril und geisterhaft wirken die vom Eiswind zersausten und in bizzare Schneegebilde verwandelten Bergfichten.

Der Große Arbersee

Auf beiden Seiten des Grenzkammes gibt es acht Naturseen, die man alle als Überbleibsel der Eiszeit bezeichnen kann. Auf bayerischer Seite liegen nur der Große Arbersee, der Kleine Arbersee und der Rachelsee. Schwarzer See, Teufelssee, Lakkasee, Stubenbacher See und Plöckensteinsee befinden sich jenseits der Grenze, sind aber zum Teil zugänglich.

Der Große Arbersee ist mit 6,85 Hektar Fläche der größte unserer drei Seen. Er liegt unmittelbar an der Straße Regenhütte–Brennes und hat eine Tiefe von 15 Meter. Neuerdings hat man um ihn einen vielbegangenen Rundweg angelegt, den man oft schon als überlaufen bezeichnen muß. Wie sind diese Seen entstanden? Während der Eiszeit vor rund einer Million Jahren, als die Temperaturen etwa acht Grad niedriger lagen als heute, bildeten sich auf den höchsten Bayerwaldbergen Gletscher, die langsam talwärts wanderten. Dabei schürften sie tiefe Einschnitte aus, sogenannte Kare. An ihrem Ende wurde felsiges Gestein abgesetzt, das sich beim Großen Arbersee noch heute als die am Ende liegende „Halbinsel" nachweisen läßt. Das am Ende des Gletschers abgesetzte Geröll bildete eine natürliche Schwelle, hinter der die Karseen entstanden. Beim Großen Arbersee hat man diese Schwelle später noch für Triftzwecke künstlich etwas erhöht. Insgesamt wurde das Grenzgebirge von mehreren Kaltzeiten heimgesucht. So kann man noch heute sieben verschiedene Moränenwälle beim Großen Arbersee und beim Rachelsee erkennen.

Der Große Arbersee ist – soweit bekannt – fischlos. Das kalte, nährstoffarme Wasser läßt eine erfolgreiche Fischzucht hier nicht zu.

Die Fotos links zeigen den Großen Arbersee im Sommer mit der 400 Meter aufsteigenden Seewand, darunter der See im Herbst und dann im frühen Winter, kurz vor dem Zufrieren.

Ausblick vom Mittagsplatz

Mein Lieblingsplatzerl im Arbergebiet ist der Mittagsplatz, hoch über dem Großen Arbersee und der steilen Seewand gelegen. Von hier hat man, besonders in den Abendstunden, eine unbeschreiblich schöne Aussicht. Tief unten ist der dunkle See, auf dem im Sommer vielleicht noch einige winzige Kähne zu erkennen sind. Dann geht der Blick über das unendliche Baummeer, das in einer großen Schleife die Arberstraße durchzieht. Fern am Horizont erkennt man Bayerisch Eisenstein und jenseits der Grenze Markt Eisenstein, das jetzt Zelesna Ruda heißt. Blickt man nach Südosten, so sieht man wieder nur Wald – Wald, so weit das Auge reicht. Dieser herrliche Blick, dazu die Stille hier oben, die würzige Waldluft. Kann es irgendwo etwas Schöneres geben? Hier spürt man unmittelbar die Schönheit der Schöpfung!

Der Große Falkenstein

Er ist 1312 Meter hoch und hat mit dem Arber wenig gemein: der Große Falkenstein. Keine Seilbahn führt auf seine Höhe, nichts Markantes kennzeichnet seinen Gipfel, der auch nur wenig aus dem Waldmeer hervortritt. Doch er ist für viele Zwiesler der Lieblingsberg, vielleicht deswegen, weil man von ihm aus Zwiesel sieht.

Urwald Mittelsteighütte

An den Hängen des Falkensteinmassivs liegen fünf Naturschutzgebiete. Das größte ist das Höllbachgspreng mit 52 Hektar Fläche. Besonders urwüchsig ist das Urwaldgebiet Mittelsteighütte am Zwieslerwaldhaus. Es ist fast 38 Hektar groß und besitzt in einer Höhe von 700 bis 800 Meter einen uralten Baumbestand von Fichten, Buchen und auch Tannen. Hier stehen Bäume, die wohl schon fünfhundert Jahre alt sind, Baumriesen mit 50 Meter Höhe und über 5 Meter Umfang. Mittelsteighütte ist schon seit 1939 Naturschutzgebiet, das älteste am Falkenstein. Wenn man so einen alten Wald betritt, wird einem ganz feierlich zumute. Jahrhunderte schauen auf einen herab. Urwald bei uns ist ein ganz eigenartiger Wald. Die Riesenbäume mit ihren Baumkronen haben nicht viel Licht auf den Waldboden gelassen, die Vegetation ist daher oft spärlich, ja

dürftig. Stürzt so ein Riese, dann wird es gleich lichter im Untergrund, und es regen sich Pflanzen, die sich nach Licht und Sonne sehnen. In einem Naturschutzgebiet darf nichts weggeräumt, nichts umgeschlagen, nichts von Menschenhand verändert werden. Das ist hier seit einem halben Jahrhundert so. Wenn man sich Zeit nimmt, kann man erkennen, wie sich die Natur im Urwald entwickelt: Da ist ein Baumriese gestürzt. Er liegt über einem kleinen Bachlauf, an dessen Rand Dotterblumen wachsen. Am morschen Stamm schmarotzen schwarzrote Baumschwämme, die „Hadernsäu". Dickes Moos überzieht den toten Baum, doch da, direkt daneben im Moos, treibt ein Buchentrieb hoch. Die Schale der Buchecker sitzt noch wie ein Hütchen auf dem Keimling. Auch ein Gefährte des Baumriesen rechts ist gestürzt. Aus seiner moosbedeckten Rinde schiebt eine Fichte schon den zweiten Trieb!

Es ist das alte Lied vom Wachsen und Vergehen in der Natur, vom unbesiegbaren Leben!

Dreisessel und Dreiländereck

Beim Dreisessel schwenkt der Hauptkamm nach Osten ein. Er besteht aus dem Hochstein, dem Dreisesselfelsen (1312 Meter), dem Hochkamm und endet bei uns nach dem Bayerischen Plökkenstein (1363 Meter) mit der Dreieckmark. Sämtliche Gipfel liegen unmittelbar an der Grenze. Das Dreisesselgebiet gilt als besonders schneereich und wenig klimatisch begünstigt. Dies und die verkehrliche Abgeschiedenheit bedingen eine nur geringe Besiedlung. In der Gemeinde Grainet leben nur 53 Einwohner auf den Quadratkilometer.

Charakteristisch für das Gebiet sind die hohen Felstürme aus Granit mit ihren eigenartigen Einschnürungen, die der Fachmann als „Wollsackbildung" bezeichnet. Solche Formen bilden sich nur im homogenen Granit, nicht im Schichtgranit.

△
Die Aussicht vom Hochstein ist grandios, vor allem auch ins Böhmische hinein.

◁
Granitturm mit „Wollsackbildung" beim bayerischen Plöckenstein, die durch jahrtausendlange Verwitterung massiven Granits entsteht.

Die Dreieckmark: Der zum Betrachter gerichtete Säulenkeil mit dem „B" bedeutet Bundesrepublik Deutschland, rechts beginnt Österreich, gegenüber die Tschechoslowakei.
▽

Dreisesselschutzhaus

Das erste Schutzhaus auf dem Dreisessel wurde 1889 eingeweiht, 1913 folgte das zweite, das 1949 abbrannte und für das man das heutige Schutzhaus in 1303 Meter Höhe errichtete. Die nur einen Spaziergang entfernte Dreisesselstraße hat die Besucherzahl stark ansteigen lassen. Die Fotos zeigen das Schutzhaus im Winter und im Sommer.
▽

Land am Dreisessel

Das Gebiet am Dreisessel ist ein schönes, wenn auch karges und oft düsteres Land. Hier entspringt die Kalte Moldau und läßt uns sofort an Böhmen denken. Die spärlichen Siedlungen wurden meist zur Grenzsicherung des Fürstbistums Passau errichtet, so 1705 Bischofsreut, 1724 Frauenberg und 1770 die Haidhäuser, das heutige Haidmühle.

Vor Jahrzehnten wollte man hier mit Gewalt eine Fremdenverkehrsindustrie aufziehen, nachdem Landwirtschaft und Industrie zu unergiebig waren. So bilden mancherorts klotzige Betonkästen einen eigenartigen Kontrast zu den alten Wadlerhäusern. Die Fotos oben zeigen die Streusiedlung Frauenberg, wo eine liebe kleine Holzkapelle aus dem 19. Jahrhundert steht, die eine Kopie des Gnadenbildes aus der Tusset im Böhmerwald enthalten soll.

189

Frauenau

In dem alten Glasmacherort Frauenau steht die schönste Rokokokirche entlang des Bayerwaldhauptkamms. Abt Ignaz I. von Niederaltaich ließ sie 1759 erbauen. Sie war wie ihre Vorgängerin lange Mittelpunkt einer Wallfahrt „Zu Unser Frawen Awwe". Heute ist es allerdings still um diese Wallfahrt geworden. Die Stukkaturen stammen von Melchior Modler aus Passau, das Deckengemälde von Franz Anton Rauscher aus Aicha vorm Wald. Die Einrichtung stammt einheitlich aus dem Jahre 1767. Das Gnadenbild auf dem Hochaltar, eine Vespergruppe, ist spätgotisch, um 1480. Frauenau besitzt seit 1975 das einzige ausschließlich dem Glas gewidmete Museum. Dieses Glasmuseum zeigt nicht nur die Entstehung des Glases, sondern auch ausgesuchte Beispiele guter waldlerischer Glasmacher- und Glasveredlungskunst.

Bauernmöbelmuseum Grafenau

Zu den Besonderheiten der regen Stadt Grafenau gehören ein Schnupftabakmuseum und ein Bauernmöbelmuseum. Letzteres ist stilecht in einem alten Waldlerhaus und einem ehemaligen Inhäusl untergebracht. Daneben stellte man noch einen alten Troadkasten auf. Leider hat der Ausverkauf alten Mobiliars in den letzten Jahren solche Ausmaße angenommen, daß dieses auf dem Land fast völlig verschwunden ist, es sei denn, die Besitzer hatten noch rechtzeitig dessen Wert erkannt oder sind selbst Sammler. Es gab früher im Bayerischen Wald richtige „Möbellandschaften", also Gegenden, die für eine bestimmte Machart von Möbeln bekannt und charakteristisch waren.

Unten links ist ein Schrank aus der Gegend von Breitenberg zu sehen, der um 1800 entstanden sein dürfte. In den Türfüllungen sind oben Darstellungen von Christus und der heiligen Maria eingemalt, unten an den abgeschrägten Ecken und den Seitenfeldern Figuren- und Blumenornamentik. Die übrigen, unsymmetrischen Schrankflächen wurden von Blau nach Weiß übergehend ausgemalt. Auch bei dem Schrank rechts überrascht die schöne Bemalung der Türfüllungen. Dieser in der Werkstatt Weinzierl in Deggendorf um 1850 gefertigte Bauernschrank zeigt oben eine Krönung Mariens, unten eine Blumenvase zur äußeren Zierde.

Schloß Wolfstein

Die Burg Wolfstein hat ihren Namen von Bischof Wolfker von Erla (1190 bis 1204), der sie zum Schutz des „Goldenen Steiges" erbauen ließ. Später diente sie als Jagdschloß der Fürstbischöfe. Nach 1803 wurde ein Landgericht darin untergebracht, 1813 brannte sie aus. Nach dem Wiederaufbau des jetzigen Schlosses wurde es verschieden genützt.

Die Buchberger Leite

Enge Felsentäler nennt man im Bayerischen Wald entweder eine Klamm oder eine Leite. Solche engen Schluchten gibt es mehrere, wie die Steinklamm bei Spiegelau, die Saußbachklamm bei Waldkirchen, die Dießensteiner Leite der Ilz oder die Bärnsteiner Leite bei Grafenau.

Am großartigsten ist jedoch die Buchberger Leite bei Freyung, wo sich die aus dem Zusammenfluß von Reschbach und Saußbach entstandene Wolfsteiner Ohe über eine felsübersäte enge Schlucht in die Tiefe stürzt. Das harte Gestein – das Wasser durchbricht hier die Pfahllinie – wurde an einigen Stellen kesselförmig ausgehöhlt. Das ständig wirkende Wasser hat Kugelmühlen und Strudellöcher ausgespült, wie auf dem Foto links ganz vorn zu sehen ist. Eineinhalb Stunden lang ist dieser Weg durch die Leite und er bietet ein unvergeßliches Naturschauspiel. Am Ende der Schlucht arbeitet eine Fabrik, „Wiedes Karbidwerk", in welcher Halbedelsteine hergestellt werden und deren Turbinen dem sausenden Wasser der Wolfsteiner Ohe viel von ihrem Schwung nehmen.

Ihren Namen hat die Leite von der ehemaligen Burg Neuenbuchberg, die ähnlich wie Schloß Wolfstein auf einer dreiseitig umflossenen Felszunge hoch über der Leite lag, heute aber nur noch eine Ruine ist.

GLAS – KUNST UND GEHEIMNIS

In der Höllenglut des Feuers zerschmilzt feiner Quarzsand – im richtigen Verhältnis vermischt mit Pottasche, Soda oder Kalk – zu Glas. Kein anderes Erzeugnis ist so eng mit dem Bayerischen Wald verknüpft wie dieses zerbrechliche, funkelnde Gebilde, das durch den Atem des Menschen und durch seine Kunstfertigkeit im Schleifen, Gravieren, Malen und Ätzen zu wirklichen Kunstwerken werden kann. Der kleinste Zusatz bestimmter Metalloxyde verändert seine Klarheit, kann ihm Farbe und Feuer geben. Für das in Böhmen entdeckte Rubinglas löste man sogar Gold in Königswasser, einer Mischung von Salz- und Salpetersäure, auf. Rubingläser wurden zu Prunkstücken für die Tafeln der Noblen und Reichen.

Noch heute hüten Glashütten spezielle Schmelzrezepte wie Patente. Glasschmelzen und Glasmachen haben im Bayerischen Wald eine jahrhundertelange Tradition. Bereits 1421 wurde die Rabensteiner Hütte urkundlich erwähnt. Seit über 350 Jahren wird in der Hütte der Freiherrn von Poschinger in Frauenau Glas erzeugt. Sie ist damit die älteste im Waldland ansässige Industriellenfamilie. Die Theresienthaler Krystallglasfabrik in Zwiesel lieferte im vorigen Jahrhundert ihre Spitzenprodukte an den bayerischen Königshof und für die Zarentafel nach Rußland. Doch die Glaskunst wird ständig weiterentwickelt. Erwin Eisch in Frauenau, ein moderner Glaskünstler, gab der Glasgestaltung ganz neue Impulse und wirkte bahnbrechend auf dem Gebiet neuzeitlicher Glaskunst.

Durch die Vertreibung der Sudetendeutschen nach dem Kriege kamen Glasmacher und Glasveredler aus dem Böhmerwald in den Bayerischen Wald, wo sie ihre Tradition fortsetzten. Heute gibt es in Ostbayern etwa fünfzig Betriebe, in denen Glas produziert und veredelt wird. Sie beschäftigen etwa 3500 Menschen. Glasmachen ist eine alte Handwerkskunst. Doch schon gibt es computergesteuerte Maschinen, welche den Ausstoß unwahrscheinlich steigerten. Durch die Eisenbahn konnte einst Kohle das Holz als Brennstoff ersetzen. Heute ist die Kohle vom Ferngas abgelöst. Immer weniger Menschen erzeugen heute immer mehr Glas. Doch unübertroffen bleibt das mundgeblasene und handgefertigte Waldglas, jedes für sich ein Unikat, voller Kunst und Geheimnis.

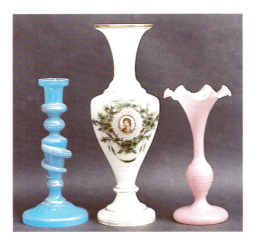

Meisterwerke aus der Glashütte Steigerwald in Schachtenbach um 1850: Kerzenleuchter aus blauem Beinglas mit Schlangendekor – Vase aus Beinglas mit Medaillon, von Glasperlen und Goldrandverzierung umrahmt – Vase, innen dünn Goldrubin überfangen, was die Roséfärbung ergab, weißer Emailrand. ◁

Mittelpunkt der Glashütte ist der Glasofen, wo bei Temperaturen um 1300 Grad Celsius das Glas in den Schmelzhäfen geschmolzen und flüssig gehalten wird. Mit den etwa eineinhalb Meter langen Glasmacherpfeifen sticht der Glasmacher in die Glasmasse und holt sich das erforderliche Quantum Glas heraus. Nach dem Ausblasen des „Kölbels", wie der flüssige Glaspfropf genannt wird, formt der Glasmacher das Stück mit einem Wulgerholz aus Buchenholz weiter. ▷

Glasdruckerin

Glas wird durch die Veredelung noch edler, noch wertvoller. Durch die Glasveredelung erhalten die Gläser in des Wortes wahrster Bedeutung erst den letzten Schliff, wird das Glas vom Handwerksstück zum Kunstwerk.
Die einfachste Art der Glasveredelung ist der Farbdruck. Auf unserem Bild streicht die Glasdruckerin gerade das von ihr aufgebrachte Druckmotiv fest, damit es überall dicht anliegt und nach dem Einbrennen gut zu sehen ist. Auch diese Arbeit erfordert gutes Formgefühl. Die Verzierungen müssen gefällig wirken, um den Wert des Glases zu erhöhen.

Glasgraveur

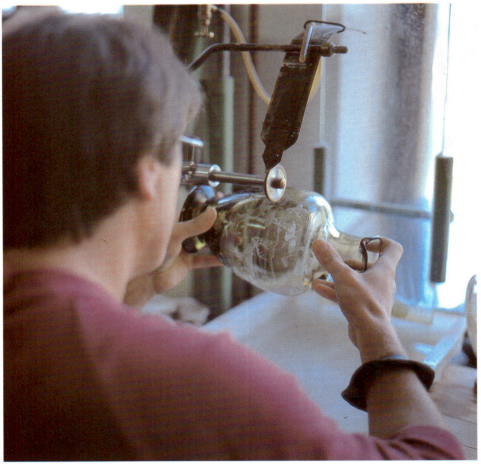

Mit einer Diamantscheibe schneidet der Glasgraveur Wappen, Blumen oder Ornamente in das Glas. Auf unserem Bild ist es eine Jagdszene. Glasgravur oder Glasschnitt zählen zu den hochwertigsten Arten der Glasveredelung. Dabei unterscheidet man zwei Hauptarten, die Tiefgravur, bei der wie auf dem Bild das Motiv aus der Glasfläche herausgearbeitet wird, und den Hochschnitt, bei dem das Motiv als erhabener Teil des Glasstücks stehenbleibt. Man kann verschiedene Techniken miteinander verbinden. Mit biegsamen Wellen lassen sich auch in Hohlgläsern Innenschliffe anbringen, was jedoch große Meisterschaft erfordert.

Glasmacher

Hier setzt der Glasmacher an eine Kuppa eines Kelchglases den Stil an. Dazu reicht ihm der Kölbelmacher ein kleineres Quantum flüssigen Glases, das der Glasmacher mit einer Metallschere abschneidet. Mit einem Streichholz formt er bei ständigem waagrechten Drehen der Glasmacherpfeife auf der Glasmacherbank den Stiel aus. Auf diesen wird dann wieder ein Kölbel aufgesetzt, und nun kann der Meister mit dem Streichbrett den Boden formen. Mit einer Eintraggabel wird das fertiggeformte Kelchglas dann in den Kühlofen getragen.

Glasmaler

Mit Goldfarbe malt der Glasmaler einen wertvollen Dekor auf diesen Pokal, der später noch einen verzierten Deckel erhält. Die Farben sind mit Glaspulver vermischt. Erhitzt man die bemalten Gläser in einem Spezialofen bis etwa 500 Grad Celsius, so vermischen sich Farben und Glaspulver und werden fest in das Glas eingebunden. Für das Bemalen wertvoller Gläser gibt es mehrere Techniken, darunter auch den Auftrag von Emailfarben, die entweder deckend und undurchsichtig oder transparent und durchsichtig aufgetragen werden. Erst Schliff, Gravur und Malerei offenbaren bei entsprechender Beleuchtung den ganzen Reichtum wertvollen Glases.

Der Hohlglasfeinschleifer, in der Fachsprache auch Kugler genannt, arbeitet an einem Schleifbock, an dem senkrecht rotierende Scheiben verschiedener Größe und unterschiedlichen Profils eingesetzt werden können. Ständig rieselt Wasser über die Scheiben, damit die Schleifer nicht den Glasstaub einatmen müssen. Man kennt Grob- und Feinschliff, und meist werden die geschliffenen Stücke auch noch mit Säure nachpoliert. Dieser Kugler schleift einen Kristallpokal.

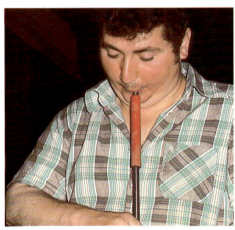

Der Betrieb in einer Glashütte ist unruhig, für den Betriebsfremden direkt verwirrend. Da wird ständig hin- und hergegangen, werden Werkstücke geschwenkt und – noch rot glühend – prüfend gegen das Licht gehalten. Dazu flackert der Schein des flüssigen Glases aus dem Schmelztiegel über die schweißnassen Gesichter, die oft von der Anstrengung des Glasblasens rot anlaufen. Nicht umsonst sagt ein alter Glasmacherspruch: Es ist ein unendliches Kreuz, Glas zu machen.

*Wer nicht liebt ein scharfes Schwert, wer nicht liebt ein schnelles Pferd, wer nicht liebt ein schönes Weib, hat bei Gott kein Herz im Leib.
So steht es auf diesem Weinpokal, der im letzten Viertel des vorigen Jahrhunderts im Bayerischen Wald entstanden ist. Diese Zeit der Wiederbelebung des altdeutschen Stils wird mit Historismus bezeichnet, ein Stil der auch in der Glaskunst in den Häusern des besseren Bürgertums Einzug hielt.*

Diese Gläser wurden ausnahmslos in Handarbeit hergestellt und verziert, viele farbenprächtig bemalt, wie das Pferd mit dem nicht lesbaren Spruch auf dem Trinkbecher daneben beweist. Die Grifffläche der Gläser ist mit Glasnoppen oder kleinen Glasscheiben besetzt, die auch der Zierde dienten. Zusätzlich waren die Gläser noch mit Rändern und Tupfen bemalt. Sie sind heute einmalige Raritäten.

(Glasmuseum „Wilder Mann", Passau) ▷

Diese drei Schnupftabakgläser aus dem Waldmuseum Zwiesel, einem der besten und besuchtesten Museen des Waldlandes, sind Prachtexemplare sogenannten „geschundenen Glases". Darunter versteht man Glasstücke, die von den Glasmachern in den Arbeitspausen gefertigt wurden, ein Recht, das ihnen die Hüttenherren seit alters her zugestanden haben. Diese Gläser sind überfangen, also mit einer andersfarbigen Glasschicht überzogen, geschnürlt, geschliffen und anderes mehr.

Glas aus der Steigerwaldhütte Schachtenbach von 1850 bis 1860: Sektschale im französischen Stil mit blauem Fadendekor – Flügelkelch nach venezianischem Geschmack, mehrfach zusammengesetzter Stil mit optischem Baluster – Trinkglas für den böhmischen Geschmack mit goldrubin eingefärbter Kuppa in seltener Fünf-Paß-Form.

(Sammlung Pep Schmidt, Zwiesel)

Auch diese beiden Krüge aus dem Zwiesler Waldmuseum sind Zeugnisse für „geschundenes Glas". Sie sind jeweils oben mit Glasfäden umsponnen, der linke ist ein Goldrubin-Kettenkrug mit durchsichtigem Henkel. Der rechte Krug enthält in der Glasmasse kleine Luftbläschen, die in das heiße Glas auf einfache Weise eingebracht werden.

SCHACHTEN UND HOCHMOORE

Als Schachten bezeichnet man die ehemaligen Hochweiden in den Grenzwäldern des Bayerischen Waldes. Sie sind heute versteckte Schönheiten, stille Höhepunkte

unter den verschiedenartigen Landschaftsbildern des Waldgebirges, wahre Kostbarkeiten im weitschwingenden Waldmeer.

Die ersten Schachten entstanden im 17. Jahrhundert noch vor dem Dreißigjährigen Krieg. Lorenz Ayden aus Klautzenbach und Gerichtsschreiber Christoph Hörl aus Zwiesel hatten 1613 beim Zwiesler Waldhaus den „Bergrükkenwiesschachten", der heute den davon abgeleiteten Namen „Rukkowitzschachten" trägt, in Benutzung genommen. 1619 wurde der Lindbergschachten aus dem damaligen Urwaldgebiet gerodet. Beinahe hundert solcher Weideflächen hat der Mensch im Laufe der Zeit aus dem Bergwald entlang der Grenze herausgeschlagen. Der größte war der Ruckowitzschachten mit rund dreißig Hektar Fläche.

Bis zum Jahre 1962 wurde auf die Schachten Vieh zur Sommerweide aufgetrieben, meist Ochsen und Jungvieh, welche der Waldler einheitlich als „Waldstiere" bezeichnete. Die Sommerweide diente der Mast. Milchwirtschaft wurde nur auf der auch heute noch so bezeichneten Frauenauer Alm betrieben. Hier wurde sogar Käse hergestellt.

Charakteristisch für die Schachten sind große, einst weit ausladende Einzelbäume, meist Bergahorne und Buchen, aber auch Vogelbeerbäume und Fichten. Nadelbäume bildeten jedoch stets eine Minderheit.

Was sind das doch für ehrwürdige Gestalten, diese Schachtenbäume: Vom Sturm zerzaust, vom Alter gebeugt, vom Blitz gespalten, von Eis und Schnee erdrückt! Sie boten einst dem Weidevieh Schutz vor sengender Sonne, Hagel und Unwetter.

Die Waldhüter wohnten vom Auftrieb an Georgi bis zum Abtrieb an Martini in primitiven Hütten, höchstens von einer Ziege oder einem Hund begleitet. Sicher mußte ein „Hüata" früher das Vieh wirklich behüten, nicht nur vor dem Verirren im Wald, sondern auch vor Wolf und Bär.

Waldweiden gab es überall entlang der Grenze, doch die schönsten findet man zwischen Großem Falkenstein und Rachel. Weiter südlich nennt man diese Weiden auch „Platzl" oder „Stand", nördlicher auch „Fleck".

Schachten sind Höhepunkte des Naturerlebens. Die manchmal absolute, schier unheimliche Ruhe, die Abgeschiedenheit der meisten, die abgeschlossene Geborgenheit der einen und die weite Sicht hinaus ins Waldland der anderen machen sie mit ihrer einmaligen Vegetation zum bevorzugten Wanderziel vieler Naturbegeisterter. Hier vereinen sich mitunter die letzten Baumriesen mit den jagenden Föhnwolken vor einem strahlend blauen Himmel zu einem Bild vollkommener Harmonie des Kosmos.

Hochmoore sind eine weitere Besonderheit des Grenzgebirges. Ihr Name bezeichnet nicht ihre Hö-

henlage, sondern die letzte Entwicklungsstufe eines Moores. Diese beginnt als Niedermoor oder Au. Quell- und Hangwasser vermischen sich mit dem nährstoffärmeren Niederschlagswasser, stauen sich in Mulden, wo sich aus den abgesetzten Pflanzenresten Humus bildet. Je stärker die Humusschicht ist und je mehr Niederschläge fallen, desto weniger verwesen die Pflanzenreste, besonders bei sehr niedrigen Durchschnittstemperaturen. Es entsteht ein Zwischenmoor.

Wenn sich darauf nun Torfmoos ansiedelt, beginnt die Torfbildung. Die nach oben wachsenden Torfmoore sterben im unteren Teil wegen des Nässestaus und der mangelnden Bodendurchlüftung ab. Es bilden sich Torfpolster, die in tausend Jahren um etwa einen Meter wachsen. Ihre Dicke ist in der Mitte am stärksten und nimmt zu den Rändern ab. Der Wasserstau führt sogar zur Bildung von Moorseen. Diese gleichen dunklen Augen, die rätselvoll und still aus dem Waldmeer blicken.

Der Kohlschachten ist von allen Schachten der flachste, aber er hat den ursprünglichsten Baumbestand. Früher, als keine Foststraße unmittelbar am Westrand vorbeiführte, war er noch melancholischer, noch unberührter. Hoher Wald umgibt die Schachtenwiese mit dem langen Gras, in dem mächtige Bäume stehen und liegen. Auf dem Foto ist einer dieser vom Sturm gefällten und vermodernden Unterstandsbäume zu erkennen. Die Rinde ist längst verwittert, aus dem morschen Holz ragen nur noch die Stummel der einst knorrigen Äste heraus. Einige Jahrhunderte hat dieser Riese jedem Sturm getrotzt, jetzt zerfällt er und gibt nachkommenden Artgenossen Platz und Nahrung. Im Hintergrund stehen noch zahlreiche solche Bäume. Es ist Herbst und die meisten haben schon ihre Blätter verloren. Rechts in der Mitte liegt ein weiterer sterbender Baumriese, welche die Waldler „Rana" nennen. Auf ihnen wachsen Baumschwämme, Ameisen und Würmer finden in den kurzen Sommern reiche Nahrung.

Auf diesem Schachten wurde von 1733 bis 1961 Weidevieh aufgetrieben. Bis zuletzt standen in der Mitte zwei Hirtenhütten, von denen eine schon fast verfallen war. Ein Hüter verbrachte hier Jahr für Jahr den ganzen Sommer, fern jeglicher Zivilisation. Kein Wunder, daß diese Menschen ganz mit der Natur, mit dem Wald verwuchsen. Sie kannten die Gräser und Tiere und verstanden es, aus Wind, Wolken und dem Verhalten ihrer Tiere das Wetter zu deuten. Nur ab und zu schickten die Bauern, denen die ihm anvertrauten Tiere gehörten, Brot und Schmalz herauf und vielleicht auch ein Büchsel Brasiltabak zum Schnupfen. Wasser hatte der Hirt vor der Hütte, Milch lieferte ihm seine Ziege. Wenn sich ein Tier verletzte, so half ihm niemand. Er war in allem monatelang auf sich allein gestellt. So ein Waldhirt brauchte einen „eisernen Gsund". Er durfte weder Blitz und Unwetter, und in früheren Zeiten noch Wolf und Bär fürchten.

Nach der Beweidung änderte sich langsam auch der Bewuchs der Schachtenwiesen, und von den Waldrändern her begann der Wald sich langsam das zurückzuholen, was ihm der Mensch vor langer Zeit abgerungen. Dreiviertel des Bewuchses bestand 1974 aus Süßgräsern, von denen die Hälfte auf Schwingelarten entfiel. Ihnen folgt die Drahtschmiele und der Bürstling. Zu den vom Vieh meist verschmähten Sauergräsern zählen die Binsen, Simsen- und Seggenarten. Immerhin wurden damals auf dem Kohlschachten siebzehn verschiedene Kräuterarten gezählt.

Woher der Kohlschachten seinen Namen hat, konnte selbst die Schachtenforscherin Ingeborg Seyfert nicht genau klären. Vielleicht von der Kalten Quelle dort, die im Volksmund „Koide Quell" genannt wird, oder weil am Westrand des Schachtens früher ein Aschenbrenner Holzkohle für ei-

ne Glashütte brannte, die man auch „Kohl-Holz" nannte.
Vom Großen Schachten geht der Blick weit hinaus, über die baumlose Schachtenwiese, über die Laubbäume am unteren Schachtenrand bis hin zum Arbermassiv am fernen Horizont. Großer Schachten und Kohlschachten waren früher eine zusammenhängende Weidefläche. Beide liegen auf durchschnittlich 1150 Meter Höhe und wurden von 1733 bis 1961 beweidet. In ihrem Charakter sind sie jedoch grundverschieden, wie schon die obigen Fotos zeigen. Der Große Schachten, der oft auch als Hochschachten bezeichnet wird, ist hell und licht, er gewährt vom oberen Teil wunderschöne Fernblicke. Seine große, nach Westen abfallende Grasfläche wächst auf besserem Boden als ihn andere Schachten aufweisen, und die Kräuterflora ist mannigfaltiger als anderswo.
Am oberen Eck des Schachtens steht eine Forstdiensthütte, und wenige Meter davon waldeinwärts sprudelt ein ständig klarer und frischer Quell. Der Große Schachten wird jährlich von vielen Naturfreunden auf dem Weg zu den Hochmoorseen in der Waldabteilung Schluttergasse durchwandert.

Während sich die Fläche des Kohlschachten von 1831 bis 1974 von 16 Hektar auf 7,5 Hektar verkleinerte, vergrößerte sich der Große Schachten von 8 auf 9,5 Hektar. Im Jahre 1974 war der Baumbestand auf dem Kohlschachten trotzdem größer. Er besaß damals 147 Bäume, von denen nur 5 unter zehn Meter Höhe maßen, jedoch 14 absterbend waren. Nach Arten registrierte man 41 Bergahorne, 100 Buchen und 6 Fichten. Der Große Schachten hatte damals nur 125 Bäume, von denen 19 Buchen und Fichten unter zehn Meter Höhe maßen, 10 Laubbäume waren absterbend. Nach Arten wuchsen dort damals 8 Bergahorne, 96 Buchen und 21 Fichten.

In der Mitte des 18. Jahrhunderts betrug die Gesamtfläche aller Schachten 218 Hektar. Damals wurden im Sommer beinahe tausend Waldstiere auf die Waldweiden getrieben. Das Leben des Waldhirten war sicher sehr hart. Ständig mußte er seine Herde überwachen, die durch die Wälder streifte und das dort wachsende Gras fraß. Auf die Schachten kam das Vieh oft nur zum Einstand während der Mittagszeit oder zur Nacht. Die Forstordnung von 1789 brachte hier einige Änderungen, und vierzig Jahre später wurden die Hirten sogar angehalten, ihre Weideflächen mit Strohseilen gegen den Wald abzuschirmen. Auch Steinwälle wurden aufgerichtet, um das Vieh von den Wäldern fernzuhalten. Sicher hat es besonders im Frühjahr durch den Verbiß junger Triebe manchen Forstschaden angerichtet.
Die Bauern mußten natürlich an die Forstverwaltung für die Waldweide Gebühren entrichten. 1843 rechnete man für einen Jungstier eine Waldweidefläche von 10 Hektar, später von 16 Hektar, wobei diese Flächen im Jahr bis zu dreimal beweidet wurden.

Wann sind die Schachten am schönsten, morgens oder abends? Ich meine: Die Schachten sind immer schön, zu jeder Tages- und zu jeder Jahreszeit! Betrachten Sie einmal das kleine Foto ganz genau. Es wurde an einem frühen Spätherbsttag auf dem Kohlschachten gemacht. Kaum wurde es hell, fiel von oben her Nebel ein. Das Gras triefte vor Nässe, es war windstill. Nichts regte sich ringsumher! Der diesige Himmel schimmerte stellenweise noch etwas blau. Wenn man da so allein dahingeht, kann es schon etwas gespenstisch sein.

Doch dann schwindet der Nebel, und ein strahlend schöner Tag zieht herauf. Bizarr reckt sich der Ast eines gestürzten Baumriesen auf der Frauenauer Alm in den Himmel. Am fernen Horizont ziehen die Wolken wie Luftschiffe: Es ist eine Stunde vollkommenen Glücks: Stehen und staunen, wie schön die Welt ist! Es fällt schwer, sich loszureißen.

Es ist gerade Mittag auf dem Lindbergschachten, auf dem auch das Abendbild unten links aufgenommen wurde. Da kann es mitunter ganz schön warm werden, und man ist froh, wenn man noch einen schattenspendenden Baum findet. In der Ferne sieht man den Doppelgipfel des Rachel, und aus dem herbstlich braunen Schachtengras leuchten rot einige Heidelbeerinseln heraus. Nicht mehr lange, dann wird hier der erste Schnee fallen. ▽

Der Jährlingschachten ist der einzige nach Osten geneigte Waldschachten. Früher wurden hier einjährige Jungrinder – „Jährlinge" – geweidet. Weit blickt man von hier über die Grenze nach Osten, wo eine tschechische Radarstation aus dem Baummeer ragt. In der alten Hüterhütte, die 1974 durch eine neue ersetzt wurde, befanden sich zwei Lager und eine Feuerstelle. Für den Hund war hinten ein Verschlag angebaut. ▷

Ein vielfotografierter Baum war dieser alte Recke auf dem Ruckowitzschachten, der 1984 einem Sturm zum Opfer fiel. Von hier hatte man einen herrlichen Blick hinüber zum Arbermassiv und auf andere Bayerwaldberge. Er lag direkt am Weg zum Großen Falkenstein, und sicher sind Tausende an ihm vorübergelaufen und haben mit einer Rast, einem Erinnerungsfoto diesem einige hundert Jahre alten sturmerprobten Baumriesen ihre Reverenz erwiesen. ▷

Waldschrat oder Wurzelwicht?

Grinst hier ein Wurzelwicht? Spitzt hier ein Waldschrat seinen Mund? Oder ist es einer der stummen Waldwichte, die den einsamen Wanderer im Mondlicht narren? Nichts von alldem. Aber so

könnten sie ausgesehen haben, die Waldgeister, die in den Erzählungen alter Waldler ihr Unwesen treiben. Da wimmelt es von Zwergen und Teufeln, von grauen Manderln und Filzweiberln, von Irrlichtern, Schelmen, Druden und schwarzen Rittern, von Wehrwölfen und sprechenden Tieren.
Kein Wunder, in der Abgeschiedenheit des Bayerischen Waldes gedieh einst der Aberglaube. Wundersames wurde in den Erzählungen der Waldler an den langen, dunklen Winterabenden noch wundersamer, Scheichtsames noch scheichtsamer, kaum Glaubliches noch unglaubhafter. Und beim Sinnieren in den niedrigen Waldlerstuben kam man auf die wunderlichsten Gedanken, hörte man Geister reden, sah geheimnisvolle, Leben beeinflussende Zeichen.
Den Waldhütern ist es sicher nicht anders ergangen. Was mag so einem Menschen alles durch den Kopf gegangen sein in seiner Einsamkeit, im täglichen, nur durch den Ablauf der Natur bestimmten Lebensrhythmus?

Das obige Foto zeigt nur ein Stück eines verwitternden Baumleibes. Gut zweihundert Jahre mag er alt gewesen sein. Zweihundert Jahre hat er allen Stürmen getrotzt, hat riesige Schnee- und Eislasten getragen und hat seine Äste schützend über das Vieh gebreitet. Dann begann er zu sterben. Vielleicht hat ihn ein Sturm umgeworfen, ein Blitz zu Boden gestreckt, die Winterlast erdrückt, man weiß es nicht. Schachtenbäume sterben meist nicht schnell. Da stehen noch Dutzende, die bereits innen hohl, deren Krone zur Hälfte abgestorben ist, die aber trotzdem im Sommer noch grüne Äste treiben. Doch ihr Tod ist vorgezeichnet. Große Baumschwämme an den Rinden oder wenn diese abfällt, sind Vorboten hierfür. Würmer und Maden tummeln sich auf so einem siechen Baumleib, Ameisen ziehen in Karawanen über seine brüchige Rinde, Spechte schlagen auf der Futtersuche tiefe Löcher in sein morsches Holz. Das Sterben des Baumriesen geht unaufhaltsam weiter.
Oft brechen zuerst Äste ab und es ragen manchmal nur noch morsche Stummel in den Schachtenhimmel. Ist schließlich auch der Stamm umgeworfen, beschleunigt sich der Todeskampf. Die Feuchtigkeit am Boden läßt ihn noch schneller modern und verwesen, die letzte Rinde fällt ab, der Stamm fault. Doch in dem weichen, feuchten Baumleib haben Fichten- und Ahornsamen Halt gefunden. Ihre Triebe finden hier reiche Nahrung, viel mehr als auf dem durch das hohe Gras abgeschirmten Schachtenboden. Himbeersträucher treiben heraus, Moose wuchern, hie und da auch ein Blümchen. So gibt der sterbende Baum sein verhauchendes Leben weiter an neues. Es ist der ewige Kreislauf vom Leben und Sterben in der Natur.
Sterbender Baumriese auf dem Kohlschachten – der Stamm ist schon ganz morsch, teilweise sogar mehlig. Doch dort, wo aus ihm die mächtigen Äste herauswuchsen, zeigt er nochmals seine knorrige Stärke. Hier schreitet die Verwitterung langsamer vorwärts, hier hat sie Augen herausmodelliert und einen aufgestülpten Mund. Man kann sich vorstellen, was man will! Jedenfalls: Hier schauen dich Jahrhunderte an, einst blühendes Leben, jetzt kalt und tot.
Und so wie dieses Gesicht hat ein sterbender Baum Dutzende von Gesichtern und Gestalten, wie man auch auf der übernächsten Seite sehen kann.
Ein alter Spruch sagt: Der Wald gehört zum Horchen, die Wiese zum Schauen. Für die Schachten gilt sicher beides. Sie zählen zu den unbestrittenen Höhepunkten wirklichen Naturerlebens im Bayerischen Wald, sie sind seine versteckten Attraktionen!

Auf dem Lindbergschachten wird es Abend. Vier Wanderer ziehen talwärts. Der Dunst des Frühherbsttages weicht langsam. Immer schärfer treten die Konturen der beiden Rachelgipfel hervor. Prächtige, dicht beastete Fichten stehen am Schachtenrand. Ihr Dunkelgrün wird nach hinten immer mehr blau, Einzelbäume verschwimmen in einem Waldmeer. Die Heidelbeerstauden färben sich schon gelb und rot. Bald deckt sie der Schnee zu.

Weit geht der Blick vom Jährlingschachten in den Böhmerwald. Früher hatte dieser Schachten viel mehr Bäume. In den meterhohen Graspolstern aus Drahtschmiele, Schwingelarten und Bürstling haben es die Baumsamen schwer, Fuß zu fassen. Doch einige Sträucher- und Beerenkolonien haben sich breitgemacht, besonders um alte Baumstrünke oder um freiliegendes Gestein. Wird sich der Wald diese Rodungsfläche wieder zurückerobern?

Das Schachtenhaus

Zwischen Falkenstein und Rachel steht nur noch auf einem Schachten ein festes, gemauertes Haus, nämlich auf dem heute als „Schachtenhaus" bezeichneten ehemaligen Hinteren Schachten oder Scheuereckschachten. Dieses ist nicht mehr ständig bewohnt, doch wird hier in etwa 1150 Meter Höhe noch alljährlich Gras gemäht und Heu geerntet. Das alte Haus der Staatsforstverwaltung ist noch ein typisches Böhmerwaldhaus, mit weit überspringendem Dach auf der Eingangsseite. Auf dem Foto erkennt man, daß die große Schachtenwiese vor kurzem gemäht wurde. Vorn, wo sich ein kleiner Dobel gebildet hat und auch die Schachtenquelle ist, sprießt es üppig: Himbeeren, Johanniskraut, Waldweideröschen und andere Pflanzen treiben hoch. Leicht ist das Bewirtschaften einer solchen Schachtenwiese nicht,

selbst wenn der Bauer dies mit einem Traktor viel einfacher tun kann als früher. Doch da ist nach wie vor der weite Anfahrweg, und von den Waldrändern her versucht der Wald ständig, in die Wiesenfläche vorzudringen. Immerhin besteht dieser Schachten seit 1622. 1831 hatte er 3 Hektar Fläche, 1974 waren es 2,2 Hektar. In diesem Gebiet gab es nach dem letzten Krieg noch bewohnte Schachtenhäuser.

Als die Waldweide aufhörte und den Landwirten die Bewirtschaftung der Schachten zu umständlich war, verkauften viele ihr Wald- und Weiderecht an die Forstverwaltung, die zunächst bestrebt war, Teile der Flächen wieder aufzuforsten. Damit ist es heute vorbei. Viele der Schachten wurden inzwischen unter Naturschutz gestellt, wie der Ruckowitzschachten oder die Filze und Hochschachten und die Schachten Vordere Sulz, Großer Schachten und Kohlschachten.

Der Große Latschensee

Der Große Latschensee bei Buchenau bietet eines der eindrucksvollsten Naturerlebnisse im Bayerischen Wald. Tiefblau spiegelt sich der Himmel mit den fernen Wolken im sonst moorigen Wasser. Legföhren und Moorfichten stehen regungslos am Ufer. Den Bürstling vorn hat der Herbst bereits goldgelb gefärbt. Das Bild atmet eine einmalige Stille. Hier rührt sich nichts! Kein Wind kräuselt das Wasser, kein Vogel singt. Wenn der Tag wärmer wird, steigen kleine Bläschen im Wasser hoch, und verspielte Libellen schwirren vorbei. Es scheint, als hielte die Natur den Atem an. Dieser Latschensee ist ein besuchtes Wanderziel. Damit die Natur nicht zu sehr leidet, hat die Forstverwaltung von der Hochschachtenstraße zum See einen Bohlenweg gelegt. So sehr er das Landschaftsbild beeinträchtigt, so notwendig ist er zum Schutz dieses einmaligen Naturreservats.

Wie konnten hier in 1100 Meter Höhe solch rätselhafte Seen entstehen? Wenn sich ein Niedermoor langsam zu einem Hochmoor wandelt, dann weichen die überwiegend krautigen Pflanzen anspruchsloseren, wie Blasensegge und Torfmoos. Ein Torfmoor wächst langsam in die Höhe. Wenn nach ergiebigen Niederschlägen die unterirdischen Quellabflüsse nicht mehr ausreichen, schaffen diese sich Hohlräume. Sie kolken aus. Stürzt eines Tages die darüberliegende Torfdecke ein, bildet sich eine Moordoline. Wird dabei der bisherige Abfluß abgequetscht, so sucht sich das Wasser einen neuen Weg. Es drängt zur Oberfläche und bildet einen langsam wachsenden Moorsee. Das von unten nachdrängende Wasser verläuft in der Torfdecke am Uferrand.

Das Quellwasser löst in den Moorseen ganz langsam den Torf zu einem schwarzen Humusschlamm auf. Beim Großen Latschensee ist die Humusschlammschicht etwa vier Meter hoch. Das kaffeebraune Seewasser hat nur eine Tiefe bis zu zwei Meter. An den Rändern ist die teilweise sechs Meter starke Torfschicht so dicht, daß man bis an den Seerand herantreten kann. Doch der schwankende Boden zeigt, daß der Untergrund nicht fest ist.

Wird eines Tages auch der Wasserzufluß zu einem Moorsee abgequetscht, so stirbt dieser langsam ab. Es setzt eine Verlandung ein, der Moorsee verwächst mit der Zeit.

Die schönsten Moorseen gäbe es jenseits des Grenzkammes, im Weitfäller Filz, der heute Rokytská slat heißt und 195 Hektar groß ist. Auf bayerischer Seite findet man Moorseen in der Schluttergasse und im versteckten Zwieselter Filz, hart an der Grenze.

Zwei Aufnahmen vom gleichen Platz – und doch zwei völlig verschiedene Bilder. Sie zeigen einen schon etwas verlandenden Moorsee in der Schluttergasse. Oben das Sommerbild: Hier herrscht das Grün vor, im Gras, im Heidelbeerkraut, bei den Bäumen. Mereswolken ziehen darüber und auf dem Wasser treiben grün-braune Pflanzeninseln. Ganz anders das Bild von einem klaren Oktobertag. Hoch stehen am blauen Himmel einige Föhnwolken, das Gras ist ringsum golden-gelb, und auch auf den Fichten liegt ein Hauch von Herbst. ◁

Die Fotos dieser Seite wurden alle im Zwieselter Filz gemacht, und auch sie zeigen den Wandel einer Landschaft vom Sommer zum Herbst. Auf dem Sommerbild oben ist das Gras so grün wie die Latschen, das triefend-nasse Moos ist gelblich-grün. Vorn ist ein kleiner Moortümpel, neben dem einige abgestorbene Latschenäste in der Sonne bleichen. △

Ganz anders die Herbstfotos. Bei dem mittleren hat es sicher schon einige Zeit nicht mehr geregnet, denn das Wasser im Moortümpel geht langsam zurück. Rauschbeerenbüschel leuchten im Hintergrund rot im Herbstlicht. ▷

Und dann dieser Moorsee im Zwieselter Filz. Ist es nicht erstaunlich, daß diese sich hier oben am Grenzkamm bilden, hier an der Wasserscheide zwischen dem Donau- und Elbegebiet? Vorn in der Mitte erkennt man den geknickten Halm eines breitblättrigen Wollgrases. Auch dieses Bild atmet Stille und Frieden! Ich war bisher dreimal auf diesem Filz, doch noch nie traf ich dort einen anderen Wanderer. Hoffentlich bleibt seine Unberührtheit auch weiter erhalten! ▷

Am Zwieselter Filz

Morgennebel steht über Filz und Wald. Die Bäume im Filz sind klein und verkrüppelt. Hier ist Kampfzone für den Wald. Das Wachstum geht nur langsam vor sich. Manch ein Baum fällt und versinkt in Sumpf und Moor, andere hat der Schnee krumm gedrückt, wie den vorne rechts. Ihm macht zudem der „Saure Regen" zu schaffen. Wie seine gelben Zweige zeigen, macht selbst vor dieser verkrüppelten Fichte das Baumsterben nicht halt. Hier kämpft alles, was da lebt, ums Überleben!

Im Sommerlicht zeigt sich diese Landschaft etwas freundlicher. Das Bächlein, in dem die Wasser aus den Moortümpeln abfließen, schlängelt sich durch dicke Moospolster, Farne stehen grün, doch kleinblättrig am Filzrand, und die schief gedrückte Fichte in der Mitte hat ihre besten Tage schon hinter sich, obwohl sie noch keine zwei Meter hoch wachsen konnte. Ein Bild voller Melancholie und Hoffnungslosigkeit.

Der Wald brennt! Feurig rot leuchten die Rauschbeeren am Rand des Filzes in der Herbstsonne. Sicher haben sie schon den ersten Frost hinter sich. Rauschbeeren gleichen den Heidelbeeren oder Schwarzbeeren, wie sie der Waldler nennt, doch ist ihr Fruchtfleisch weißlich. Ihre Blätter sind blaßgrün, glatt und unten wie von weißem Tau überzogen. Die Rauschbeere oder Trunkelbeere, wie sie auch genannt wird, wächst bevorzugt an feuchten Plätzen und verliert wie die Heidelbeere im Winter ihre Blätter. Rauschbeeren sind anspruchslos, sie kommen auch in der Tundra und in der Taiga vor. Vorn im Bild hat sich an zwei Stellen der Bärlapp in die Rauschbeerkolonie vorgeschoben. Zusammen mit den verkrüppelten Fichten bilden diese Pflanzen eine interessante Kampf- und Lebensgemeinschaft.

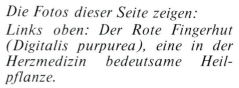

Die Fotos dieser Seite zeigen:
Links oben: Der Rote Fingerhut (Digitalis purpurea), eine in der Herzmedizin bedeutsame Heilpflanze.

Darunter: Kratzdistel.

Mitte oben: Der Ungarische Enzian oder Pannonische Enzian, der in der Bundesrepublik Deutschland außerhalb der Alpen nur noch im Bayerischen Wald vorkommt.

Ganz oben: Ein Kamm niedriger Legföhren, von Schmeller umgeben.

Blüten und Blumen auf Schachten und in Mooren

Die Flora ist nicht auf allen Schachten gleich. Je nach Höhe, Sonneneinstrahlung, Bewässerung und wohl auch ehemaliger Nutzung zeigen sich dem Kundigen Unterschiede. Erstaunlich ist eine gewisse Artenarmut der Tierwelt. Vom Hoch- und Rehwild einmal abgesehen, wobei man Rehe nur sehr selten sieht, habe ich auch im Winter kaum Wildspuren gesehen.

Alles aufzuzählen, was auf Schachten und in Mooren blüht und grünt, ist mir unmöglich. Wie viele es da gibt, hörte ich vor Jahren von dem unvergessenen Bayerwaldforscher Dr. h. c. Georg Priehäußer, der eigentlich mein „Schachtenlehrer" war. Zielstrebig ging er auf die verstecktesten Ecken dieses verlassenen Winkels zu, wo er die seltensten Pflanzen fand und nach ihnen Bodenquali-

Im Moor blüht mit weit nach hinten gestülpten Blütenblättern die Moosbeere. Blüten und Stengel sind nur etwa einen Zentimeter hoch (◁). Die reifen Moosbeeren leuchten im Herbst hellrot aus dem Moorboden. (◁◁).

Das Bild in der Mitte zeigt eine ganze Kolonie Rundblättrigen Sonnentaus in der Schluttergasse.

Diese Pflanze ist die einzige fleischfressende im Bayerischen Wald. Auf dem nährstoffarmen Hochmoorboden löst sie ihr Ernährungs-

tät, Landschaftsformung, Wasserverhältnisse und anderes bestimmen konnte.

Die Hälfte aller Gräser sind Schwingelarten, dann folgt an Häufigkeit die Drahtschmiele. Leicht zu erkennen ist der Bürstling, ein niedriges, zähes und kräftiges Gras.

Zahlreich sind auch die Seggen, Binsen und Simsen. Übrigens: Das Seegras, das im Gegenlicht so schön silbrig glänzt, wurde früher von den Waldlern gemäht, getrocknet und dann in die Strohsäcke und Matratzen gesteckt.

Weniger auf den Hochschachten, aber im Arbergebiet findet man auch den Bärwurz in Vernässungsmulden, der streng geschützt ist und aus dem ein kräftiger Bayerwaldschnaps gebrannt wird.

problem so: Ihre Blätter scheiden ein klebriges Sekret aus, das Kleininsekten anlockt und festhält. Die Drüsenhaare schließen die Beute langsam ein und das Blatt wölbt sich darüber. Nun lösen Verdauungssäfte die Fleischteile der Insekten auf. Diese Nährlösung wird von den Blättern aufgesogen. Man sieht gut die Blätter mit den Fangarmen, an denen klebriges Sekret in kleinen Tröpfchen glänzt. Oben wachsen Blütenstände heraus.

213

ABTEILAND UM RINCHNACH UND GOTTESZELL

Die Orte Gotteszell und Rinchnach haben auf den ersten Blick wenig Gemeinsames. Weder der gleiche Fluß noch eine direkte Straße verbinden sie miteinander. Doch beide Orte sind bedeutende Klostersiedlungen, die bis zur Säkularisation beachtlichen Einfluß im Inneren Bayerischen Wald besaßen. Rinchnach selbst kann als Keimzelle der Kolonisation des inneren Waldlandes bezeichnet werden. Hier siedelte sich schon 1011 der selige Gunther an, ein Niederalteicher Mönch, und 1019 weihte hier Bischof Berengar von Passau die erste einfache Holzkapelle. Zweihundert Jahre später ließ Graf Albert IV. von Bogen Kloster und Siedlung niederbrennen. Rinchnach wurde wieder aufgebaut, doch erst unter Abt Altmann von Niederalteich wurden die Klostergebäude in Stein umgebaut. 1597 brannten Kirche und Propstei nieder, 1693 durch einen Blitzschlag abermals, und 1703 zerstörten österreichische Truppen die noch halbverfallene Propstei. Dies war Anlaß für Abt Joscio Hamberger von Niederalteich, ab 1708 die Propstei nebst Richterhaus und Brauerei neu erbauen zu lassen.

Gotteszell, eine Stiftung des kinderlosen Ministerialen Heinrich von Pfelling, der den Maierhof Droßbach dem Kloster Aldersbach mit der Bestimmung schenkte, ein Zisterzienserkloster hier zu errichten, wurde 1286 von Bischof Heinrich II. von Regensburg als Kloster genehmigt. Es erhielt den neuen Namen „Gotteszell". Die bayerischen Herzöge schenkten dem jungen Kloster Burg und Markt Ruhmannsfelden. Abt Gerhard Höger von Aldersbach ließ nach 1651 das Kloster neu aufbauen, das durch Feuer und fremde Truppen erheblich gelitten hatte.

Die Mönche Rinchnachs in besonderem Maße, aber auch die des Klosters Gotteszell haben ihre Umgebung als geistliche Herren und als Grundherren nachhaltig beeinflußt. Noch heute sind die Rinchnacher die „Klousterer".

Kirchdorf im Wald besitzt eine der sehenswertesten Barockkirchen des Abteilandes. Die ab 1204 zur Propstei Rinchnach gehörende gotische Kirche wurde 1708 von Abt Joscio Hamberger erneuert, 1756 von Abt Ignaz I. Lang nochmals umgebaut. Die üppige Innenausstattung schuf der Hengersberger Benjamin Schreiter. Die prächtige gotische Madonna mit Kind auf dem Hochaltar (um 1480) wird als Gnadenbild verehrt. Der Turm wird wegen seiner Ähnlichkeit mit dem Rinchnacher J. M. Fischer zugeschrieben. ▽

Rinchnach

Die ehemalige Propsteikirche Rinchnach halten Fachleute für die gelungenste Raumschöpfung der Kirchenbaukunst im Bayerischen Wald. Hier stand einst das älteste Gotteshaus des Waldlandes, das 1019 geweiht wurde. Als zu Beginn des 18. Jahrhunderts eine 1438 geweihte Kirche wegen Brandschadens abgetragen werden mußte, beauftragte Abt Joscio Hamberger von Niederalteich den schon damals berühmten Münchner Stadtmaurermeister Johann Michael Fischer, einen gebürtigen Oberpfälzer, mit dem Neubau. Fischer hatte bereits die Klosterkirche Osterhofen-Altenmarkt gebaut und für die Klosterkirche Niederalteich den Chor und die Türme. Obwohl Fischer in Rinchnach die vorhandenen Grundmauern übernehmen mußte, gelang ihm doch eine geniale Raumlösung, ein herrlicher überkuppelter Kirchenraum, der seinen Ruf als berühmtester Barockbaumeister weiter festigte. Fischer setzte in die Ekken des großen rechteckigen Langhauses Halbkreisnischen, in die Längsseiten Flachnischen, so daß optisch der Eindruck eines Ovalraumes entstand. Stichkappen und Gewölbe laufen in der Mitte auf eine Kuppel zu, deren Fresko die Kreuzesglorie zeigt. Das durch die Baukunst Fischers zu einem großzügig bewegten Zentralraum gestaltete Langhaus setzt sich nach Osten in einem überraschend schmalen Chor fort, den ein gut gearbeitetes Gitter von 1728 tatsächlich vom allgemeinen Kirchenteil abtrennt. Die Ausstattung ist nicht so üppig, daß die großartige Raumwirkung darunter leiden würde.

Die Bilder dieser Seite zeigen oben die sich bis zur Kuppel steigernde gewölbte Decke mit den breiten Gurtbögen, dem schönen Stuck von Ignaz Holzinger und den Deckenfreskos des Welser Malers Andreas Haindl. Der Blick über die Rinchnacher Ohe zur ehemaligen Propstei läßt noch heute Kirche und Wirtschaftsgebäude als einheitliches Ensemble gut erkennen.

Ruhmannsfelden

Der Markt Ruhmannsfelden – heute Verwaltungssitz für 8500 Seelen – geht auf eine Dienstmannenburg der Grafen von Bogen zurück. Als der letzte starb und die Burg im 13. Jahrhundert immer mehr verkam, erlaubte Herzog Heinrich XIII. von Niederbayern den Abbruch, wobei die Steine zum Ausbau des Klosters Gotteszell verwendet werden mußten. Vom 16. Jahrhundert an bis zur Säkularisation gehörte Ruhmannsfelden zu diesem Kloster, von dem es nach der Aufhebung eine überlebensgroße Steinfigur des hl. Bernhard von Clairvaux bekam (Bild unten).

Diese steht unweit einer aus Ruhmannsfelden stammenden Steinfigur des hl. Johannes Nepomuk vor einem Bürgerhaus, in dem noch die alte Kunst des Leinendrucks geübt wird, die hier seit Jahrhunderten heimisch ist. Vom alten Ortsbild ließen drei Brände kaum etwas übrig.

Gotteszell

Das Kloster Gotteszell wurde 1320 zur Abtei erhoben. Im 16. Jahrhundert blühte hier eine Wallfahrt zur hl. Anna, der Patronin der Kirche, welche sogar während der Reformationszeit anhielt. Doch dann kamen für das Kloster schlechte Zeiten: 1629 brannte es nieder, 1633 kamen die Schweden; Pest und Krieg ließen es schließlich aussterben. Doch das Zisterzienserkloster Aldersbach besiedelte es wieder, und Abt Gerhard Höger ließ nach seiner Wahl 1651 mit dem Wiederaufbau beginnen.

Die ehemalige Zisterzienserkirche ist eine dreischiffige Basilika mit drei ostwärts gerichteten Apsiden. Sie macht innen einen selten anheimelnden Eindruck, was nicht zuletzt auf die hochliegende Apsis, unter der sich die Sakristei befindet, zurückzuführen ist. Die Barockisierung wurde unter Abt Wilhelm II. Grafsturm (1716–1760) eingeleitet.

Sicher ist, daß dabei auch die Brüder Asam tätig waren. Von der Stukkierung Egid Quirin Asams ist leider fast nichts mehr erhalten. Sie wurde 1889 bei einer durchgreifenden Renovation entfernt. Dagegen wurde das übertünchte Apsisgemälde von Cosmas Damian Asam, die Himmelfahrt Mariens darstellend, 1940 von dem Münchner Kunstmaler Walter Scheidemandel freigelegt. Es wurde 1973 gründlich restauriert. Seine Maße sind mit acht mal fünf Meter beachtlich. Der Hochaltar, von dem nur der Aufbau original ist, wird von einer Anna Selbdritt bekrönt, welche als Gnadenbild verehrt wird. Dieses Gnadenbild war ursprünglich nur eine sitzende Madonna mit Kind aus der Gotik, der man im 17. Jahrhundert eine sitzende kleine Maria beifügte, so daß aus der früheren Madonna eine hl. Anna wurde. Ihre Verehrung wurde durch den Umstand verstärkt, daß man diese Figur unversehrt in der Asche des Kirchenbrandes von 1629 vorfand. 1729 beging man die hundertjährige Wiederkehr der Bildauffindung mit einer großen Festwoche, zu der besondere Ablässe gewährt wurden. Damals baute man auch zum nahen Kalvarienberg einen Kreuzweg und eine Heilige Stiege und führte sogar ein Festspiel auf. Heute wird das Gnadenbild von einem silbernen Wolkenkranz und einem goldenen Strahlenkranz umgeben. Eine ganze Reihe guter Plastiken an und auf der Brüstung zur Apsis erleichtert optisch den Übergang vom Kirchenschiff zum ehemaligen Mönchschor mit dem überwiegend in rötlichem Farbton gehaltenen Asamfresko. Auf dem Schalldeckel der Kanzel von 1729 steht eine Maria mit Jesuskind und daneben der predigende hl. Bernhard von Clairvaux, der zweite Gründer des Zisterzienserordens. Vor ihm ist ein bellendes Hündchen mit einem Spruchband „Canis latrator strenus", zu deutsch: „Der Hund bellt ohne Unterlaß", was auf einen Traum der Mutter des Heiligen hinweist, wonach ihr Sohn einmal die ganze Welt rufen werde.

Der Kalvarienberg gilt in seiner Form und Ausdehnung von 16,2 Hektar als einmalig im ganzen Bundesgebiet. 1960 wurde er gründlich restauriert, wobei man seine Kapellen und die in Terrakotta gearbeiteten Kreuzwegstationen wie zur Zeit der Errichtung 1729 wiederherstellte (unten links).

In der ehemaligen Abteikirche befindet sich in der rechten Seitenkapelle, der Apostelkapelle, eine großartige Abendmahlszene des Bildhauers Johann Paul Hager von 1750 mit dreizehn lebensgroßen und bewegt geschnitzten Figuren (unten Mitte und rechts).

Als Zisterzienserkirche hatte die Abteikirche nur einen kleinen Glockenturm über dem Hochschiff, der heutige Westturm wurde erst 1830 aufgeführt.

Von den alten Klosterbauten entzückt besonders ein dreigeschossiger mehreckiger Erkerturm neben der Torausfahrt nach Süden.

Das südliche Klosterland

Vor fast eintausend Jahren haben Menschen begonnen, das Innere des Bayerischen Waldes zu roden und aus Urwald fruchtbares Land zu machen. Sicher haben sich damals die Mönche nur in ihren kühnsten Träumen vorstellen können, daß es hier einst so fettes Gras für das Vieh und sogar Felder mit Mais gibt. Die Landschaft um Kirchberg und Kirchdorf ist hügeliges Land mit niedrigen Bergen, wo sich Wälder, Wiesen und wenige Felder abwechseln. Kirchberg rechts unten mit seiner wuchtigen Kirche aus Granitsteinen mit einem gotischen Chor wurde am 12. Juli 1146 als Schenkung des Gotthardberges an Abt Konrad von König Konrad III. bestätigt. Dies war der Beginn der Besiedlung dieser südlichen Randzone des Rinchnacher Klosterbereichs. ▷▽

△ Beinahe wäre dieses schöne alte Waldlerhaus in Grünbichl bei Kirchdorf im Wald 1981 abgebrochen worden. Es soll 1650 erbaut worden sein, aus Bäumen, die man zur Weihnachtszeit fällte und mit Ochsenblut konservierte. Der Grund für den Abbruch manch schöner alter Waldlerhäuser ist das Bundesbaugesetz, das vorschreibt, daß zur Verhinderung einer Zersiedelung der Landschaft Neubauten nur aufgeführt werden dürfen, wenn der spätere Abbruch der Altbauten gewährleistet ist.

Die Totenau

Die Regierung von Niederbayern erklärte zum 1. Oktober 1983 das Hochmoorgebiet "Totenau und umgebende Auen" zum Naturschutzgebiet. Damit wurde nach langen Bemühungen eine der letzten "ökologischen Inseln" im Inneren Bayerischen Wald dem Zugriff der Menschen entzogen. Dieses früher auch als "Ruselmoore" bezeichnete Naturschutzgebiet ist 148 Hektar groß und weist drei verschiedene Moortypen auf: Die eigentliche "Totenau" ist ein Hochmoor, die "Dornerau" ein Übergangsmoor und die "Reischau" ein Niedermoor. Das gesamte Naturschutzgebiet liegt in einer Höhenlage zwischen 700 und 800 Meter, es zählt also mehr zu den Tieflagen des Bayerischen Waldes. Die Unterscheidung zwischen Hochmoor und Niedermoor bezieht sich auch nicht auf die Höhenlage, sondern auf den Entwicklungsstand des Moores. In der Totenau ist die Torfschicht etwa acht Meter stark, im Niedermoor kann sie auch nur zwanzig Zentimeter betragen. Hochmoore haben im allgemeinen keine Verbindung zum Grundwasser. Die Pflanzen dort ernähren sich meist nur von nährstoffarmem Regenwasser, weshalb hier auch die Artenvielfalt gering ist. Im Hochmoor finden wir Moos- und Rauschbeeren, Sonnentau, scheidiges Wollgras, Rosmarinheide und vor allem Spirken, eine Art senkrecht wachsende Latschenkiefer. Im Niedermoor wächst das schmalblättrige Wollgras, Seggengräser, Niederklee, Sumpfblutauge und verschiedene Orchideenarten. In einem Übergangsmoor sind Pflanzen aus beiden Moortypen vertreten.

In den letzten Jahren haben Sturm und Schneebruch dem Baumbestand der Totenau sehr zugesetzt. Zu diesem Naturschutzgebiet gehören auch die Moorgebiete "Höllenau" und "Muckenau" zwischen den Dörfern Dösingerried und Höllmannsried.

BRAUCHTUM IM BAYERWALD

Brauchtum war im Bayerischen Wald früher eine Selbstverständlichkeit. Es war Teil des täglichen Lebens. Man übte diese Bräuche nicht, um sich zur Schau zu stellen oder den Fremdenverkehr anzukurbeln. Brauchtum lebte in den kleinen Gemeinschaften der Familie, der Sippe, des Dorfes. Dabei gab es oft schon zwischen benachbarten Dörfern größere Unterschiede. So stellte man in einem Dorf Totenbretter auf, im Nachbardorf dagegen nicht. Doch man darf sich nichts vormachen: Mit dem echten Brauchtum geht es auch im Bayerischen Wald dahin. Und je mehr alte Bräuche aussterben, desto größer wird die Reihe der Bücher und Veröffentlichungen, welche sich mit dem Brauchtum befassen, ein Versuch, Altes wenigstens schriftlich der Nachwelt zu erhalten. Was sollen zum Beispiel Goaßlschnalzer und Wolfaustreiber in einem Volksfestumzug an einem heißen Julisonntag? Den Wolf hat man am 10. November abends bei Dunkelheit ausgetrieben. Heute hat dieser Brauch seinen alten Sinn verloren, denn es gibt ja keine Hüter mehr, die ihren Jahreslohn einfordern, keine Wölfe, welche die Herden gefährden könnten und die man mit Lärm vertreiben müßte. Ist es eine alte Bauernhochzeit, wenn der Bräutigam mit einem Salzburger Trachtenanzug und die Braut mit einem Münchner Fantasiedirndl im großen Mercedes zur Kirche gefahren werden, nur weil später der Hochzeitslader mit Gstanzln zum „Abdanken" bittet, bevor man Geldscheine und Schecks in den Korb wirft? Es gibt Bräuche, die wurden in einigen Orten erst jetzt entdeckt, um bei Umzügen Fremde anzulocken, um den Umsatz der Brauereien anzukurbeln. Trotz allem ist der Bayerische Wald im Gegensatz zu anderen, meist schon verstädterten Landstrichen ein Gebiet reichen Brauchtums. Noch immer macht die Bäuerin drei Kreuze über den Brotlaib, bevor sie ihn anschneidet, noch immer geht der Bauer an Dreikönig mit Weihrauch durch Haus und Stall, damit Unheil abgewandt wird, noch immer wird der Maibaum aufgestellt, das Sonnwendfeuer abgebrannt.

Brauchtum ist vielfach religiös geprägt. Die Volkskundler unterscheiden zwischen Jahreslauf-, Lebenslauf- und Berufsbrauchtum. Am besten haben sich die sogenannten „Heischebräuche" erhalten, Bräuche, bei denen man Gaben erheischt, also erbittet. Das beginnt mit dem Neujahrsanblasen und endet mit dem Christkindlsingen.

Dreikönigsingen

Das Dreikönig- oder Sternsingen ist heute weit verbreitet. Dabei ziehen die Ministranten von Haus zu Haus, sagen ihren Spruch auf und sammeln dann meist Geld für die Mission ein. Einer der Sternsinger, der Balthasar, muß ein geschwärztes Gesicht haben, weil er den Mohr darstellt. Unser Foto zeigt Sternsinger in Grün bei St. Englmar, bei denen der Balthasar einen Sack trägt, mit dem er Naturalgaben einsammelt. Mancherorts wird den Sternsingern auch ein drehbarer Stern vorausgetragen.

Palmsonntag

Wenn die Natur erwacht, setzt wieder verstärkt ländliches Brauchtum ein. Am Palmsonntag steht es meist im Zusammenhang mit dem Einzug Jesu in Jerusalem. Zu Hause gilt derjenige als Palmesel, der als letzter aufsteht. Er wird dann entsprechend gehänselt. An verschiedenen Orten zogen oder trugen die Burschen einen hölzernen Palmesel mit einer Christusfigur umher und erbaten Gaben. Diese Umzüge außerhalb der Kirchen wurden von der Regierung Montgelas nach 1800 verboten. Ein Palmesel steht noch in der Klosterbibliothek in Metten. Das Dorf Winzer an der Donau besitzt noch einen ganz besonderen. Als man ihn vor hundert Jahren über die Donau setzen wollte, kenterte der Kahn, Jesus und der Esel verschwanden in den Fluten. Die Christusfigur konnte man später bergen, und vor einigen Jahren ließ man einen neuen Esel dazuschnitzen. So kann die Palmprozession in Winzer jetzt wieder stilecht stattfinden.

Am Palmsonntag werden in jeder Pfarrei des Bayerischen Waldes Palmkatzerl geweiht und Palmprozessionen, meist nur in der Kirche, veranstaltet. Doch es haben sich auch Palmprozessionen im Freien erhalten. Für die Kinder ist dies ein aufregender Tag. Wer hat die größte, wer die schönste Palmgerte? Da gibt es einen stillen Wettbewerb. Es soll Dörfer gegeben haben, wo nur die Kinder der Großbauern ganz lange Palmgerten mitführen durften. Die Gerten werden meist oben mit Weidenkätzchen, bunten Papierbändern und Blumen verziert, wie im Bild oben im Zellertal bei Steinbühl oder unten bei der Palmweihe an der Kirche in Stallwang. Die geweihten Palmkätzchen schützten vor Blitzschlag und wurden zu Hause am Dachboden aufgehoben. Kleine Palmkatzerlkränze werden noch heute in Regensburg auf dem Markt verkauft, damit man sie weihen lassen kann.

Hl. Grab in Breitenberg

Ein einmaliger kirchlicher Osterbrauch hat sich in Breitenberg erhalten. Am Karfreitag stellt man am Hochaltar ein Hl. Grab in Form einer barocken Guckkastenbühne auf. An den sieben hintereinandergestellten Kulissen werden Glaskugeln und Lichter befestigt. Wenn die etwa dreihundert Lichter brennen, so spiegeln sie sich tausendfach in den mit farbigem Wasser gefüllten Glaskugeln. Im Grab liegt unten die Figur des toten Heilands, oben steht eine umhüllte Monstranz. Während der Auferstehungsfeier werden vor dem „Gloria" alle Lichter gelöscht. Wenn dann der Geistliche in das Dunkel das „Gloria" anstimmt, erstrahlen schlagartig alle Lichter, das Allerheiligste wird enthüllt, und die Blaskapelle spielt den Auferstehungsmarsch. Mesner Johann Reischl erzählt, daß früher die Bauern für das Hl. Grab Talg abliefern mußten. In ihn wurden dünne Stäbchen, die man vorn mit Watte umwickelte, getaucht und später am Grab angezündet. Das gab ein warmes, schönes, doch stark flakkerndes Licht. Ein besonderer Mechanismus ließ beim Gloria den Leichnam Christi nach unten verschwinden, während oben ein Auferstehungsbild aufgezogen wurde.

Im nahen Schwarzenberg in Österreich und in Höglwörth in Oberbayern gibt es noch ähnliche Hl. Gräber. Hoffen wir, daß sie nicht aufgegeben werden.

Der Fischer-Peter von Vilshofen

Ein uralter Zunftbrauch wurde bis 1928 von der Vilshofener Fischerzunft geübt. Das Foto von 1985 zeigt den 1893 geborenen und 1987 verstorbenen Vilshofener Fischermeister Johann Baptist Gerhardinger mit einer rundum mit Münzen behängten Figur des hl. Petrus. Die Vilshofener Fischerzunft bestand jahrhundertelang aus zwölf Mitgliedern, ähnlich den zwölf Aposteln. Beim Jahrtag, also bei der Hauptversammlung der Zunft, wurde stets im Lokal der Fischer-Peter aufgestellt. Dies ist eine 55 Zentimeter große Figur aus Holz, mit Buch und Schwert und einem metallenen Heiligenschein. Alle drei Jahre wurde ein neuer Zunftvorsteher gewählt. Bei der Amtsübergabe mußte der bisherige Zunftvorsteher den Fischer-Peter seinen Zunftgenossen vorzeigen und ihm eine wertvolle Münze anhängen. 1930 trug der Fischer-Peter 120 Münzen, bis auf eine goldene alle aus Silber. Da 1928 der letzte Fischerjahrtag war, wurde der Brauch 360 Jahre lang seit 1568 geübt! Nach der Wahl eines neuen Zunftvorstands trug der älteste Fischermeister den Fischer-Peter in das Haus des neuen Vorstands. Dann wurde ein Faß Bier bis zum letzten Tropfen leergetrunken. Um 14 Uhr wurden Böller geschossen, und am Abend war großes Peterlmahl. An Peter und Paul wurde der Fischer-Peter in der Pfarrkirche aufgestellt, bei Wasserprozessionen wurde er in der Zille der Zunft mitgeführt.

Der Pfingstl

Vielerorts wird zu Pfingsten wie in Höllmannsried ein über und über mit Birkenzweigen umkleideter Bub von Haus zu Haus geführt, wo die Bubenschar einen so beginnenden Spruch aufsagt: „Der Pfingstl kimmt, der Pfingstl kimmt, der Pfingstl is scho do!" Nach einem „Juchhe" muß der Pfingstl tanzen und es gibt Geld und Gaben.

Die Bogener Kerzenwallfahrt

Als 1475 Stürme und eine Borkenkäferplage südlich der Donau große Schäden anrichteten, pilgerten die Holzkirchener mit einer großen Kerze zur Muttergottes auf den Bogenberg. Offensichtlich wurde ihnen Hilfe zuteil, denn sie gelobten, nunmehr alle Jahre eine Kerzenwallfahrt zum Bogenberg zu machen. So zogen 1986 zum 511. Male fromme Wallfahrer mit einer 13 Meter langen, mit etwa 75 Pfund rotem Kerzenstrang umwickelten Fichtenstange zum Bogenberg. Unterwegs wird die Kerze waagrecht von zwei Burschen getragen, während die übrigen Wallfahrer auf dem 75 Kilometer langen Weg betend hinterhermarschieren. Überall werden die Wallfahrer auf ihrem zweitägigen Marsch freudig begrüßt und mit Glockengeläute durch die Ortschaften geleitet. Am Pfingstsonntag ist zunächst auf dem Bogener Stadtplatz Mittagsrast. Dann kommt das schwerste Stück: Senkrecht muß die über einen Zentner schwere Pfingstkerze den steilen Weg zur Wallfahrtskirche und um diese herum getragen werden, bevor sie für zwei Jahre im Chor aufgestellt wird. Diese Leistung schaffen nur ganz kräftige junge Männer, die sich dabei abwechseln. Tausende von Gläubigen verfolgen staunend dieses Schauspiel großer Kraft und tiefer Gläubigkeit.

△ *Das schwerste Wegstück bei der Kerzenwallfahrt zum Bogenberg ist am Pfingstsonntag vom Stadtplatz in Bogen bis zur Wallfahrtskirche auf dem Bogenberg, bei dem die einen Zentner schwere Kerze abwechselnd von den kräftigsten Burschen senkrecht getragen wird.*

◁ *Auf dem Wallfahrtsweg von Holzkirchen bis Bogen tragen jeweils zwei Wallfahrer die 13 Meter lange Kerze waagrecht auf den Schultern.*

Das Englmarisuchen

Das über 1000 Meter hoch gelegene Pfarrdorf St. Englmar ist alljährlich am Pfingstmontag Schauplatz des Englmarisuchens. Dies geht auf die Überlieferung zurück, wonach sich hier an der höchsten Stelle des Bayerweges von Schwarzach nach Viechtach ein Eremit Englmar eine Zelle erbaute. Um das Jahr 1100 habe ihn sein Knecht und Gefährte aus Neid ermordet, den Leichnam unter Schnee und Reisig verscharrt. Ein Priester Ruodpert fand im kommenden Frühjahr um die Pfingstzeit den Leichnam, brachte ihn ins Tal und ließ über dem Grab eine Kapelle erbauen, die heutige Pfarrkirche. Das Englmarisuchen und die Überführung des durch eine bekleidete Holzfigur dargestellten toten Eremiten in das Dorf sind der Mittelpunkt eines alten Brauches, der als Englmarisuchen 1986 zum 135. Male ausgeübt wurde und der wie immer viele Schaulustige anlockte. Zur Suche nach dem vermißten St. Englmar brechen eine Gruppe historisch gekleideter Ritter, Reisiger und ein Geistlicher auf. Für die Überführung ins Tal werden extra zwei kräftige Ochsen gehalten, die den Toten auf einem Leiterwagen durch das Spalier der Zuschauer ziehen. In der Pfarrkirche, wo seit 1717 die Reliquien des Seligen aufbewahrt werden, endet das Fest mit einem Te Deum.

△ *Wenn die Figur des Seligen gefunden ist, wird sie, in einem Holzsarg gebettet, in feierlichem Zug ins Dorf gebracht, wo ein Gottesdienst und ein Festzug das Englmarisuchen abschließen.*

▷ *Mit einem Ochsengespann an der Spitze, gefolgt von Pfarrer, Reisigen, dem Grafen von Bogen und dem Abt von Windberg mit Jägern brechen die St. Englmarer am Pfingstmontag auf, um im Wald nach dem Leichnam des seligen Englmar zu suchen.*

Der Kötztinger Pfingstritt

Nach der Legende soll der Kötztinger Pfingstritt auf das Jahr 1412 zurückgehen. Damals rief man den Kötztinger Pfarrherrn zu einem Sterbenden nach Steinbühl. Doch die Zeiten waren unruhig, die Sitten rauh. Schließlich sollen sich einige Kötztinger Burschen bereiterklärt haben, den Geistlichen auf diesem Gang zu Pferd zu begleiten. Was unterwegs geschah, ist unbekannt. Vielleicht war es etwas Furchtbares, das die Kötztinger bewog, von da an alljährlich eine Pfingstprozession hoch zu Roß nach Steinbühl abzuhalten. Als nämlich 1633 die Schweden Kötzting in Brand steckten, ging auch das Rathaus mit allen Akten in Flammen auf, welche das Geheimnis hätten lüften können.
Es gibt noch weitere Legenden, doch scheint sich der Pfingstritt auch auf teils heidnisches Frühjahrsbrauchtum zu stützen, wie es auch das Pfingstfestspiel von Eugen Hubrich andeutet.

Jedenfalls ist eine Kommunalrechnung von 1670 vorhanden, nach der Bürgerssöhnen und Knechten, welche am Pfingstmontag „mit dem hochheiligen Guet zum Steinbichl" geritten sind, zwölf Kreuzer ausbezahlt wurden. Dies ist die älteste Rechnung über dieses Brauchtum. 1754 mußte der Kötztinger Pfarrherr seinem Bischof über den Umritt berichten. Er schrieb, daß „von unverdenklichen Jahren mit dem hochwürdigsten guet von Kötzting aus nach dem Filialgotteshaus steinbichl zu Pferdt" eine Prozession gehalten worden sei, wo „im hinreiten die vier Evangelien abgesungen werden". Der Pfarrer teilt dann mit, daß er von einem alten, glaubwürdigen Mann erfahren habe, daß man diese Prozession halte, da man in den dazwischenliegenden Waldungen Räubern entgangen sei. Warum man auf dem Rückweg einem Bürgerssohn ein Kränzlein, das zunächst am Allerheiligsten hänge, überreichte, habe er nicht erfragen können. Vielleicht deswegen, damit die Burschen lieber mit der Prozession gingen. Dieser Bürgerssohn gehe anschließend mit Bekannten durch den Markt und sammle Geld, das man am Abend beim Tanz vertrinke. Getanzt werde aber auch anderswo an Pfingsten. Der Pfarrherr schlug vor, die Übergabe des Kränzchens zu untersagen, was auch geschah. Drei Jahre später beantragten die Kötztinger Bürger die Wiederzulassung der Kränzchenübergabe. Später befaßten sich auch weltliche Behörden mit dem Pfingstritt, weil die Burschen dabei häufig schossen. Als man dies verbot, schworen sie 1785, am Pfingstritt überhaupt nicht mehr teilzunehmen.

Welches Fest der Kötztinger Pfingstritt ist und mit welch unwahrscheinlicher Anteilnahme die Bevölkerung daran teilnimmt, kann man nur beurteilen, wenn man nicht nur am Straßenrand die Reiter vorbeiziehen läßt.
1986 waren es genau 618 Pferde, welche dem Vorreiter mit dem Kreuz von der St.-Veit-Kirche in Kötzting bis zur Pfingstreiterkirche in Steinbühl folgten. 2664 klappernde Hufe, 618 wiehernde Pferde und ebenso viele betende Reiter in einem Zug, das ist ein Erlebnis, das sich nur sehr schwer mit Worten beschreiben läßt. Das ist ein Volksbrauch für die Seele, aber auch für Augen, Ohren und die Nase, denn wo erlebt man noch den würzigen Geruch vieler Pferde, der vor einigen Jahrzehnten eine Alltäglichkeit war. Wo sieht man überhaupt noch so viele Pferde auf einmal?
Im frühen Morgengrauen ziehen die Reiter aus allen Himmelsrichtungen nach Kötzting. Viele transportieren ihre Pferde schon im Transportwagen hinter dem Traktor, weil es für die Tiere auf den autoüberfüllten Straßen zu unruhig ist. Manche haben stundenweite Wege hinter sich. Doch am Ziel werden die Rösser mit Rosetten, Blumen und Spitzennetzen geschmückt, ihre Hufe schwarzglänzend gewichst. Um 8 Uhr rufen die Pfingstreiterfanfaren, die Glocken läuten schwer übers pfingstliche Land, und dann besteigt der Vorreiter sein Roß, nimmt das alte Kreuz und sie ziehen tausendfach klappernd hinaus. Gebete werden gemurmelt, Rösser gezäumt, Grüße zugerufen, während der Geistliche hoch zu Roß im weißen Chorrock den vier Evangelienkreuzen zustrebt. In der Nikolauskirche zu Steinbühl ist feierliches Hochamt, an dem die meisten Reiter nur über den Lautsprecher teilnehmen können, da die Kirche bereits bei ihrer Ankunft überfüllt ist. Doch um die alte hufeisenbeschlagene Kirchentür kann sich keine feiertägliche Stille ausbreiten, das lassen die Pferde nicht zu.

Beim Rückritt sind die Reihen meist gelichtet. Die Wallfahrt der Hufe zieht nochmals zur Veitskirche nach Kötzting. Dort kommt dann der Höhepunkt: Der Geistliche übergibt das Pfingstkränzlein, das er während des Rittes mit dem Kreuz auf seiner Brust trug, dem von Stadtrat und Pfarrherr bestimmten Pfingstbräutigam, und der feiert am Abend mit seiner Pfingstbraut die symbolische Pfingsthochzeit, die an den uralten Brauch der Hochzeit des Maigrafen mit der Maikönigin erinnert. Die Reiter bekommen Ehrenbänder und Standarten, je nachdem, wie oft sie schon dabeiwaren. Daher hält mancher Reiter vor sich seinen kleinen Sohn im Sattel. Jeder Mitritt zählt! Und weil es so schön war, wird die Pfingsthochzeit am Pfingstdienstag, der bis 1772 gebotener Feiertag war, wiederholt.

Pfingstritt in Kötzting, das ist mehr als nur ein gottgefälliges Ausreiten, das ist eine einmalige Demonstration der Kraft der Pferde mit dem Mut des Mannes und der Gläubigkeit der Waldler. Der Kötztinger Pfingstritt ist ein Fest ohnegleichen.

Musik – Bier – Tanz – Beten

Der an der Regensburger Emmeramskirche bestattete bayerische Geschichtsschreiber Aventin (1477 bis 1534), der wirklich Johannes Turmair hieß, schrieb vor 500 Jahren über das bayerische Volk: „Das baierisch Volk ist geistlich, schlecht und recht, geht und läuft gern Kirchfahrten, hat auch viel Wallfahrten, legt sich mehr auf den Ackerbau und die Viehzucht als auf den Krieg, dem es nit sehr nachläuft; bleibt gern daheim und zieht nicht viel zu Feld in fremde Länder; trinkt sehr, macht viel Kinder, ist etwas unfreundlicher und eigensinniger, wie es geht bei Leuten, die nit viel hinauskommen, gern daheim alt werden, wenig Handel treiben und fremde Länder und Gegenden heimsuchen; ... Tut sonst was es will, sitzt Tag und Nacht bei Wein, schreit, singt, tanzt, kartet, spielt, mag Wehr tragen, Schweinsspieß und lange Messer. Große und überflüssige Hochzeiten, Totenmahle und Kirchweihen zu haben ist ehrenhaft und unsträflich, gereicht keinem zu Nachteil, bekommt keinem übel." Was soll man dem noch anfügen? Hat sich in manchem so viel geändert? Eine zünftige Musik, eine frische Maß Bier, ein flotter Tanz und zum Ausgleich die Bittprozession durch die frühlingsgrünen Bischofsmaiser Felder (△) um eine gute Ernte oder die Wallfahrt zum Hangenleithen-Taferl (▷) hat noch immer die Waldler angelockt und begeistern können.

Gerade die hart arbeitenden Waldler lassen sich noch heute von den vielen Festen und Fahnenweihen begeistern. Diese und die Wallfahrten und Bittgänge geben ihnen Gelegenheit zum Treffen mit Bekannten und Verwandten. Sie sind Gemeinschaftserlebnisse, wie sie das Leben früher auf den einsamen Höfen und im tiefen Wald nur selten bot.

229

Sonnwendfeuer

Wenige Bräuche sind im Waldland so verbreitet wie das Abbrennen von Sonnwendfeuern. Dies geschieht am 24. Juni, dem Johannistag, kann aber auch bis zu drei Tage vorher, seltener nachher geschehen. Tagelang wird das Holz zusammengetragen. Je größer der Holzstoß, desto weiter ist das Feuer sichtbar, das möglichst auf einer freien Höhe abgebrannt wird. Auf die Spitze kommt die Wetterhexe, eine in alte Kleider gehüllte Frauengestalt. Es ist schon ein eindrucksvolles, geheimnisumwittertes Erlebnis, wenn die Flammen emporlodern und unter großem Hallo die Hexengestalt verbrennt, wenn auf den Höhen ringsum die Feuer leuchten, wenn die Jugend lachend tanzt oder scheu im Dunkel der Nacht verschwindet. Die Fotos zeigen das Johannisfeuer in Reichertsried bei Kirchberg im Wald, unten den Holzstoß mit der Hexe.

Arberkirchweih

Keine Bergkirchweih im Bayerwald ist so traditionsreich wie die Arberkirchweih, die man am Sonntag nach Bartholomäus, dem 24. August, feiert. Dieses wirkliche Bergfest wurde 1806 ins Leben gerufen. Damals mußten noch alle den Berg ersteigen, Bier und Brotzeiten wurden mit Ochsengespannen hinaufgeschafft. Heute kommen die meisten der oft dreitausend Gäste mit der Bergbahn. Sie werden von flotter Kirchweihmusik begrüßt, Trachtler entrollen ihre Fahnen und ziehen betend zum neuen, 1957 geweihten Arberkircherl. Wenn dann das kleine Glöckerl läutet, wenn die Waldlermesse erklingt und der Arberpfarrer seine „Bergpredigt" hält, dann hat das Waldjahr seinen Höhepunkt erreicht. Nirgends weitum ist man dem Himmel näher! Nachher wird zünftig musiziert rund ums Berghaus, wenn's nicht schon schneit hier oben!

Nach Trachten trachten

Einen geradezu phänomenalen Aufschwung erlebte nach dem Krieg die Trachtenbewegung. Tracht ist schick! Dirndlkleider und Trachtenanzüge sind selbst bei Nichtbayern gefragt. Als ich einmal einem Norddeutschen zusah, wie er eine Kniebundlederhose anprobierte, für die sein Bauch viel zu groß war, meinte er erklärend: „Da wer'n meine Kegelbrüda Oochen machen!" Der sagenhafte Zulauf bei den Trachtenvereinen wird auch von einer rastlos tätigen Trachtenindustrie genährt, die aus ortsbezogenen Trachten längst Trachtenmoden gemacht hat. Früher gab es beinahe in jedem Tal, ja in jedem Landort eine eigene Tracht. Damit hat das industrielle Zeitalter Schluß gemacht. Als 1842 Kronprinz Maximilian von Bayern aus jedem Bezirk ein Paar in ursprünglicher Heimattracht zu seiner Hochzeit einlud, mußten vielfach diese Trachten erst schnell angefertigt werden. Vornehmlich in einigen Gebirgsgegenden, nicht im Bayerwald, wurde Tracht bis heute ununterbrochen getragen. Doch die Wiederbelebungsversuche verlaufen positiv, und man kann zuversichtlich in die Zukunft blicken, wie auf dem Foto oben die Hirmonstaler aus Bischofsmais mit den großen Damen- und den niedrigen Herrenhüten, die sich auf dem Arber stolz zum Gruppenfoto stellten.

Martiniritt zu Miltach

Alles, was mit Pferden zu tun hat, ist bei den Waldlern beliebt. Da steckt Kraft dahinter, da kann man zeigen, welch gestandenes Mannsbild man ist. Das Pferd war der unentbehrliche Helfer in der Feld- und Waldwirtschaft, mit dem Pferd umritt man seinen Besitz, war man ein Herr. Kein Wunder, daß sich Veranstaltungen mit Pferden eines besonderen Zulaufs erfreuen.

Ein zeitgemäßer Pferdebesitzer im Bayerischen Wald hat den Transportwagen für seinen Vierbeiner einsatzbereit hinter dem Stall stehen, damit er immer rechtzeitig mit seinem Roß bei all den vielen Auf-, Um- und Festzügen zur Stelle ist.

Es ist unmöglich, alle Veranstaltungen mit größerer Pferdebeteiligung aufzuzählen. Das Pferdejahr beginnt im Waldland mit dem Osterritt in Regen am Ostermontag. An Pfingsten ist der Kötztinger Pfingstritt der Höhepunkt. Dann kommen die Volksschauspiele, der Further Drachenstich, Trenck der Pandur in Waldmünchen, die Neunußberger Burgfestspiele, die alle ohne Pferde nicht zu denken wären. Am 6. November ist St. Leonhard, Anlaß für die Leonhardiritte, die man teilweise aus alten Traditionen neu belebt hat, wie in Kellberg oder Oberpiebing, südlich von Straubing. Den Abschluß bilden dann die Martiniritte. In Münster bei Bogen hat man 1984 an eine alte Tradition angeknüpft, zumal die ehemalige Pfarrkirche eine Martinskirche ist. Hier wird am Abend geritten.

Den eindrucksvollsten Martiniritt veranstaltet Miltach mit alljährlich über hundert Reitern und Pferden. Man reitet aus dem Ort heraus über Wiesen zu einem Feldaltar, wo der Geistliche eine Andacht hält. Den Zug führen natürlich die Reiter an, die im Halbkreis um den Altar stehen. Ministranten tragen eine barocke Figurengruppe, die den heiligen Martin zu Pferd zeigt, wie er seinen Mantel mit dem Schwert teilt und die Hälfte einem Bettler gibt. Der Miltacher Martiniritt soll aus dem 18. Jahrhundert stammen. Er ist bestes Volksbrauchtum, denn wenn zu dieser Zeit die Nebel ziehen, dann wird nicht mehr wegen der Fremden oder der Fotografen geritten, sondern dann geht es um Althergebrachtes und um den christlichen Glauben.

Wolfaustreiben

Einen eindrucksvollen, jedoch schauerlich klingenden Brauch kann man am Vorabend des Martinstages, dem 11. November, erleben: das Wolfaustreiben. An diesem Tag war früher das Hüterjahr zu Ende, und der Hüter brachte das Vieh zurück ins Dorf und forderte seinen Lohn. Das ist heute vorbei, doch der Brauch hat sich erhalten, besonders im Zwiesler Winkel. In Rinchnach hat man schon 300 Wolferer gezählt. Am ursprünglichsten erlebte ich das Wolfaustreiben in Hochdorf. Es läuft so ab: Die Goaßlschnalzer, die früher noch mitzogen, schnalzen auf der Dorfstraße mit ihren kurzstieligen Peitschen kreuzweis im Takt. Dadurch entsteht ein Geknatter wie von Maschinengewehren. Wenn es ganz dunkel ist, brechen die Wolferer auf, voran der Hüter mit Horn und „Mirthasgirt", einer mit Wacholderzweigen umwickelten Gerte, dann folgen die Schöllerer mit ihren Kuhglocken. An jedem Hof scheppern zunächst die Burschen, dann sagt der Hüter seinen Spruch auf: „Jarzt kimmt der Hirt mit seina Girt, hot's ganze Johr mit Freid'n g'hüat!" Er schildert die Beschwernis des Hüterlebens und fordert den Lohn. In Hochdorf gehen die Wolferer noch meist in die Stuben. Zum Schluß kommt der Wechselruf mit den Schöllerern: „Buama, seid's allzamm do? – Jo! – Geht koana mehr o? – Na! – Riegelt's enk!" Und dann setzt wieder der ohrenbetäubende Lärm der Schöllen ein, der weit durch die Nacht klingt. Im Wirtshaus werden dann Geld und Gaben geteilt, und dann bestellt sich selbst der Jüngste eine Maß Bier, denn heut ist Hirtenfreinacht! Die Väter klemmen sich später ihren Nachwuchs unter den Arm und schleppen ihn heim!

Die Fotos vom Wolfaustreiben in Hochdorf zeigen oben den Auszug der Wolferer, voran der Hüter mit der Mirthasgirt, dann die scheppernden Buben, in der Mitte hat sich die Gruppe gerade geriegelt, und unten ist einer der Goaßlschnalzer beim Eintakten für das Kreuzweis-Schnalzen im Sechserschlag, Überbleibsel eines uralten Lärmkultes zur Vertreibung wilder Tiere und böser Geister.

Totenbretter

Zu den auffälligen, heute wieder eifrig geübten Bräuchen gehört das Aufstellen von Totenbrettern. Besonders im Mittleren Bayerischen Wald kann man ganze Totenbrettergalerien antreffen. Die ersten Totenbretter wurden wohl Ende des 18. Jahrhunderts aufgestellt. Damals waren im Waldland Särge zur Bestattung der Toten kaum üblich. Man legte den Verstorbenen in einem Leintuch auf ein Brett. Bei der Beisetzung ließ man den in das Leintuch gewickelten Leichnam einfach von dem Brett in das Grab rutschen. Davon kommt auch der Ausspruch: „Der is übers Brettl g'rutscht." Särge kamen erst zur letzten Jahrhundertwende auf. Ich sprach mit einem alten Schreinermeister, der als Lehrbub mit seinem Meister noch in den Häusern der Verstorbenen den Sarg anmaß und anfertigte. Bis dieser fertig war, lag auch damals der Tote auf einem Brett. Was nun mit dem Brett nach der Beerdigung anfangen? Forscher haben herausgebracht, daß man die Bretter häufig – nur mit drei einfachen eingekerbten Kreuzen versehen – über Bäche oder sumpfige Wegstellen legte, damit die Toten über die Wasser kommen. Später hat man Totenbretter dort aufgestellt, wo der Verstorbene häufig vorübergegangen war, an Wegen, an Haus- oder Stadelwänden. Man beschriftete und bemalte sie mit den Namen und Lebensdaten, bis sich nach und nach ein richtiger Kult entwickelte: Man versah die Totenbretter mit Sprüchen und Kurzgebeten und bemalte sie mit Sinnbildern. Sie sollten die Lebenden an die Toten erinnern, sie zum Gebet für sie anhalten. Nie wurde – wie heute – ein Totenbrett restauriert. Was verwitterte, was umfiel, blieb so. Mit dem Totenbrett verschwand auch die Erinnerung an den Toten. Die Fotos zeigen oben Totenbretter bei Grafenried, unten bei Sommersberg.

DURCH DIE REGENSENKE BIS ZWIESEL

Als Regensenke bezeichnet das Bayerische Staatsministerium für Landesentwicklung und Umweltfragen in seinem Regionalbericht 1974 für die Region Donau-Wald das Regengebiet östlich von Roding bis vor Schönberg. Doch diese Bezeichnung ist in der Bevölkerung nicht gebräuchlich. Niemand rechnet Bodenmais der Regensenke zu. Dort fühlt man sich zum Inneren Bayerischen Wald gehörig.

Regensenke ist an sich das Gebiet zwischen dem Vorderen Bayerischen Wald von St. Englmar bis zum Dreiburgenland und dem Hinteren Bayerischen Wald vom Ossergebiet bis zum Dreisessel. Diese weite Gebirgsmulde ist keine einheitliche Landschaft, weshalb sich dieser Abschnitt auch nicht genau an die naturräumliche Gliederung hält, nach der der Kaitersberg und das Gebiet um Regen und Zwiesel zum Hinteren Bayerischen Wald zählen, dem man neuerdings gerne die Bezeichnung „Innerer Bayerischer Wald" geben möchte. Nachdem es aber einen Vorderen Bayerischen Wald gibt ist ein Hinterer Bayerischer Wald an sich folgerichtig.

Die eigentliche Regensenke ist eine durch starken Zersatz und teilweise mächtige Gesteinsverwitterungen gekennzeichnete Gebirgszone mit tief eingeschnittenen Tälern. Der Regen und der Pfahl sind die Pole dieser Landschaft: Der Fluß hat die Senke ausgespült, der Pfahl trennt den Gneis im Norden vom Granit im Süden.

△ *Waldschmidtdenkmal auf dem Riedelstein (1133 m).*

△ *Der Kreuzfelsen, nördlicher Eckpfeiler des Kaitersberges (999 m).*

▷ *Die Wilden Rauchröhren beim Steinbühler Gesenke sind die eindrucksvollsten Felswände des Kaitersberges.*

◁ *Blick vom Steinbühler Gesenke zum Mittagstein (1034 m) mit der Kötztinger Hütte.*

Der Kaitersberg

Der etwa acht Kilometer lange Kaitersberg ist einer der markantesten Bergzüge am Rande der Regensenke. Er ist ein beliebtes Wandergebiet und der Hausberg der Kötztinger.
Hat man erst einmal den 999 Meter hohen Kreuzfelsen erklommen, dann geht es in rund 1000 Meter dahin, über Mittagstein, Steinbühler Gesenke und Riedelstein hinunter zum Ecker Sattel. Neben fantastischen Ausblicken bietet der Kaitersberg auch einige Überraschungen: die Räuber-Heigl-Höhle im Norden, die Wilden Rauchröhren beim Gesenke, durch deren senkrechte Felswände sich früher wohl auch die Wilderer nur mit Unbehagen durchschlichen, und das Waldschmidtdenkmal auf dem Großen Riedelstein, das 1909 für den Schriftsteller Maximilian Schmidt, genannt Waldschmidt (1832–1919), errichtet wurde.

Kötzting

Im Jahre 1073 wird Kötzting erstmals erwähnt. Die Stadt liegt malerisch am Ufer des Weißen Regen und gehörte früher zur Markgrafschaft Cham. Bischof Konrad IV. von Regensburg teilte es 1224 „auf ewig" dem Kloster Rott am Inn zu, doch dieses „ewig" hielt nicht ewig. 1614 konnte sich Kötzting von der Grundherrschaft des Klosters befreien. 1634 richtete das Kloster Rott am Inn wieder ein Filialkloster ein, das bei der Säkularisation aufgehoben wurde.

Kern der buckligen, in den letzten Jahren gefällig umgestalteten Altstadt ist die Pfarrkirche Maria Himmelfahrt inmitten einer burgähnlichen Ringanlage, in der auch die sehenswerte St.-Anna-Kapelle von 1680 steht. Originell ist das Rathaus mit dem modernen Pfingstreiterbrunnen davor. Eine umfassende Hochwasserfreilegung hat das Bild Kötztings vom Regen aus stark verändert.

Weißenregen

Westlich von Kötzting, hoch über dem Zusammenfluß von Weißem und Schwarzem Regen, thront die Wallfahrtskirche Maria Himmelfahrt in Weißenregen. Mit dem Bau begann man 1750, 1756 wurde sie geweiht. Das Gnadenbild ist eine einfache Muttergottes aus dem 14. Jahrhundert, der man später ein barockes Kind anfügte. Die Gruppe, in einen prächtigen Mantel gehüllt, steht auf dem Hochaltar.

Berühmtestes Inventar ist jedoch die Weißenregener Fischerkanzel, die man 1758 bei dem Kötztinger Bildhauer Johannes Paul Hager in Auftrag gab. Der Kanzelkorpus stellt die Seitenwand eines Kahnes dar, aus dem sich zwei Apostel hinausbeugen, um das fischbeladene Netz zu bergen. Ganz unten wird Jonas eben von einem Walfisch verschluckt. Jonas breitet zwar erschreckt die Arme, zeigt jedoch kein Entsetzen.

Schönau

Hoch über dem Regental mit einer herrlichen Aussicht liegt Schönau, weit abseits vom Durchgangsverkehr. Die Kirche zum Heiligen Kreuz besitzt eine Reihe ausgezeichneter Plastiken, die wie das Gotteshaus erst unlängst restauriert wurden. In einer Wandnische werden bemalte und beschriftete Totenschädel aufbewahrt.

Sackenried

Die Dorfkirche von Sackenried beherbergt eine Kostbarkeit: Der barocke Hochaltar enthält eine spätgotische Vierzehn-Nothelfer-Gruppe, denen die Kirche geweiht ist. Christus zeigt mit erhobener Rechten seine Wundmale, beidseits sind eindrucksvoll die Nothelfer gruppiert, ganz vorn der hl. Dionysius mit seinem Haupt in den Händen.

Viechtach und das „Veidareich"

Der Mittelpunkt der Regensenke ist das Gebiet um Viechtach. Es wurde ab dem 9. Jahrhundert vom Kloster Metten aus besiedelt. Nach den Hunneneinfällen kam die Rodungstätigkeit des Klosters Metten zum Erliegen, das Gebiet kam an die mächtigen und streitsüchtigen Grafen von Bogen, die es durch Ministerialen verwalten ließen. Darunter gab es bekannte Namen, wie die Nußberger, die schon 1126 auf Altnußberg nachweisbar sind und 1345 nach Neunußberg gingen, oder die Degenberger. Nach dem Aussterben der Grafen von Bogen kam das Gebiet an die Wittelsbacher, die in Viechtach ein Landgericht errichteten, das sie wohl auf einer schon bestehenden Gerichtsstelle der Bogener Grafen aufbauen konnten. Wegen seiner Größe wurde es in vier Unterämter geteilt. Man bezeichnete es daher auch als Viechtreich, ein Name, der 1350 erstmals auftauchte und letztmals in den Rechnungen des Straubinger Rentamtes von 1500 bis 1502 zu lesen ist. Vermutlich verschwand die Bezeichnung Viechtreich zu Beginn des 16. Jahrhunderts durch Abtrennung des Amtes Regen. Im Volksmund spricht man noch heute von einem „Veidareich", vom alten Viechtreich. Auf seine Ausdehnung deuten noch die Ortsbezeichnungen Hinterviechtach am Pröller und Ober- sowie Unterviechtafell bei Moosbach hin.

Von 1242 bis 1803 waren die Wittelsbacher Herzöge die einzigen, welche im Landgericht Viechtach durch ihre Richter das Hochgericht ausüben durften. Ihr Bezirk war kaum durch Fremdbesitz eingeengt. Von 1607 bis 1803 bestand auch noch ein wittelsbachisches Pfleggericht Linden. Erst 1818 wurde auf der Grundlage der Hofmarken und Hauptmannschaften das Gebiet in Gemeinden eingeteilt. Das Landgericht Viechtach, später Bezirksamt und Kreis, wurde 1972 im Zuge der Gebietsreform aufgelöst, die Stadt Viechtach behielt jedoch das Amtsgericht.

Viechtach ist ein wichtiger Verkehrsknotenpunkt, besitzt viele Schulen, einen beachtlichen Fremdenverkehr und bedeutende, doch nicht störende Industrie. Seit 1953 ist Viechtach Stadt.

Die beiden Fotos links zeigen den Blick über die Häuser von Baierweg und Unterdornach hinunter ins Aitnachtal und über den Palmbühl hinaus in die nebelerfüllte Regensenke um Viechtach, aus der sich nur einige Höhenrücken in den strahlenden Herbstmorgen emporstrecken. Dies ist tausend Jahre altes Rodungsland.

In der Stadtpfarrkirche St. Augustinus in Viechtach findet man die wohl lieblichsten Putten, die es im Bayerwald gibt. Die zierlichen Engelsköpfe beidseits des Chorbogens hat ein bisher unbekannter Meister in der Rokokozeit stukkiert, man nimmt an, daß er aus Wessobrunn kam. 1982 wurde das Gotteshaus gelungen restauriert. Es beherrscht eindeutig das Stadtbild und bildet mit dem Pfarrhof, dem Mesnerhaus und der St.-Anna-Kapelle, einer ehemaligen Friedhofkirche, ein sehenswertes Bauensemble.

Blick vom Brunnen auf das kleine Rathaus Viechtachs auf dem östlichen Stadtplatz. Der recht gefällige Bau aus dem 17. Jahrhundert ist zweigeschossig und hat unregelmäßige Fenster. Ein kleines Türmchen auf dem Vordach mit einer Uhr und einer Turmlaterne darüber gibt dem Verwaltungsbau etwas Gemütliches und Beschauliches. Dies kann man von dem stets lebhaften Stadtplatz mit seinen Geschäften und den aus allen Richtungen zusammenlaufenden Straßen weniger behaupten.

Neunußberg

Der mächtige rechteckige Wohnturm der Burg Neunußberg ist weithin zu sehen. Die Burg wurde von Konrad dem Nußberger um 1340 erbaut. Neben dem 25 Meter hohen vierstöckigen Wohnturm mit dem erst später aufgemauerten oberen Abschluß sind noch Teile der Umfassungsmauer und eines Rundturmes erhalten (▷).
Die Schloßkapelle stammt ebenfalls aus dem 14. Jahrhundert, doch wurden die Sakristei und die Vorhalle erst 1716 angefügt.
Im Böcklerkrieg stellten sich die Nußberger gegen den Herzog, der sie schließlich zur Herausgabe der Burg zwang. Zur Erinnerung daran werden seit 1968 im Sommer die Neunußberger Burgfestspiele aufgeführt, ein eindrucksvolles Beispiel volksnaher Darstellung eines heimatgeschichtlichen Themas.

Altnußberg

Das Dorf Altnußberg in der Gemeinde Geiersthal besitzt eine Rarität, wie nur wenige Dörfer in Bayern: Eine funkelnagelneue Burgruine! Am Sonntag, dem 30. Juli 1989, wurde sie in Anwesenheit von zweitausend begeisterten Gästen eingeweiht. Die Altnußberger verdanken diese Attraktion ihrem Bürgermeister Ludwig Hilmer. Er hatte anfangs der 80er Jahre die Idee, auf dem Burgberg einmal nach den Resten der mittelalterlichen Burg zu forschen. 1983 grub man die Mauerreste frei und staunte immer mehr, je weiter die Arbeiter in den Untergrund vordrangen. Reste der Burgkapelle und des Burgturms wurden ausgegraben, eine Zisterne und ein unterirdischer Fluchtgang entdeckt. Bald stand der Entschluß fest: Die Burg Altnußberg bauen wir wieder auf, wenn auch nur als Ruine! Mit Feldsteinen aus der Umgebung richtete man die alten Mauern wieder auf, den Burgturm baute man neu. Er ist jetzt 22 Meter hoch und kann bestiegen werden. Von seiner Höhe hat man eine herrliche Sicht nach Norden auf die Nachbarburg Neunußberg, nach Osten auf den Arber, südwärts auf Altnußberg, Geiersthal und Teisnach sowie auf den Hirschenstein. 1,5 Millionen DM hat der Aufbau der Burgruine Altnußberg gekostet. Bei den Grabungen fand man viele Gegenstände aus der Ritterzeit, für die man in Altnußberg ein eigenes Burgmuseum einrichtete.

Das Geschlecht der Nußberger hat die Burg wahrscheinlich in den Jahren 1174 bis 1194 errichtet. 1345 kam sie durch Verpfändung an die Degenberger, ein im Mittelalter bedeutsames Ministerialengeschlecht, welches die Burg später ganz erwarb. Im Böcklerkrieg, in dem sich 28 Ritter gegen Herzog Albrecht IV. verbunden hatten, ließ 1468 der Herzog die Burg dem Erdboden gleichmachen. Seither war sie eine Ruine.

Der Schwarze Regen

Der Schwarze Regen von Zwiesel bis zum Zusammenfluß mit dem Weißen Regen ist 60 Kilometer lang und der wildeste Abschnitt des ganzen Regenflußes. Das hat sich zwar etwas geändert, als man zur Stromerzeugung den Fluß 1923 bis 1925 für das Höllensteinkraftwerk und 1955 für den „Regener See" oberhalb der Kreisstadt anstaute und so seine Fließgeschwindigkeit erheblich verminderte. Trotzdem: Der Schwarze Regen hat noch heute auf weite Strecken den Charakter eines Wildwassers.

Besonders hinter der Kreisstadt Regen ist sein Lauf wild-romantisch. In großen Mäandern windet er sich durch das harte Urgestein des Gebirgsmassivs. Tief hat er sein Bett eingeschnitten, in dem zahlreiche rundgeschliffene Granitblöcke sich den Fluten entgegenstellen, die sich rauschend und schäumend daran brechen. Die wildeste Stelle heißt beim Volk „Bärenloch" und liegt nahe Meindlgrub. Das „Bärenloch" war besonders zur Trift- und Floßzeit gefürchtet. Obwohl man mehrmals Floßgassen heraussprengte, baute der Fluß immer neue Hindernisse auf, schwemmte Stein- und Sandhaufen an, die den Holztransport erschwerten. Eine weitere Besonderheit ist anschließend die große Regenschleife bei Teisnach.

Gewaltige Felsblöcke stellen sich dem Schwarzen Regen im Bärenloch entgegen. Würde das Wasser nicht an ihnen aufschäumen, so wäre es wirklich schwarz wie der Flußname sagt. Im Sommer, wenn der Regen wenig Wasser führt, finden Kenner auch ein stilles Plätzchen, wo man nach einem erfrischenden Bad auf den warmen Felsen sonnenbaden kann. Im Gebiet des Bärenlochs ist es einsam, besonders im Winter oder Frühling, wenn die Farne ihre hellgrünen Wedel langsam entrollen.

Burgruine Weißenstein

Auf dem höchsten Punkt des Pfahls steht in 775 Meter Höhe südlich der Stadt Regen die Burgruine Weißenstein. Sie wurde um 1100 von den Grafen von Bogen erbaut, kam nach deren Aussterben 1242 an die Bayernherzöge, die 1308 Eberwein von Degenberg damit belehnten. Da sich die Degenberger im Böcklerkrieg gegen Herzog Albrecht stellten, ließ dieser 1468 die Burg zerstören. Sie wurde bald wieder aufgebaut, kam wieder an die Bayernherzöge, die sie mit Pflegern besetzten, wurde im Dreißigjährigen Krieg schwer beschädigt und von den Panduren unter Trenck endgültig zerstört. Von der Höhe der Burgruine hat man eine herrliche Aussicht (▷). Im Wohnturm, den die Stadt Regen restaurierte und zum Museum ausbaute, lebte von 1918 bis zu seinem Tode 1973 der baltendeutsche Dichter Siegfried von Vegesack.

Dorfkapelle Fahrnbach

Fast jedes Dorf im Gebiet um Regen besitzt eine eigene Kapelle, die als Dorfmittelpunkt meist auf dem Anger steht. Fahrnbach bei Bischofsmais hat einen der schönsten Dorfanger. Die zur Angermitte ausgerichteten Häuser atmen noch etwas von der Atmosphäre alter Walddörfer. Die 1803 erbaute Kapelle mit einem weit vorspringenden und heruntergezogenen Dach und einem schindelgedeckten Zwiebeltürmchen besitzt einen sehr originellen volkstümlichen Altar. Die Madonna mit Kind im Strahlenkranz brachte man 1803 von einer Wallfahrt aus Neukirchen bei Hl. Blut mit, deren Wallfahrtsmadonna sie nachgebildet ist. Beidseits zwei verschieden bunt bemalte riesige Engel, zwei Leuchterengel, die Heiligen Florian und Sebastian und oben eine Heiligenberger Muttergottes, dies alles ergibt ein einmaliges Kleinod volkstümlicher Sakralkunst.

Ausblicke – Rückblicke

Vom Turm der Burgruine Weißenstein hat man eine fantastische Aussicht. Auf dem oberen Foto geht der Blick nach Nordosten: In der Mitte erkennt man Schweinhütt mit seinem modernen Kirchturm und darüber am Horizont das Falkensteinmassiv mit seinen unermeßlichen Wäldern.
Auf dem Bild rechts ist die Aussicht in entgegengesetzter Richtung zu sehen, also nach Südwesten. Nur ein Gehöft ist zu erkennen, sonst nur Wiesen und sehr viel Wald. Im Hintergrund sind Geißkopf und Einödriegel, die an ihren pistendurchfurchten Bergflanken gut auszumachen sind.
All dies war vor eintausend Jahren undurchdringlicher Urwald und wurde von den Menschen in mühevoller Arbeit zum Kulturland gemacht. Wieviel Schweiß hat dieses so herrliche Land schon gefordert, wieviel Hunger haben die Menschen hier schon leiden müssen?

Kreisstadt Regen

Regen ist wirtschaftlich und verwaltungsmäßig das Zentrum des Mittleren Bayerischen Waldes. Für den Straßenverkehr ist Regen eine Drehscheibe ersten Ranges. Das merkt man, wenn man in Stoßzeiten durch die Stadt fahren will. Hierzu braucht man Geduld. So ist das Problem Nr. 1 der Stadt der Bau einer Umgehungsstraße. Regen soll wieder gemütlicher und lebenswerter werden. Diesem Ziel dienten auch der Umbau des Stadtplatzes und die Anlage eines Kurparkes auf der Regeninsel. Regen ist ein beliebter Urlaubsort und muß dem Rechnung tragen. Die Regener sind bekannt, daß sie Feste zu feiern verstehen, allen voran das Pichelsteinerfest Ende Juli, das einzige Volksfest Europas, das einem Eintopfgericht gewidmet ist. Es geht zurück auf die „Erfindung" des Pichelsteiner-Eintopfes durch die Grattersdorfer Wirtin Auguste Winkler. Für eine Wandergesellschaft hatte sie 1847 aus Verlegenheit diesen Eintopf gekocht und auf dem Gipfel des 830 Meter hohen Büchlsteins im Vorwald servieren lassen, woher dieses Gericht auch seinen Namen bekam. 1874 kamen die Regener auf den Gedanken, diesem Eintopfgericht ein Fest zu widmen.

Regen besitzt im Zweigwerk der „Optischen Werke G. Rodenstock, München" den größten Arbeitgeber im Waldland, wo über 2500 Beschäftigte Spezial- und Brillengläser herstellen. Die Stadt hat einen regen Handel, hier finden große Viehmärkte statt, und zahlreiche mittlere Gewerbe- und Handelsbetriebe machen den Ort zu einem bedeutenden Wirtschaftsplatz. Das Landratsamt ist für das mittlere Waldland Verwaltungszentrum und die Bundeswehrgarnison rundet das Bild einer jungen, aktiven Stadt ab. Im Kulturzentrum „Fressendes Haus" in Weißenstein und im Niederbayerischen Landwirtschaftsmuseum erkennt man die Bemühungen der Stadt, kulturell nicht zurückzubleiben.

Der Regen umfließt im Stadtgebiet von Regen zwei Inseln. Der rechte Flußarm ist aufgestaut. So bilden der muntere Fluß, das über die Felsen gischtende Wasser mit der steil dahinter aufsteigenden Stadtkulisse, die von der mächtigen Martinskirche bekrönt wird, ein schönes Stadtbild.

Die Pfarrkirche wurde mehrmals erweitert. Ihr mächtiger Hauptturm war wohl einst Wehrturm und hatte ursprünglich keine Verbindung zur Kirche. Nach mehrmaligen Erweiterungen bilden jetzt der große Turm mit dem von der romanischen Urkirche stammenden kleinen Turm und der mächtigen Kirche einen beherrschenden Komplex im Stadtbild.

Regen dehnt sich hauptsächlich an den nach Norden ansteigenden Höhen aus, wie der Blick von der Ruine Weißenstein links oben zeigt. Es hat zwei recht bemerkenswerte Nebenkirchen. St. Johann im Westen der Stadt und die Heilig-Geist-Kirche im Süden in der Nähe der Bahnlinie. Hans II. von Degenberg hat dieses Kirchlein als Spitalkirche zwischen 1421 und 1425 erbauen lassen. Die bei einem Stadtbrand zerstörte Inneneinrichtung wurde in der Barockzeit erneuert. Das Altarbild am linken Seitenaltar malte der Regener Franz Josef Sänftl 1737. Es zeigt Maria mit dem Kind, Johannes den Täufer, Johannes von Nepomuk, der seine von einem Sternenkranz eingefaßte Zunge der Gottesmutter entgegenhält, und ganz rechts den Bayerwaldheiligen St. Gunther (Bild links außen).

Ein Förderverein hat eine halbe Million DM für die Restauration des Spitalkirchleins von 1982 bis 1988 gesammelt.

Die Waldstadt Zwiesel

Der Name Zwiesel ist von Zwiesal abgeleitet, denn hier fließen der Große Regen und der Kleine Regen zusammen. Angeblich sollen Goldwäscher in armseligen Holzhütten den Grundstock zu dieser Siedlung gelegt haben. Bei der ersten urkundlichen Erwähnung im Jahre 1254 in einer Steuerbeschreibung des Klosters Niederaltaich wird Zwiesel als „unbebautes Dorf" bezeichnet. Hier war der uralte Übergang der Straße von Bayern nach Böhmen über den Fluß, den man den Baier- oder Boierweg nannte. 1255 wurde verfügt, daß Zwiesel mit Kirche und Friedhof nach Regen gehöre. 1295 war Zwiesel eine Mautstelle und hatte 1312 bereits Marktrechte. 1539 verkaufte das Kloster Niederaltaich den Markt Zwiesel an die Degenberger, und 1560 verlieh Herzog Albrecht V. von München-Oberbayern Zwiesel als Wappen einen Kürassier in Helm, Rüstung und mit Schwert, der heute noch als „Zwiesler Ritter" das Stadtwappen ziert. 1906 erhielt Zwiesel das Stadtrecht, Regen erst im Jahre 1932.

Zwiesels Stadtspruch lautet: „Fein Glas und gut Holz, sind Zwiesels Stolz!" Dieser Spruch stimmt fürwahr, denn Glas und Holz prägen zusammen mit dem florierenden Fremdenverkehr den Charakter der heutigen Stadt.

Zwiesels große Sehenswürdigkeit ist das 1966 eröffnete Museum „Wald — Heimat — Glas" neben dem Rathaus, das bisher rund 2,5 Millionen Besucher zählte und in weitem Umkreis nicht seinesgleichen hat. Dieses Museum ist eine Attraktion ersten Ranges, und die vielen, vielen Besucher zeigen, daß hier wirklich etwas Herausragendes geschaffen wurde.

Doch die Stadt ist auch in anderer Hinsicht anziehend: Sie besitzt eine ausgezeichnete Gastronomie, gute Glasgeschäfte, einige weltberühmte Glasfabriken unterhalten eigene Werkverkaufsstellen, ein schön gelegenes Freizeitzentrum mit Bad und Campingplatz. In Zwiesel laufen zwei Nebenbahnen in die Bayerwald-Hauptbahn von Plattling nach Bayerisch Eisenstein, welche ab 1877 das Wirtschaftsleben im inneren Wald gewaltig ankurbelte. Das Foto oben zeigt Zwiesel vor dem 1312 Meter hohen Großen Falkenstein im Hintergrund, dem Hausberg der Zwiesler. Zwiesel hatte mehrmals unter Krieg und Brandkatastrophen zu leiden. Das heutige Ortsbild wird von der St.-Nikolaus-Stadtpfarrkirche beherrscht, die 1898 geweiht wurde. Links hinter dem gewaltigen Turm erkennt man die Bergkirche, ein kleiner Kirchenbau aus der Barockzeit, und die gelbe Hausfassade vor dem Kirchturm gehört heute zu einem bekannten Gastronomiebetrieb, war aber früher Teil der alten Pfarrkirche.

Das Bild zeigt es eindeutig: Zwiesel verdient die Bezeichnung „Waldstadt" wirklich. Seine Lage nahe des Bayerwaldhauptkammes, seine Bedeutung als Eisenbahn- und Straßenknotenpunkt und sein Gewicht als Industrie- und Handelsort machen Zwiesel zur Drehscheibe des Inneren Bayerischen Waldes.

Pfarrkirche St. Nikolaus

Die katholische Pfarrei Zwiesel ist die größte im Bistum Passau. Ihre St.-Nikolaus-Kirche besitzt den mit 86 Meter höchsten Kirchturm des Bistums. Der 68 Meter lange dreischiffige Kirchenraum ist der drittgrößte des Bistums. Architekt war Johann Schott aus München. Schott war Spezialist für Bauten im nachempfundenen Stil. Er baute 16 Kirchen im Bistum Passau, so u. a. die neubarocke Basilika in Altötting und die neugotischen Kirchen außer in Zwiesel in Ludwigsthal, Neuschönau und Wildenranna.

Von 1987 bis 1988 wurde auf Betreiben von Stadtpfarrer Helmut Schuler der gewaltige Innenraum restauriert. Der Volksaltar von Horst Forchler ist aus 200 Keramikteilen zusammengesetzt, die bemerkenswerte Beleuchtung mit Opalglaszylindern an den Pfeilern schuf Rolf Krüger aus Zwiesel. Mit der jetzt farbiger und heller wirkenden Kirche besitzt Zwiesel eine der eindruckvollsten neugotischen Kirchen in Ostbayern.

Regen und Zwiesel — eine stille Städtekonkurrenz

Die Städte Regen und Zwiesel haben viel Gemeinsames, allen voran aber den Wunsch und Drang, von beiden die bedeutendere Stadt zu sein. Beide zählen rund 11000 Einwohner und sind nicht überreich mit Kunstdenkmälern gesegnet.

Doch sie besitzen Industrie. Regen mit den „Optischen Werken G. Rodenstock" den größten Arbeitgeber im Waldland, dem aber die „Schott-Zwiesel-Glaswerke A.G." nur wenig nachstehen. Der Ruf, daß Zwiesel kulturell die bedeutendere von beiden Städten ist, beruht wohl darauf, daß Zwiesel eine „Staatliche Fach- und Berufsschule für Glas", ein Gymnasium und eine Realschule besitzt, dem Regen nur eine Realschule und Berufsfachschule entgegensetzen kann. Zwiesel besitzt auch ein jetzt erst großzügig erweitertes Kreiskrankenhaus, hier wird alljährlich die Bayerwald-Kunstausstellung „Zwiesler Buntspecht" und der Volksmusikwettstreit „Zwiesler Fink" abgehalten. Beide locken Akteure und Besucher aus weitem Umkreis an.

Lagemäßig liegt Zwiesel ideal, in nächster Nähe steigen die höchsten Bayerwaldberge empor, so daß jede Art von Wintersport hier großgeschrieben wird. Regen hat sich als Zentrum des Eisstockschießsports einen Namen gemacht und dem Eissport eine eigene große Halle errichtet.

Doch Regen hat das Landratsamt für den Landkreis Regen-Viechtach, das die Zwiesler so gerne gehabt hätten. Es wurde auch nach dem Kriege von Regen nach Zwiesel verlegt, doch in einer Nacht und- Nebel-Aktion haben sich die Regener das Landratsamt 1946 wieder zurückgeholt, indem sie dort einfach Akten und Schränke einpackten und wieder nach Regen zurückbrachten.

Beide Städte bemühen sich sehr um ein schönes Stadtbild. So haben beide ihre Stadtplätze umgebaut, am Regen wurden Parkanlagen geschaffen, und Umgehungsstraßen sollen den Verkehr von den Ortskernen fernhalten.

LEBENSADERN DES WALDLANDES

Das Gebiet des Bayerischen Waldes war früher mit seinen undurchdringlichen Wäldern naturgemäß verkehrsfeindlich. Lediglich die Donau im Süden, an der einst die Römer haltmachten, und – viel bescheidener – den Regen im Norden konnte man als Verkehrswege ansprechen. Die ersten Siedler im Waldland kamen sicher mit schmalen Pfaden aus. Erst der Salzhandel nach Böhmen, wo das „weiße Gold" nicht vorkam, war die Veranlassung dafür, daß man regelrechte Steige über den Gebirgskamm anlegte. Als älteste Verbindung quer durch den Bayerwald wird der Bayer- oder Boierweg angesehen, der schon zur Merowingerzeit von Deggendorf über Zwiesel nach Böhmen führte. Von Passau, wo das Salz aus dem Gebiet um Berchtesgaden umgeschlagen wurde, führte der „Goldene Steig" nach Bergreichenstein, Winterberg und Prachatitz. Dieser Saumpfad wurde bereits 1010 urkundlich erwähnt. Über Grafenau führte die „Gulden Straß", von Niederalteich der Gunthersteig ins Böhmische. Sie warfen guten Verdienst ab, weshalb ihre Bezeichnung nicht von ungefähr kam. Als Österreich 1706 die Einfuhr von Salz aus Passau und Bayern verbot, war die goldene Zeit dieser Steige vorbei.

Die Erschließung des Waldlandes mit Straßen ging nur langsam voran. Die erste Eisenbahn mitten ins Waldland war die Waldbahn von Plattling nach Bayerisch Eisenstein. Sie wurde erst 1877 eröffnet, 37 Jahre nach dem Verkehren der ersten deutschen Eisenbahn von Nürnberg nach Fürth. Oft waren Notstandsarbeiten der Anlaß für wesentliche Verbesserungen des Verkehrsnetzes. So vor über 60 Jahren beim Bau der Scheibenstraße von Lam nach Bayerisch Eisenstein oder der Lokalbahn Zwiesel–Bodenmais, die 1928 als letzte bayerische Lokalbahn eröffnet wurde.

Gute Verkehrsverbindungen sind die Lebensadern der Wirtschaft. Der Bayerische Wald ist heute verkehrlich gut erschlossen. Er wird zwar im Süden von der Autobahn A 3 nur gestreift, doch das übrige Straßennetz kann bis auf einige notwendige Ergänzungen als gut bezeichnet werden. Die Eisenbahn befindet sich im Inneren Bayerischen Wald auf dem Rückzug, während sie auf den Randstrecken gut beschäftigt ist. Die Schiffahrt auf der Donau mußte in den letzten Jahren einen geringen Rückgang hinnehmen, nachdem sie kaum erwartete Transportmengen registriert hatte. Sie setzt jetzt große Hoffnungen auf die Eröffnung des Rhein-Main-Donau-Kanals.

Seit 1976 zieht in der ersten Augustwoche ein historischer Salzsäumerzug aus Schärding am Inn ins waldlerische Städtchen Grafenau.

Über 1000 Meter hoch führt die Scheibenstraße vom Lamer Winkel nach Bayerisch Eisenstein. Heute ist diese Straße auch im Winter stets befahrbar.

Die Ostmarkstraße von Bayreuth nach Passau ist die befahrenste Straße quer durch das Waldland. Sie wurde in den 30er Jahren erbaut.

△ *Mitten hinein ins Waldland zielt hier die Autobahn A 3. Rechts grüßt das mächtige Schloß Wörth a. d. Donau, an den Berghängen links wird sogar Wein gebaut.*

Die Straßen

Der Straßenverkehr ist für die Bayerwaldwirtschaft der mit Abstand größte und bedeutendste Verkehrsträger. Ihm folgen Eisenbahn, Rohrfernleitungen und schließlich die Schiffahrt. Unter diesem Gesichtspunkt muß der 30. Mai 1984 als bedeutsamster Tag in der neueren Verkehrsgeschichte des Bayerischen Waldes bezeichnet werden, denn an diesem Tag wurde mit der Freigabe des 28 Kilometer langen Teilstücks Straubing–Deggendorf der Autobahn A 3 diese Europastraße von den Beneluxstaaten bis nach Österreich durchgehend befahrbar. Der Bau dieser Verkehrsmagistrale wurde bereits 1969 mit der Autobahnbrücke bei Schalding über die Donau begonnen, doch erst fünfzehn Jahre später konnte sie zwischen Regensburg und Passau voll befahren werden.

Für das Innere des Bayerischen Waldes und seinen autobahnfreien Nordteil haben einige Bundesstraßen lebenswichtige Funktion, so die Ostmarkstraße und die B 11 von Deggendorf über Regen an die deutsch-tschechoslowakische Grenze bei Bayerisch Eisenstein. Erst teilweise ausgebaut sind die neuen Trassen der B 20 Straubing–Cham–Furth i. Wald und die B 16 Regensburg–Roding.

Das Netz der Kreis- und Gemeindestraßen wurde in den letzten Jahren verdichtet und ganz beachtlich verbessert. Selbst im eigentlichen Wald wurde durch ein erstklassiges Forststraßennetz die Waldbewirtschaftung erheblich erleichtert und intensiviert. Einige Straßen sind sogar etwas zu groß geraten, wie ausgerechnet die Nationalparkbasisstraße, der man schnell mit einer Geschwindigkeitsbeschränkung auf 80 km/h den Charakter einer innerwaldlerischen Rennstrecke nahm.

Die Ruselstraße wurde 1803 begonnen und 1817 fertiggestellt. Diese heute teilweise dreispurig ausgebaute Paßstraße überwindet von Deggendorf in 6,2 Kilometer Länge bei Steigungen zwischen 5 und 13 Prozent einen Höhenunterschied von 386 Meter. ▽

Eisenbahnen

Der Bayerische Wald ist wie alle Gebirge eisenbahnfeindlich. So verwundert es nicht, daß er sehr spät und meist nur durch Nebenbahnen dem Eisenbahnverkehr erschlossen wurde. Die Grundlinien des ostbayerischen Eisenbahnnetzes wurden auch nicht vom Staat, sondern von der kgl. privilegierten Aktiengesellschaft der bayerischen Ostbahnen, einer Privatbahn, zwischen 1858 und 1875 erbaut. Alle bedeutenden Eisenbahnstrecken führen nur an seinem Rand entlang. Wichtigste Strecke ist die Donautalbahn Regensburg–Passau als Glied der internationalen Eisenbahnverbindung zwischen Nordwest- und Südost-Europa. Die Strecke Schwandorf–Furth i. Wald ist Teil der für den Güteraustausch wichtigen Verbindung Nürnberg–Prag. Die Hauptbahn Regensburg–Hof hat nach dem Kriege viel von ihrer früheren Bedeutung verloren. Die Haupteisenbahnstrecken Ostbayerns leben vom Durchgangsverkehr. Der Grenzbahnhof Passau Hbf. registrierte im Jahre 1985 420000 Güterwagen in Ein- und Ausfuhr, der Grenzbahnhof Furth i. Wald 180000.

Beachtlich ist, daß im Bayerischen Wald eine kleine Privatbahn, die Regentalbahn AG. in Viechtach, drei nur über DB-Strecken untereinander verbundene Nebenbahnstrecken betreibt. Immer mehr wird zudem der Reisezugverkehr zugunsten des Busverkehrs eingeschränkt. Die Busdienste von Bundesbahn und Bundespost wurden am 1. 1. 1984 bei der Bundesbahn vereinigt.

Auf der Donautalbahn verkehren bedeutende internationale Fernzüge, wie die Intercity-Züge „Johann Strauß" und „Prinz Eugen", aber auch der „Ostende-Wien-Express", der „Wien-Holland-Express" und der „Donaukurier". ◁

Die Regentalbahn führt durch besonders reizvolle Landschaften. Hier ein vierachsiger Personentriebwagen am Regen bei Miltach. △

Der Schnellzug D 468 Prag–Furth i. Wald–Schwandorf mit Zugteilen nach Dortmund und München im Sommer 1986 unmittelbar an der Grenze. DB-Lok und Zug befinden sich auf dem Bild noch in der ČSSR. ▽

Schiffahrt

Einzig schiffbarer Fluß im Bereich des Waldgebirges ist die Donau, deren Lauf von Regensburg bis zur Landesgrenze bei Jochenstein 178 Kilometer lang ist. Schiffahrt wurde auf der Donau sicher seit jeher betrieben. Seit 1696 gab es schon planmäßige Ruderschifffahrten bis Wien, die Ordinarifahrten. 1837 verkehrte auf der bayerischen Donau das erste Dampfschiff, das in Regensburg gebaut worden war.

Mit dem Ausbau der Häfen Passau und später vor allem Regensburg hat sich der Schiffsverkehr ganz beachtlich gesteigert. Während 1930 auf der bayerischen Donau nur rund 250 000 Tonnen Güter befördert wurden, waren es im Jahre 1938 schon 1,4 Millionen Tonnen. 1970 wurde eine Rekordmenge von 4 Millionen Tonnen erreicht. Seither ist der Güterverkehr auf der Donau rückläufig, doch hofft die Schiffahrt, daß sie mit der Eröffnung des Rhein-Main-Donau-Kanals einen beachtlichen Aufschwung nehmen wird. Die bedeutendsten Häfen sind ihrem Umschlag nach: Regensburg mit dem Luitpold- und Osthafen, Deggendorf und Passau mit dem Hafen Racklau und dem RoRo-Hafen Schalding.

Die Passagierschiffahrt in und ab Passau nimmt ständig zu und befördert jährlich über eine halbe Million Passagiere.

Blick in den 1963 eröffneten und bis 1972 erweiterten Regensburger Osthafen. Im Vordergrund zwei rumänische Schleppkähne, der rechte ist mit Schubschulter ausgerüstet und kann so auch vor einem Schubschiff eingesetzt werden. △

Das bulgarische Zugschiff „HADZI DIMITAR" mit zwei Schleppkähnen stromauf fahrend oberhalb Pfatter. ▽

Der „Eiserne Vorhang" fällt

Was für ein Tag, der 3. Februar 1990! Es war ein Tag mit strahlend blauem Himmel und zudem lag in diesem eigenartigen Winter im Februar im Eisensteiner Tal kaum Schnee. Die Bewohner der Grenzorte Bayerisch Eisenstein im Bayerischen Wald und von Zelezna Ruda, dem ehemaligen Markt Eisenstein im Böhmerwald, erlebten etwas Einmaliges: Zum ersten Male seit dem Kriegsende 1945 konnten sie ungehindert, ohne Visum und als Bundesdeutsche ohne Zwangsumtausch, die Grenze zwischen West und Ost und natürlich auch zwischen Ost und West passieren. Der „Eiserne Vorhang", wie die Grenze hier jahrzehntelang genannt wurde, fiel, wenn auch nur für einen Tag, doch die anwesenden Minister versicherten, daß sie alles daransetzen wollen, daß dieser Tag keine Ausnahme bleiben wird.

Die Anregung zu diesem einmaligen und geschichtsträchtigen Tag kam vom Bürgerforum Zelezna Ruda, wie Markt Eisenstein auf tschechisch heute heißt. Es wollte mit dieser Aktion zeigen, daß es trotz unterschiedlicher Nationalität und auch Gesellschaftsordnung möglich ist, Freiheit, Demokratie und Zusammenarbeit zwischen den Völkern zu entwickeln. Die Bürgermeister von Bayerisch Eisenstein, Josef Gabriel, und von Zelezna Ruda, Frantisek Kaspar, hatten hierzu einen Aufruf erlassen, in dem es hieß: „Gerade jetzt ist es uns ein Bedürfnis, zum Ausdruck zu bringen, daß wir alle gemeinsam etwas tun müssen, damit nie wieder Diktaturen ein Volk in den Ruin treiben und Völkerfreundschaft zerstören können". Durch diese öffentliche Bekundung der Völkerfreundschaft wolle man „der ganzen Welt zeigen, daß auch wir durch unsere Kräfte zum Aufbau besserer menschlicher Gesellschaften beitragen wollen".

Höhepunkt dieses „Tages der offenen Grenze" sollte eine Menschenkette von der Pfarrkirche in Zelezna Ruda bis zur etwa vier Kilometer entfernten Pfarrkirche in Bayerisch Eisenstein sein. Fünftausend Menschen, so hatte man errechnet, brauchte man für dieses Symbol, doch als es dann soweit war, konnte die Kette stellenweise gar nicht gebildet werden. Es waren zu viele Menschen gekommen. Über 50000 schätzte man, davon mit Sonderbussen und Sonderzügen aus Prag und Pilsen, aus Karlsbad und Klattau und natürlich zu Fuß etwa 40000 Tschechen von jenseits der Grenze. Es wurde ein wahres Volksfest, und der „Bayerwald-Bote„ schrieb treffend: Die gute Stimmung lag greifbar in der Luft!

Mit einem solchen Ansturm hatte niemand gerechnet. Die tschechischen Grenzbeamten mußten tausendfach das tun, was sie an diesem Tag eigentlich gar nicht zu tun brauchten, sie mußten die Pässe derjenigen abstempeln, welche einen Erinnerungsstempel in ihren Paß an diesen denkwürdigen Tag haben wollten.

Vormittags fand vor dem deutschen Zollhaus eine Kundgebung statt, bei welcher der Vorsitzende des Bürgerforums Zelezna Ruda, Ivan Kalina, betonte, wie er sich über diese Rückkehr der Tschechoslowakei nach Europa freue. Die Bürgermeister der Nachbarorte tauschten ihre Gemeindefahnen aus, Musikkapellen spielten auf, Tschechen in Nationaltracht tanzten auf der Straße, aus den Wurstbuden strömte würziger Bratwurstduft und an den Obst- und Südfrüchteständen herüben herrschte rege Nachfrage. Alte Bekannte schüttelten sich die Hände, und in mancher Familie Bayerisch Eisensteins wurden bis vor wenigen Stunden völlig Unbekannte von drüben herzlich bewirtet.

Die höchsten Gäste, es waren der bayerische Umweltminister Alfred Dick und für die jetzt „Tschechoslowakische Föderative Republik" heißende Tschechoslowakei deren Außenminister Jiři Dienstbier, versicherten, daß man den scheußlichen Stacheldraht so bald als möglich entfernen müsse. Sie und zahlreiche Ehrengäste, darunter die Bundestagsabgeordneten Ernst Hinsken und Robert Leidinger, welche Grüße ihrer Parteien überbrachten, trafen sich in Zelezna Ruda im Hotel „Javor", zu deutsch „Arber", zum Mittagsmahl.

Nachmittags 15 Uhr gab es einen weiteren Höhepunkt. In der von zwei schindelgedeckten Zwiebeln bekrönten Pfarrkirche Maria Hilf vom Stern von Zelezna Ruda zelebrierten der dortige Pfarrer Dr. Miroslaw Vlk und der Pfarrherr von Bayerisch Eisenstein, Erhard Schmidt, einen zweisprachigen katholischen Gottesdienst, der wegen des Andranges über Lautsprecher nach außen übertragen wurde. Pfarrer Dr. Vlk wurde übrigens am 31. März 1990 zum Bischof von Budweis geweiht.

Viele der Gäste aus der ČSFR hatten die Gelegenheit genützt und endlich einmal den Berg bestiegen, den sie jahrelang nur aus der Ferne sehen konnten, nämlich den Großen Arber. Als sie zufrieden und glücklich am Abend wieder über die Grenze zurückwanderten, kam der letzte Höhepunkt dieses so ereignisreichen Tages: ein großer Ball im Prinzensaal in Zelezna Ruda.

Das war ein Tag ohnegleichen, ein Tag, wie ihn das Waldland noch nicht erlebt hatte. Den „Eisernen Vorhang" gab es nicht mehr, eine Menschenkette zwischen den Pfarrkirchen beider Grenzorte hatte ihn durchbrochen.

Die beiden Fotos rechts zeigen die Ankunft der Abordnung aus Zelezna Ruda mit dem Transparent: „Eisenstein(en) ohne Eisenvorhang" und darunter die Abordnung mit der Gemeindefahne aus der böhmischen Nachbargemeinde!
Diesem verheißungsvollen Tag folgte bald die Öffnung neuer Grenzübergänge zwischen Bayern und der ČSFR, der Abbau der Grenzzäune auf ČSFR-Gebiet begann.

WINTER IM BAYERISCHEN WALD

„Ein Dreivierteljahr Winter und ein Vierteljahr kalt, das ist das Klima vom Bayerischen Wald!" So heißt ein alter Spruch und er hat nicht so unrecht. Das Klima des Bayerischen Waldes ist rauh und kalt, die Winter sind hart und schneereich. Nach dem Kalender dauert ein Winter drei Monate. Im Waldgebirge regiert er meist fünf, ja sechs und mehr Monate. Nicht überall, aber in den Mittel- und Hochlagen.

Am Großen Falkenstein mit 1313 Meter Höhe hat man von 1974 bis 1976 im Februar eine durchschnittliche Schneehöhe von 147,2 Zentimeter gemessen, im zwanzigjährigen Durchschnitt von 115,4 Zentimeter. Selbstverständlich lag an manchen Tagen noch viel mehr Schnee, der aber durch Sonne und Regen immer wieder zusammensackte. Finsterau südlich des Nationalparks hatte immerhin noch beinahe 87 Zentimeter Schnee. Das war doppelt so viel, wie das auf gleicher Höhenlage in den Alpen liegende Mittenwald mit 32,9 Zentimeter. Nach den Untersuchungen von Wissenschaftlern übertreffen in den Hochlagen von Arber, Rachel und Lusen Schneehöhe und Dauer die der Alpen mit ganz wenigen Ausnahmen. Als Extremwert wurde auf dem Großen Falkenstein im März 1962 eine Schneehöhe von 260 Zentimeter gemessen, in Finsterau 215 Zentimeter. Addiert man den täglichen Schneefall eines Jahres, so kommt man auf dem Großen Falkenstein im zwanzigjährigen Mittel auf 494,2 Zentimeter, das sind fast fünf Meter Schnee pro Jahr!

Den absoluten Kälterekord verzeichnete man nicht auf einem Gipfel, sondern bei der Nationalpark-Klimastation Klingenbrunn-Bahnhof. Dort zeigte das Thermometer am 7. Januar 1985 in fünf Zentimeter Höhe über dem Boden −39,1 Grad Celsius. Daß gerade dieser Punkt solche extremen Kältegrade aufweist, hat seinen Grund darin, daß die Kaltluft von den Rachelflanken ungehindert abströmen kann, die Station in einer Verebnungsfläche liegt, hinter der das Gelände wieder ansteigt. Dies alles begünstigt die Bildung von Kaltluftseen, zumal hier nur geringe Luftbewegungen herrschen. Im zehnjährigen Durchschnitt hat man hier im Februar 1986 absolute Minuswerte gemessen. So lag die Durchschnittstemperatur in zwei Meter Höhe bei −15,5 Grad Celsius, über dem Boden bei −22,4 Grad Celsius. Die niedrigste Temperatur war −34,4 Grad Celsius. Erstaunlich und ein Beweis für das Vorhandensein eines Kaltluftsees ist der Temperaturunterschied von 6,9 Grad Celsius bei 195 Zentimeter Höhenunterschied!

Fest steht: Wer diese Winter im Bayerischen Wald nicht kennt, der kennt auch den Bayerischen Wald nicht. Der erste Septemberschnee bleibt noch nicht liegen. Wenn im Spätherbst die wallenden Nebel in die Bergwälder einfallen, zaubert der Frost oft den ersten Rauhreif auf die Bäume. Und dann bleibt der Schnee liegen. Starke Schneefälle kommen meist aus westlicher Richtung. Bläst der Böhmwind von Osten, so wird es ungemütlich. Nun beginnt in der kalt-trockenen Luft der Schnee zu verwehen. „An der böhmischen Grenz' hots an Fuhrmo vawaht, ganz recht is eahm g'scheng, worum fahrt er so staad!" So heißt es in einem alten Volkslied. Doch diese Zeiten sind heute vorbei. Der Winter hat auch im Bayerischen Wald seine größten Schrecken verloren. Früher war der Winter für die Waldbewohner die schwerste Jahreszeit. Für sie mußte man gerüstet sein. Im Keller lagerten Kartoffeln und Kraut, im Kamin hing das Geräucherte, und das zu Weihnachten geschlachtete Schwein mußte mindestens acht Wochen herhalten. Sauere Milch, der Brein, wie man Hirsebrei nennt, und trockenes Brot waren die Ernährung der überwiegend armen Bevölkerung in der Abgeschiedenheit des Winters.

Das ist jetzt alles ganz anders. In jedem Dorf kann man heute Obst und Gemüse kaufen, bekommt Brot und wohl auch Wurst und Fleisch und kann ebenso abwechslungsreich essen wie in der Stadt. Das Auto macht zudem beweglich, Wege und Straßen werden geräumt. Es gibt Radio und Fernseher, täglich kommt die Zeitung, und mit dem Telefon kann man sich ohne Mühe mit der Nachbarin unterhalten oder einen Arzt anfordern.

Welche Mühe machte nur das Heizen! Man mußte Holz fällen, nach Hause fahren, sägen, hacken, stapeln und schließlich zum Herd tragen. Heute dreht man den Schalter der Heizung auf und damit ist alles für den ganzen Winter erledigt. Die Kühe werden mit einer Melkmaschine gemolken, die Milch von der Molkerei abgeholt! Wirklich: Die Winter sind im Bayerischen Wald nicht mehr das, was sie einmal waren, nämlich die lange, die schreckliche Zeit.

Die Häuser der Waldler werden jetzt auch höher gebaut, haben große, lichte Fenster. Man ist nicht mehr so stark von der Natur abhängig wie einst. Der Mensch hat sich von den Mühsalen des Winters mehr dessen Freuden zugewandt, er genießt den Winter!

Der Winter kommt

Der Winter zieht im Herbst vom Berg ins Tal, seinen Rückzug im Frühling vollzieht er umgekehrt, das ist selbstverständlich. Doch meist kommt der Winter nicht schlagartig, sondern nach und nach. Sein Kommen zu erleben gehört zu den besonderen Naturerlebnissen in unserer Waldregion.

Am Großen Falkenstein mit 1313 Meter Höhe und in Waldhäuser im Nationalpark in 945 Meter Höhe hat man im dreijährigen Mittel von 1974 bis 1976 schon im Oktober 5 Tage mit Schneefall registriert. Im November gab es auf dem Falkenstein schon durchschnittlich 11 Schneefalltage, in Waldhäuser nur 6,3. Bei Waldhäuser macht sich dabei neben der geringeren Höhenlage auch der Föhneinfluß bemerkbar. Im Durchschnitt von 15 Jahren gab es in Passau 115 Frosttage, in Zwiesel 157 und auf dem Großen Falkenstein 165. Heiztage, also Tage mit weniger als zwölf Grad, wurden in Passau in diesem Zeitraum 234, in Zwiesel 264 und auf dem Großen Falkenstein 316 registriert.

In den Hochlagen fällt die Hälfte aller Niederschläge als Schnee. Der Große Falkenstein hatte 72 Schneefalltage, Waldhäuser 54, Zwiesel 30 und Passau nur 14. Auf dem Großen Falkenstein fällt noch im Mai und Juni an mindestens einem Tag Schnee!

Auf dem Großen Falkenstein liegen von November bis April die niedrigsten Tagestemperaturen unter null Grad Celsius, also während fünf Monaten.

Hochsaison für die Wanderer ist im Bayerischen Wald die Zeit des „Altweibersommers", das ist im Oktober und noch zu Beginn des November. Doch in dieser Zeit kann man auch dem ersten Schnee begegnen, den ersten Reif erleben. Sie zeichnen in die leuchtenden Herbstfarben besonders reizvolle Bilder.

Die Bilder dieser Doppelseite sind keine Winterbilder, wie wir sie üblicherweise vom Bayerischen Wald kennen. Sie wurden alle im Vorwinter gemacht, das ist in den Hochlagen etwa Ende Oktober, anfangs November. Nach dem ersten großen Temperatursturz nach den letzten warmen Herbsttagen fällt der Regen oben auf dem Grenzkamm als Schnee. Nebel zieht über Filze und Schachten, die Natur beginnt zu schweigen.

Auf dem Enzianfilz links oben leuchtet das Gras mattgold in der nebligen Morgenluft. Wenn die Sonne herauskommt, dann wird sie diesen ersten Schnee bald weggeleckt haben. Der Nebel hat sich auch als Rauhreif auf den Bäumen niedergeschlagen, wie unten links auf dem Lindbergschachten. Der Nebel ist fort und die frühen Sonnenstrahlen fallen schräg auf die rauhreifglänzenden Baumspitzen.

Am oberen Waldrand des Lindbergschachtens ist es schon heller Tag. Vorn reckt sich ein Fingerhut mit seinen bereiften, lila Blüten in den klaren Spätherbstmorgen, während sich fern der Doppelgipfel des Rachel noch etwas unscharf in den klaren Himmel erhebt.

Auch am Arber hat sich mit dem ersten Schnee der Winter angemeldet. Die rotgefärbten Wolken in der Ferne verheißen bald neuen Schnee

Natürlich hat es da auch auf dem Zwercheck geschneit, zum ersten Mal in diesem Herbst. Nicht lange und auch hier wird der Tag diesen weißen Hauch wieder wegnehmen. Doch der Winter hat unmißverständlich seine Visitenkarte abgegeben!

Weiße Pracht

Ist das ein Winter! Noch aus den Bildern fühlt man die eisige Kälte, welche handgroße Eiskristalle zauberte und die alten Baumrecken auf dem Ruckowitzschachten im Eisregen erstarren ließ. Kalt überstrahlt die Sonne diese weiße Pracht. Und man spürt auch die unheimliche Stille, die aus den Bildern spricht. Hier singt kein Vogel, hier schleicht kein Wild, hier ist kein Mensch zu hören. Man ist ganz allein und wird andächtig! Dies ist nicht Menschenwerk. Es wurde erschaffen für uns, und wir sollten es bewahren.

Es ist beschwerlich, solche Herrlichkeit oben auf den Grenzkämmen zu schauen. Der Aufstieg ist lang und schwer und nur mühsam kommt man mit dem vollen Rucksack im Tiefschnee voran. Soll man umkehren? Lohnt sich überhaupt diese Strapaze, stundenlang immer nur bergauf? Doch dann hat man es geschafft und steht oben. Welche Herrlichkeit! Welche Einsamkeit! Welcher Friede und welche reine Luft! Da kann man nur stehen und staunen. Dünne Eiszapfen an einer Fichte auf dem Zwercheck zeigen, daß die Sonne mittags schon wärmt. Bald löst der Frühling die Natur aus ihrer Erstarrung!

Schneegeister

Früher erzählten sich die Waldler am warmen Herd Geister- und Gespenstergeschichten. Die Abgeschiedenheit, die langen Nächte und die Natur selbst waren dazu angetan, Gespenster zu sehen, Geister zu hören, Unholde zu fürchten.
Der Winter im Waldland hat viele Gesichter. Nicht alle haben Augen, sie zu sehen. Zieht da nicht ein Fabelwesen dahin, den Kopf tief vor den anderen Schneegeistern verneigend? Und das Geister-Pärchen hat sich wohl gerade wenig zu sagen, weil es sich den Rücken zukehrt? Auch bei den Schneegeistern gibt es eine Hierarchie. Das glauben Sie nicht? Vorn, von dichten Schneemänteln umhüllt, die kleinen Geister. Dahinter die Halbwüchsigen. Ihr Mantel ist nicht mehr ganz so dicht und sie haben sich meist schon an das Aufrechtstehen gewöhnt. Im Hintergrund wachen die argwöhnischen Altgeister darüber, daß die Ordnung eingehalten wird. Natürlich halten Schneegeister nur einen Sonmerschlaf. Im nächsten Winter kann man sie wieder oben auf den Bergkämmen stehen sehen. So ein Schnee- und Eismantel hat ein unheimliches Gewicht. Das kann bei einem Baumriesen in die Tonnen gehen. Kein Wunder, daß nicht alle so einen Schnee- und Eispanzer aushalten. Nicht wenige zerbrechen unter seiner Last. Manch kleiner Baum wird so zu Boden gedrückt, daß er im Frühjahr nicht mehr die Kraft hat, sich wieder aufzurichten. Ihn hat es erdrückt.
Im Winter hält auch heute noch das Waldland den Atem an. Wenn die untergehende Sonne den knirschenden Schnee rötlich aufleuchten läßt, dann senkt sich bald eine klirrend-kalte Nacht auf das Land, wie bei der Winterlandschaft bei Höllmannsried im Landkreis Regen. Dann verhallen das letzte Hundegebell und der dumpfe Schlag der Stalltür im Fauchen des Böhmwindes, der Mensch und Tier frösteln läßt. Wohl dem, der eine Hütte hat!

Winter am Großen Arber

Der Große Arber ist der einzige hohe Bayerwaldberg, auf dem es im Winter nicht ruhiger, sondern eher lebhafter wird. An schönen Tagen herrscht dort Hochbetrieb, und Sesselbahn und Skilifte befördern Tausende gipfelwärts. Der Arber bietet nämlich schon fast alpine Skifreuden.

Längs der Brennesstraße parken in langen Reihen die Autos, und das Surren der Lifte, das Lachen und Rufen der Skifahrer und nicht zuletzt das Trampeln mit den unförmigen Plastikskischuhen auf den Holzbohlen der Bergbahnstationen und des Berghauses bringen Leben und Lärm auf den höchsten Berg des Bayerischen Waldes. Jetzt gehört der Berg mehr der Jugend.

Im Winter ist die Arberkapelle geschlossen. Es käme wohl auch niemand, um hier jetzt ein Vaterunser zu beten. Kapellen- und Gipfelkreuz, der Fernsehumsetzer und nicht zuletzt die beiden Radartürme der Bundeswehr sind nun von Eis und Schnee überkrustet, und die langen Schneewehen zeigen, daß es hier oben oft ganz anständig wachelt, wie die Waldler das Wehen eines starken Windes bezeichnen.

In der von einem dicken Eispanzer bedeckten Arberseewand üben Bergsteiger das Eisklettern in beinahe senkrechter Wand. Was sie in 4000 Meter Höhe in den Alpen beherrschen müssen, können sie am Arber in 1200 Meter Höhe üben. Doch Vorsicht, hier ist jetzt Naturschutzgebiet!

Ende Februar, wenn die Sonne in der Seewand schon mehr Kraft entwickelt, werden die Eiszapfen immer länger und es ist lebensgefährlich, hier herumzusteigen. Bis zu sechs Meter, ja manchmal bis zu acht Meter Länge wachsen die riesigen Eiszapfen in die Tiefe und es gibt einen fürchterlichen Eiszapfenregen, wenn einer davon abbricht. Der Arber im Winter ist fürwahr kein leichter Berg!

Wintersfreud

◁ *Verschneiter Skiwegweiser auf dem Gipfel des Großen Arber mit Blick in den Lamer Winkel.*

▽ *Weltcup-Riesenslalom der Damen am Großen Arber.*

▽ *Einsamer Skiwanderer mit Hund auf gespurter Loipe bei Kirchberg i. W.*

Die größten Winterfreuden bereitet der Wintersport. Rodeln, mit Holzschuhen übers Eis schlittern, Schneeball werfen und Schneemänner bauen, das waren die Wintervergnügen schon vor hundert Jahren. Je dichter der Straßenverkehr wurde, um so gefährlicher wurde das Schlittenfahren. Da erlebte das Skilaufen einen ungeahnten Aufschwung. Zuerst fuhr man Tourenski. Man stieg die Berge hinauf und freute sich über das meist nur einmalige Vergnügen der Abfahrt. Schließlich baute man Lifte und Sesselbahnen. Jetzt ließ sich das Abfahrtsvergnügen öfter wiederholen. Die Skiausrüstung wurde verbessert: Kunststoffski, Plastikschuhe und Leichtmetallstöcke verdrängten auf den Pisten die herkömmliche Ausrüstung. Für die Skilangläufer und Skiwanderer schuf man eine spezielle Ausrüstung und präparierte überall Langlaufloipen. Mit heute über sechs Millionen Skifahrern in der Bundesrepublik ist diese Sportart eine der verbreitetsten überhaupt.

Seit langem ist aber im Waldland ein spezielles Wintervergnügen heimisch: das Eisstockschießen. Wann es erfunden wurde, ist nicht genau bekannt. Daß es viel Spaß macht, weiß ein jeder. Vor Jahren fragte ich in München auf einer Baustelle einen Waldler – es war im Dezember –, ob er den Winter durcharbeiten könne. Darauf meinte er nur: „Ja, i arbat do und dahoam dans' scho lang Eisstockschiaß'n!"

Für manche ist eben das Eisstockschießen eine Art fünfte Jahreszeit. Wenn man dabei einmal länger zugeschaut und vor allem zugehört hat, dann weiß man, daß dies wirklich ein Volkssport ist. Heute kann man auf Kunststoffbahnen sogar im Sommer Eisstockschießen. Brauereibesitzer Hans Hacker aus Gotteszell gewann in dieser Sportart 1936 bei der Olympiade sogar eine Goldmedaille!

Eisstockwettbewerb auf dem Großen Arbersee. Feste Wettkampfregeln und eine umfangreiche Spezialausrüstung machen heute das Eisstockschießen zu einem echten Wettkampfsport. So gibt es je nach Temperatur und Beschaffenheit des Eises verschiedene Laufflächen für die genormten Eisstöcke.
▽

Der längste Doppel-Sessellift des Bayerischen Waldes führt von Neukirchen bei Hl. Blut auf die Höhen des Hohenbogen-Massivs. ▷

Die Sesselbahn endet auf dem 1050 Meter hohen Gipfel des Ahornriegel, wo auch ein Berghaus steht und von wo man bei guter Sicht weit in den Lamer Winkel schauen kann. ▷

Wintersleid

Liegt der Schnee so hoch, daß man von den meterhohen Wächten gleich auf die niedrigen Dächer alter Waldlerhäuser steigen kann, dann reden auch die Waldler vom Schnee. Doch die schrecklichen Winter von einst gibt es nicht mehr, von denen die Alten so anschaulich erzählen und die das Leben in abgelegenen Walddörfern oft tagelang zum Erliegen brachten. Ich habe solche Winter noch in den 50er Jahren erlebt, wo ich zwei oder drei Tage in Waldhäuser oder anderswo aushalten mußte, bis die Straße wieder freigeschaufelt war und man hinaus konnte. Das ist jetzt anders. Nicht, daß es weniger schneien würde, doch die technischen Hilfsmittel im Kampf gegen den Winter sind viel wirkungsvoller.

Kaum beginnt es heutzutage zu schneien, rückt der Winterdienst aus und streut und räumt. Kommt es ganz stark, werden Schneefräse und Schneeschleuder eingesetzt. In kurzer Zeit haben sie auch in tiefen Schnee eine Fahrschneise gefressen, wie oben links in Zwieslerwaldhaus oder daneben bei Hohenau. Heute fahren viel mehr Kraftfahrzeuge und halten dadurch die Fahrspur auch bei starkem Schneefall befahrbar. Vorbei sind die Zeiten, wo jeder Autofahrer im Waldland im Winter eine Schneeschaufel und einen Sack Sand im Kofferraum mitführte. Der Winter hat seine Schrecken weitgehend verloren. Doch zwischen Straße und Haus muß der Waldler noch selbst für einen freien Weg sorgen.

Tief ducken sich die Häuser von Bischofsreut und Philippsreut hinter die Schneewälle, und es hat sicher einige Zeit gebraucht, bis man die Telefonzelle in Philippsreut wieder aus dem Schnee gegraben hatte. Der Waldler in Frauenberg hatte ein zusätzliches Problem zu bewältigen: Er mußte außer dem Fußweg zur Straße auch noch den Hausbrunnen mit dem steinernen Wassergrand freischaufeln.

In den Auswärts!

Es geht in den Auswärts, sagt der Waldler und meint damit: Es kommt bald der Frühling. Nun werden die Wälder wieder schwarz, die wärmende Sonne läßt den Schnee von den Bäumen rutschen und in die letzten Schneeflocken mischt sich plötzlich Regen. Schwer klatschen große Tropfen gegen die Fenster. Die Dächer der Waldlerhäuser schauen wieder rot oder braun in den Himmel, je nachdem, ob sie ein Ziegel- oder ein Blechdach tragen. Die Föhntage häufen sich, besonders im Unteren Bayerischen Wald und hier bei Mitterfirmiansreut, das sonst als ausgesprochenes Schneeloch gilt. Plötzlich ist einem, als höre man weiter und klarer als bisher und die Luft sei weicher. Nur noch wenige Tage und die ersten Stare sind da. Der Frühling hält seinen Einzug. Das geht oft recht langsam, doch unaufhaltsam.
Mit sinkender Schneedecke tritt auch die Struktur des Landes wieder deutlich hervor: Scharf ziehen die Steinmauern zwischen den Wiesen und kargen Feldern dunkle Streifen in die Flur, falls diese Zeichen langer Weidepflege nicht einer Flurbereinigung zum Opfer fielen. Die Tage werden länger, der Schnee stumpfer, die Natur und ihre Menschen rüsten zum Aufbruch! Es geht in den Auswärts!

△ ▷

Blick von Mitterfirmiansreut über die Grenze nach Osten in die Tschechoslowakei. Drüben wurden die Grenzsiedlungen meist abgebrochen. Die Grenze verläuft unten im Tal.

◁

Schulbuben unterwegs in Altschönau.

Holzziehen

Früher, als die Bergwälder noch nicht ein enges Forstwegenetz durchzog, schaffte man im Winter das Holz mit Schlitten zu Tal. Dieses Holzziehen war eine sehr gefährliche Arbeit, wie manches Marterl im Wald beweist. Dabei wurde im Akkord gearbeitet. Im ersten Morgengrauen gingen die Waldarbeiter los, richteten die Ziehbahn her und schafften die schweren Ziehschlitten hinauf in den Grenzwald. Mancher spannte dabei seinen Hund mit ein, denn im Schnee solch einen Schlitten kilometerweit bergauf zu ziehen, war Schwerstarbeit. Auf diese Winterarbeit waren viele Ziehhunde ganz wild. Dann mußte das Holz unter dem meterhohen Schnee gesucht, ausgeschaufelt und aufgeladen werden, was bei Stammholz nur gemeinsam möglich war. Damit die Schlitten nicht zu schnell wurden, hängte man an einer Kette als Bremse noch ein Bündel Holzprügel an, den sogenannten Anhang. War die tonnenschwere Ladung verstaut und verkettet, so setzte sich der Fahrer zwischen die aufgebogenen Schlittenhörner, in einer Hand einen Strick, über den er die Bremse bedienen konnte, mit der anderen umfaßte er die Schlittenkufe, um den Beindruck auf sein Gefährt besser übertragen zu können. Dicke Schneestrümpfe schützten Beine und Schuhe. Zwei Fahrten am Tag, mehr waren bei einer langen Ziehbahn nicht zu schaffen.

Diese Aufnahmen wurden am 1. April 1970 gemacht, als das Forstamt Buchenau aus dem Rachelrevier zum letzten Mal Scheitholz zum Forsthaus Schachten ziehen ließ. Obwohl schon Frühjahr, waren die Bäume oben am Aufladeplatz noch tief verschneit, unten beim Abladeplatz hatte der Wald sein Winterkleid schon verloren. Heute wird im Bayerischen Wald nicht mehr „Holz gezogen".

271

Inhalt

Seite

BAYERISCHER WALD
5–25

Entstehung des Waldgebirges 6, Land an der Grenze 7, Pfahl und Teufelsmauer 8, Ausblicke - Tiefblicke 9, Der Wald 10, „Mein Bayerwald" 11, Waldsterben - Waldschädlinge 12, Moos 13, Über den Wolken - Unter den Wolken 14, Wald und Wasser 15, Trinkwasserspeicher Frauenau 16, Rieslochfälle 17, Was wächst und kriecht denn da im Walde? 18, 19, Der Waldler 20, Der alte Schindelmacher 21, Heckenraine sind Jahrhundertwerke 22, Besiedlung im Zeichen des Glaubens 23, Vertriebenenmadonna Mitterfirmiansreut 24, Tussetkapelle in Philippsreut 24, Hinterglasbilder - gemalte Volkslieder, Votivbilder 25.

REGENSBURG — 2000 JAHRE GESCHICHTE IN STEIN
26–39

400 Jahre Römerherrschaft 27, Bereits im 4. Jahrhundert Christen 26, Romanik in Regensburg 28, Schottenkirche St. Jakob 28, Allerheiligenkapelle 28, Herzogshof 29, Klosterkirche Prüfening 29, Dom St. Peter 30, Regensburger Domspatzen 32, Dominikanerkirche 33, Kreuzgänge 33, Die Steinerne Brücke 34, Rathaus und Reichssaal 35, Karthaus Prüll 36, Gesandtengräber 36, Krypten und Schreine 36, Sehenswerte Bürgerhäuser 37, Die Alte Kapelle 37, Europäischer Städteadel 38, Charme einer alten Stadt 39.

REGENAUFWÄRTS VON REGENSBURG BIS CHAM
40–51

Der Regenfluß 41, Eisgang am Regen 41, Der Lauf des Regenflusses 42, Burgruine Stockenfels 43, Heilinghausen 44, Mühle Dicherling 44, Burg Stefling 45, Burg Hof am Regen 45, Kloster Reichenbach 46, Kloster Walderbach 47, Heilbrünnl 48, Roding 48, Regenpeilstein 48, Stimmungen am Regen 49, Thierlstein 49, Die Rötelseeweiher 50.

HOLZ UND HOLZWIRTSCHAFT
52–55

Holzfällen 53, Holzbringung 53, Eingemachtes Holz 54, Sägewerke 55.

DIE CHAM-FURTHER SENKE
56–63

Chammünster 56, Die Regen-Chamb-Senke 57, Cham 58, Furth im Wald 59, Land an der Grenze 60, Eschlkam 61, Neukirchen beim Hl. Blut 62.

DER FALKENSTEINER VORWALD
64–83

Donaustauf 66, Wörth a. d. Donau 66, Walhalla 67, Perlenbachtal 67, Hetzenbach 68, Rettenbacher Staussee und „Hölle" 69, Frauenzell 70, Burg Lobenstein 72, Schloß Schönberg 72, St. Ägidius in Schönfeld 73, Schloß Saulburg 73, Marienstein 74, Falkenstein 74, Kloster Windberg 76, Stallwang 78, St. Sixtus am Gallner 79, Kapellen am Wege 79, Oberaltaich 80, Sossau 82, Münster 82, Bogenberg 83, Vorwald - Einstieg und Ausklang 83.

STRAUBING — DIE GÄUBODENMETROPOLE
84–91

Sorviodurum 84, St. Jakob 86, Karmelitenkirche zum Hl. Geist 87, Kirche und Friedhof St. Peter 88, Bernauer-Kapelle 89, Prächtige Häuser 89, Hölzls Totentanz 89, Straubinger Tiergarten 90, Gäubodenvolksfest 91.

LANDWIRTSCHAFT IM BAYERISCHEN WALD
92–95

Die vierbeinige Milchfabrik 93, Früher viele Menschen — heute wenige Maschinen 94.

VON DEGGENDORF WALDWÄRTS
96–103

Kloster Metten 96, Neuhausen 98, Schloß Egg 98, Offenberg 98, Oberbreitenau 99, Ulrichsberg 99, Datting 101, St. Hermann bei Bischofsmais 102.

DEGGENDORF — TOR ZUM BAYERISCHEN WALD
104–116

Pfarrkirche Maria Himmelfahrt 106, Wandernde Altäre 107, St. Martin 107, Wallfahrtskirche Geiersberg 108, Sell'sche Apotheke im Stadtmuseum 109, Wallfahrt Halbmeile 109, Heilig-Grab-Kirche 110, Neue Altstadt 111.

VOM LALLINGER WINKEL NACH VILSHOFEN
112–117

Benediktinerabtei Niederaltaich 114, Schöllnstein 116, Handlab 116, Vilshofen 117.

DIE BRÜDER ASAM AN DER DONAU
118–123

Klosterkirche St. Emmeram in Regensburg 118, Ursulinenkirche Straubing 119, St. Margaretha in Osterhofen 120, Klosterkirche Aldersbach 123.

DER PASSAUER VORWALD
124–129

Die Erlau 126, Perlesreut 126, Ilz und Ohen 127, Fürsteneck 128, Neukirchen vorm Wald 129, Verkehrsweg Ilz 129.

DREIFLÜSSESTADT PASSAU
130–141

Panorama 132, 134, Dreiflußeck 136, Niedernburg 138, Wallfahrt Mariahilf 138, Neue Residenz 138, Dom St. Stephan 139, Museum Oberhaus 140, Passauer Glasmuseum 141.

DIE WEGSCHEIDER HOCHFLÄCHE 142—151

Die „Neue Welt" 143, Webereimuseum Breitenberg 144, Der Webstuhl 145, Unterseilberg 146, Büchlberg 147, Hutthurm 147, Kropfmühl 148, Hammerwerk Blössl 148, Wegscheid 149, Waldkirchen 149, Hauzenberg 150, Thyrnau 151, Obernzell 151.

STEININDUSTRIE 152—155

Viel Steine gab's und wenig Brot 152, Vom Handbohrer zur Brennlanze 154.

DREIBURGENLAND 156—161

Fürstenstein 157, Englburg 157, Saldenburg 157, Herrliche Landschaft 158, Thurmansbang 158, Ranfels 158, Preying 159, Museumsdorf Bayerischer Wald 160, Die Napoleonkapelle 161.

NATIONALPARK BAYERISCHER WALD 162—177

Tiergehege im Nationalpark 164, Der Lusen 167, Der Rachel 168, Der Rachelsee 170, Die Rachelkapelle 171, Die Holztrift 172, Nicht nur ein Wäldermeer 173, Urwald 174, Stille Wasser, rauschende Wasser 176.

DER HAUPTKAMM DES GEBIRGES 178—191

Der Osser 178, Der Silberberg 180, Zwercheck 180, Lam 180, Der Kleine Arbersee 181, Der Große Arber 182, Der Große Arbersee 184, Ausblick vom Mittagsplatz 185, Der Große Falkenstein 185, Urwald Mittelsteighütte 186, Dreisessel und Dreiländereck 188, Dreisesselschutzhaus 189, Land am Dreisessel 189, Frauenau 190, Bauernmöbelmuseum Grafenau 190, Schloß Wolfstein 191, Die Buchberger Leite 191.

GLAS — KUNST UND GEHEIMNIS 192—197

Glasdruckerin 194, Glasgraveur 194, Glasmacher 195, Glasmaler 195.

SCHACHTEN UND HOCHMOORE 198—213

Waldschrat oder Wurzelwicht? 204, Das Schachtenhaus 206, Der Große Latschensee 207, Am Zwieselter Filz 210, Blüten und Blumen auf Schachten und in Mooren 212.

ABTEILAND UM RINCHNACH UND GOTTESZELL 214—219

Rinchnach 215, Ruhmannsfelden 216, Gotteszell 216, Das südliche Klosterland 218, Die Totenau 219.

BRAUCHTUM IM BAYERISCHEN WALD 220—235

Dreikönigsingen 220, Palmsonntag 221, Hl. Grab in Breitenberg 222, Der Fischer-Peter von Vilshofen 223, Der Pfingstl 223, Die Bogener Kerzenwallfahrt 224, Das Englmarisuchen 225, Der Kötztinger Pfingstritt 226, Musik- Bier- Tanz- Beten 228, Sonnwendfeuer 230, Arberkirchweih 231, Nach Trachten trachten 232, Martiniritt zu Miltach 233, Wolfaustreiben 234, Totenbretter 235.

DURCH DIE REGENSENKE BIS ZWIESEL 236—249

Kaitersberg 237, Weißenregen 238, Schönau 239, Sackenried 239, Viechtach und das „Veidareich" 240, Neunußberg 241, Altnußberg 242, Der Schwarze Regen 243, Burgruine Weißenstein 244, Dorfkapelle Fahrnbach 244, Ausblicke – Rückblicke 245, Kreisstadt Regen 246, Die Waldstadt Zwiesel 248, Pfarrkirche St. Nikolaus 249, Regen und Zwiesel – eine stille Städtekonkurrenz 249.

LEBENSADERN DES WALDLANDES 250—255

Die Straßen 251, Eisenbahnen 252, Schiffahrt 253, Der „Eiserne Vorhang" fällt 254.

WINTER IM BAYERISCHEN WALD 256—271

Der Winter kommt 258, Weiße Pracht 260, Schneegeister 262, Winter am Großen Arber 264, Wintersfreud 266, Wintersleid 269, In den Auswärts 270, Holzziehen 271.

INHALTSVERZEICHNIS 272—273

REGISTER 274—277

LITERATUR 278

DANK 279

FOTONACHWEIS, AUTOREN 280

Register

Wegen der Fülle der in diesem Buch enthaltenen Namen und Begriffe wurden im Register nur die wichtigsten aufgenommen. Nicht berücksichtigt sind die Worte „Bayerischer Wald", „Bayerwald" und damit zusammenhängende Bezeichnungen. Die Zahlen beziehen sich auf die jeweilige Buchseite.

Agnes Bernauer 89
Aicha vorm Wald 125
Aitnachtal 240
Albrecht, Herzog von Straubing 89
Albrecht IV., Herzog von München-Oberbayern 242
Aldersbach 117, 118, 216
Allhartsmais 22
Alteglofsheim 118
Altnußberg 242
Altschönau 173, 270
Arber, Großer 181, 182, 183, 231, 232, 259, 264, 266
Arber, Kleiner 181, 182
Arberkapelle 264
Arberkirchweih 231
Arbersee, Großer 15, 181, 184
Arbersee, Kleiner 41, 181, 184
Arberseewand 264
Arnschwang 57
Asam, Brüder 70, 118–123, 216
Asam Cosmas Damian 96, 118–123, 216
Asam Egid Quirin 117, 118–123, 216
Autobahn 246, 247
Aventin (Johannes Turmair) 228

Bärenloch 243
Bärenriegel 174, 175
Bayerisch Eisenstein 7, 41, 254
Bayerischer Plöckenstein 188
Bayerischer Waldverein 99, 182, 183
Benediktiner (Orden) 46, 56, 70, 80, 82, 96, 102, 114, 115
Bernhard von Clairvaux 216, 217
Bernrieder Winkel 112
Beten 228
Bibelriether, Dr. Hans 173
Bier 228
Binder Max 16
Bischofsmais 228, 232
Bischofsreut 269
Bläßhuhn 50
Blaibachsee 41
Blindschleiche 19
Blössl Nepomuk 148
Bodenmais 17, 80
Bodenmais, Silberberg 180
Böcklerkrieg 241, 242, 244
Böhmerwald 22, 182, 205
Böhmwind 15, 256
Bogen 224
Bogenberg 76, 83, 224
Bogener Kerzenwallfahrt 224
Bohrlanze 154, 155
Borkenkäfer 12, 163, 224
Brauchtum im Bayerischen Wald 220–235
Braunbär 164
Breitenberg 143, 190, 222

Breitenberger Möbel 144
Breitenberger Webereimuseum 144, 145
Buchberger Leite 191
Büchlberg 147
Büchlstein 246

Carlone Giovanni Battista 87, 139
Castra Regina 27, 41
Cham 49, 57, 58, 60
Chamb 57, 59, 60
Chamerau 42
Cham-Further Senke 56–63
Chammünster 56, 61

Dachsriegel 57
Datting 101
Deggendorf 64, 96, 104–111, 113
Deggendorf, Altstadt 111
„Deggendorfer Gnad" 110
Deggendorf, Geiersbergkirche 25, 107, 108
Deggendorf, Heilig-Grab-Kirche 110
Deggendorf, Kirche Maria Himmelfahrt 105, 106, 107
Deggendorf, Kirche St. Martin 107
Deggendorf Knödelwerferin 111
Deggendorf, Rathaus 105
Deggendorf, Schaching 107
Deggendorf, Sell'sche Apotheke 109
Deggendorf, Stadtmuseum 109
Deggendorf Vorwald 96–103
Deggendorf, Wallfahrt Halbmeile 109
Dengler Georg 46
Dicherling 44
Dick Alfred 254
Dieberg 60
Dienstbier Jiří 254
Dieberg 60
Dösingerried 219
Donau 26, 42, 49, 66, 117, 130, 136, 246, 247
Donaustauf 66
Donautalbahn 248
Dreiburgenland 156–161
Dreiburgensee 160
Dreikönigsingen 220
Dreiländereck 188
Dreisessel 143, 178, 188
Dreisesselmassiv 143
Dreisesselschutzhaus 189
Dukatenfalter 19

Eckmüller Alois 21
Eckmüller Ludwig 21
Eder, Franz, Bischof von Passau 24
Egg, Schloß 98
Eging 152
Einödriegel 245
Eisch Erwin 192
Eiserner Vorhang 254
Eisenbahn 10, 180, 246, 248
Eisgang 41

Eisstockschießen 266, 267
Energieversorgung Ostbayern AG. 55
Englburg 156, 157
Englische Fräulein 157
Englmarisuchen 225
Entstehung des Gebirges 6
Enzianfilz 258, 259
Enzian, Ungarischer 18, 183, 212
Erdkröte 19
Erlau (Fluß) 125, 126
Eschenberg 14
Eschlkam 57, 60, 61

Fahrnbach 244
Falkensteiner Vorwald 64–83
Falkenstein, Großer 14, 176, 185, 248, 256, 258
Falkenstein, (Markt) 64, 74, 75
Fernwasserversorgung Bayerischer Wald 16
Feuchtinger Helmut 16
Fichtengespinstblattwespe 12
Fingerhut, Roter 212
Finsterau 7, 172, 174, 256
Fischer Johann Michael 73, 110, 114, 115, 120, 123, 214, 215
Fischotter 165
Fischer-Peter 223
Flachs 144
Fliegenpilz 18
Flößer 48
Flößerei 10
Floßfahrt 44
Forchler Horst 249
Franziskaner (Orden) 62
Frauenau 102, 190, 192
Frauenauer Alm 198, 202
Frauenberg 21, 189, 269
Frauenbründl 23
Frauenzell 64, 70
Freihung 8
Freyung 8, 125
Friedrich II., Kaiser 26
Friedrichsburg 143
Frühlings-Scharbockskraut 18
Fürsteneck 128, 129
Fürstenstein 156, 157
Further Drachenstich 59
Further Senke 178
Furth im Wald 7, 57, 59
Furth im Wald, Grenzbahnhof 7, 248

Gabriel Josef 254
Gäubodenmetropole 84
Gaißa 125
Gallner 79
Gehmannsberg 23
Geiersthal 242
Geiskopf 245
Geisling, Staustufe 66

Gerhardinger Johann Baptist 223
Gerholling 101
Gibacht 57
Glasdruckerin 194
Glas, geschundenes 197
Glasgravur 194
Glashütte 10
Glashütte Steigerwald 192
Glas – Kunst und Geheimnis 192–197
Glasmacher 195
Glasmaler 195
Glasveredelung 194, 195
Goaßlschnalzer 234
Götz Joseph Mathias 87, 123, 139
Goldener Steig 149, 191, 246
Gotteszell 214, 216
Grafenau 125, 246
Grafenauer Bauernmöbelmuseum 125
Grafenried 235
Grainet 146
Granitindustrie 150
Graphitmuseum 148
Graphitwerke Kropfmühl AG. 148
Greindl Fritz 94
Grenze 7
Großaign 7
Großer Latschensee 207
Großer Schachten 201, 206
Grün (Ort) 220
Grünbichl 218
Guglöd 173
Gunther, hl. 23, 214

Hacker Hans 266
Hacklberg 136
Haffnerzell 151
Hager Johannes Paul 216, 238
Haindl Andreas 215
Halbmeile, Wallfahrt 109
Hals b. Passau 125, 129, 136
Hamberger, Abt Joscio 214, 215
Hammerklause 15
Hammerwerk Blössl 148
Handlab 116
Hangenleithen, Taferl 228
Hauptkamm des Gebirges 178–191
Hausstein 112, 113
Hausweberei 149
Hauzenberg 150, 152, 153
Hauzenberg „Freudenseer Altar" 150
Hecken 22
Heidelbeeren, auch Blaubeeren 18
Heilbrünnl 48
Heiliges Grab 222
Heilig Kreuz b. Windberg 77
Heilinghausen 44
Heining 136
Hengersberg 95
Henselmann Joseph 139
Hetzenbach 68
Hinsken Ernst, MdB 254
Hinterer Bayerischer Wald 236
Hinterer Schachten 206
Hinterglasbilder 25
Hinterviechtach 240
Hirmonstaler 232
Hirschling 42
Hochdorf 234
Hochficht 143
Hochmoor 198, 207, 219

Hochschachten 201, 213
Hochstein 188
Hochstift Passau 7, 125
Hochweiden 198 ff.
Hölle (NSG) 69
Höllensteinsee 41
Höllensteinkraftwerk 242
Höllmannsried 219, 223
Höltl Georg 141, 160
Höser Vitus 80
Hof am Regen 45, 72
Hofkirchen 224
Hohenbogen 60, 62, 181, 267
Hohenzollern-Sigmaringen, Fürst von 183
Holz 52–55
Holzbringung 53
Holz, eingemachtes 54
Holzfällen 53
Holztrift 129, 172
Holzwirtschaft 52
Holzziehen 271
Hunding 113
Hutthurm 147

Jährlingschachten 203, 205
Jandelsbrunn 143
Ilz 125, 127, 129, 130, 135, 136
Immerwährender Reichstag 26
Innerer Bayerischer Wald 236
Inn 130
Innstadthäuser 132
Jorhan d. Ä., Christian 70

Kaikenried 95
Kalina Ivan 254
Kalte Moldau 189
Kaspar Frantisek 254
Kellberg 233
Kepler Johannes 37
Kiebitz 50
Kiefernspanner 12
Kirchberg im Wald 14, 218, 266
Kirchdorf im Wald 214
Klenze, Leo von 66, 67
Klima 15
Klingenbrunn 162, 176, 256
Knabenkraut 18
Kötzting 153, 226, 227, 238
Kötztinger Pfingstritt 226, 227
Kohlschachten 200, 201, 202, 204, 206
Kratzdistel 212
Kropfmühl 148
Krüger Rolf 249
Künisches Gebirge 180

Lalling 112
Lallinger Winkel 112, 113
Lam 180, 181
Lamberg 42, 61
Lamer Winkel 41, 180, 266
Landkreis Deggendorf 112
Landkreis Regen-Viechtach 249
Landkreis Schwandorf 43
Landshuter Haus 99
Landwirtschaft 92–95
Langfurth 113
Laubfrosch 50

Lebensadern des Waldlandes 246–249
Legföhren 212
Leidinger Robert, MdB 254
Lentner, Dr. Josef Friedrich 143
Lenz Wolfgang 119
Leutner Martin 110
Leythäuser Ludwig 171
Lindbergschachten 15, 198, 203, 205, 259
Lobenstein 72
Lohberg 95
Luchs 165
Lurago Carlo 139
Lusen 9, 162, 166, 167, 168

Marienstein 74
Marienthal 64
Markt Eisenstein 254
Martiniritt 233
Martinsklause 172
März Christoph 106
Mayrhofer Karl 156
„Mein Bayerwald" (Gedicht) 11
Metten 82, 96
Metten, Kloster 96, 115
Metten, Klosterbibliothek 221, 240
Miltach 233
Mittagsplatz 185
Mitterfirmiansreut 24, 270
Moos 13
„Moos" (Gedicht) 13
Moosbeeren 18
Mozart Franz 107
Münster (Pfaffmünster) 82, 86, 233
Museumsdorf Bayerischer Wald 160, 161
Musik 228
Myrowsky Wenzel 87

Naab 42, 49
Napoleonkapelle 161
Nationalpark Bayerischer Wald 162–177
Nationalpark, Tiergehege 164, 165
Naturschutz 17
Neuaign 60
„Neue Welt" 143, 144
Neuhausen 98
Neukirchen beim Hl. Blut 25, 62, 267
Neukirchen vorm Wald 129
Neunußberg 241
Neunußberger Burgfestspiele 233, 241
Neureichenau 143
Neuschönau 162
Neustifter Josef 109
Niederaltaich, Kloster 22, 96, 102, 112, 114, 115, 248
Niederbayerisches Landwirtschaftsmuseum Regen 246
Niederbayern, Regierungsbezirk 180
Niedermoor 198, 207, 219
Niederschläge 176
Nonne (Insekt) 12

Oberaltaich 64, 80, 81
Oberberger, Prof. Josef 31
Oberbreitenau 99
Obermayr Mathias 77, 78, 80, 81, 82, 87
Obernzell 151
Oberpfälzer Wald 42, 57
Oberpfalz (auch Regierungsbezirk) 42, 52, 180

275

Oberviechtafell 240
Obstbau 112
Offenberg 96, 98
Ohe, Große 127, 136, 177
Ohe, Kleine 116, 127
Ohe, Wolfsteiner 127, 128, 191
Optische Werke Rodenstock Regen 246, 249
Osser 178, 180
Osterhofen, Damenstift 118
Osterhofen, St. Margaretha 120—122
Osterritt 233
Otto-Willmann-Hütte 178

Palmesel 221
Palmgerte 221
Palmprozession 221
Palmsonntag 221
Pannonischer Enzian 18, 183, 212
Passau 130—141, 176, 246, 258
Passau, Dom St. Stephan 130—133, 136, 139
Passau, Dreiflußeck 136
Passau, Europäische Wochen 140
Passauer Abteiland 149
Passauer Glasmuseum 140, 141, 197
Passauer Vorwald 124—129
Passau-Grubweg 132, 136
Passau, Hafen 249
Passau-Haibach 136
Passau, Hauptbahnhof 248
Passau, Mariahilf 25, 130, 132, 138
Passau, Museum Boiodurum 140
Passau, Neue Residenz 138
Passau, Niedernburg 132, 136, 138
Passau, Niederhaus 132
Passau, Niederbayerisches Feuerwehrmuseum 140
Passau, Oberhaus 130, 132, 134
Passau, Oberhausmuseum 135, 140
Passau, Rathaus 137
Passau, Rathausplatz 137
Passau, Salzhandel — Salzstadel 125, 136
Pastritz, Kalte und Warme 60
Pauli Anton 20
Pawanger Jakob 114
Penzkofer Josef 93
Perlenbachtal 67
Perlesreut 126
Pettenreuth 64, 65
Pfahl 8, 42, 236, 244
Pfahlwanderweg 8
Pfingsten 224, 225, 226, 227
Pfingsthochzeit 226
Pfingstkränzlein 226
Pfingstl 223
Pichelsteinerfest 246
Philippsreut 7, 269
Plenterbetrieb 10
Plöckenstein, Bayerischer 143
Pösinger Faustkeil 57
Porling, Bunter 18
Poschinger, Freiherrn von 192
Prämonstratenser (Orden) 76
Priehäußer, Dr. h.c. Georg 170, 183, 212
Preying, Kirche St. Brigida 159
Pulling 41

Rabenstein 53
Rabensteiner Hütte 192

Rachel, Großer 9, 162, 168, 169, 178, 259
Rachelkapelle 171
Rachel, Kleiner 169
Rachelsee 127, 170, 171
Rachelseewand 174, 175
Radaspona 27
Raimundsreut 25
Raine 22
Ramspau 40
Ranfels 158
Raßreut 143
Rathmannsdorf 125
Ratzinger Georg 32
Rauher Kulm 100
Rauschbeeren 211
Rauscher Franz 102
Regen-Chamb-Senke 57
Regendorf 41
Regener See 242
Regen (Fluß) 40—51
Regen, Großer 41, 248
Regen, Kleiner 16, 41, 248
Regen (Stadt) 244, 246, 247, 249
Regen, Spitalkirche zum Hl. Geist 247
Regen, St. Johann 247
Regenknie 42, 43, 64
Regenpeilstein 44, 48
Regenschleife 242
Regen, Schwarzer 41, 246, 247
Regensburg 26—39, 41, 49, 66, 221
Regensburg, Allerheiligenkapelle 28
Regensburg, Alte Kapelle 37
Regensburg, Altstadtfeste, Bürgerfeste 39
Regensburg, Dominikanerkirche 33
Regensburg, Dom St. Peter 26, 29, 30, 31
Regensburg, Abt Erminold 32
Regensburger Domchor (Domspatzen) 32
Regensburger Häfen 249
Regensburg, Erminoldmeister 32
Regensburg, evangelische Kirchen 36
Regensburg, Gesandtengräber 36
Regensburg, Herzogshof 29
Regensburg, Klosterkirche Prüfening 29
Regensburg, Kirche Karthaus-Prüll 36
Regensburg, Kreuzgänge 33
Regensburg, Krypten und Schreine 36
Regensburg, Niedermünsterkirche und Niedermünsterkloster 28, 106
Regensburg, Porta Praetoria 27
Regensburg, Rathaus und Reichssaal 35
Regensburg, Schottenportal 28
Regensburg, St. Emmeram (Kloster) 29, 46, 56, 66, 118, 228
Regensburg, St. Jakob (Schottenkirche) 28
Regensburg, St. Ulrich 32
Regensburg, Stadtmuseum 27
Regensburg, Steinerne Brücke 34, 38
Regensburg, Thurn-und-Taxis-Schloß 118
Regensenke 236—249
Regen (Stadt) 41, 42, 233, 242, 245
Regenstauf 41
Regentalbahn AG. 248
Regen, Weißer 41, 181, 242
Reichenbach 46, 50, 61
Reichertsried 230, 262, 263

Reschbachklause 176
Rettenbacher Stausee 69
Rhein-Main-Donau-Kanal 246, 249
Riedl Franziska 20
Rieslochwasserfälle 17
Rinchnach 23, 214, 215, 234
Rinchnacher Ohe 215
Roding 42, 48
Römer 26, 84
Rötelseeweiher 50
Rohrstetten 113
Rott am Inn, Kloster 238
Ruckowitzschachten 198, 203, 106
Rührl Helmut 144
Ruhmannsfelden 214, 216
Rusel 113
Ruselstraße 247

Sackenried 239
Sägewerke 54, 55
Säkularisation 46, 61, 71, 79, 96, 125, 214
Sänftl Franz Josef 247
Safranmauth 48
Saldenburg 156, 157
Salz, Salzhandel 246
Sarmannina 26
Saulburg, Schloß 73
Schachten 198—213
Schachtenhaus 206
Schachten, Vordere Sulz 206
Schärding am Inn 246
Scheuereckschachten 206
Schiffahrt 246, 249
Schlankjungfer 19
Schluttergasse 201, 209, 213
Schmidt Erhard 254
Schmidt Maximilian, genannt „Waldschmidt" 61
Schnee-Eule 164
Schneehöhen 250
Schöllnach 116
Schöllnstein 116
Schönau 239
Schönberg 72
Schönfeld, St. Ägidius 73
Schöttl Benedikt 96
Schott Johann 249
Schott-Zwiesel-Glaswerke AG. 245
Schreiter Benjamin 214
Schrems Joseph 32
Schrems, Prof. Dr. Theobald 32
Schuler Helmut 249
Schwarzach (Fluß) 96
Schwarzbachklause 172
Schwarzenberg (OÖ.) 222
Schweiklberg, Kloster 117
Schweinhütt 243
Seidl Joseph Wilhelm 106
Seidl Melchior 87
Seligenthaler Kloster 60, 62
Seybold Matthias 106
Seyfert Ingeborg 200
Solla 22, 158
Sommersberg 20, 235
Sonnen 143
Sonnentau, Rundblättriger 213
Sonnwendfeuer 230
Sorg Simon 37
Sorviodurum 84

Sossau 82
Speer Michael 71
Spiegelau 163
Staatl. Fach- und Berufsschule für Glas, Zwiesel 249
Stallwang 78, 79, 92, 221
St. Englmar 224
Steinbühl 226
Steinindustrie 152–155
Stefling 45
Sternsingen 220
Steinernes Meer 143
Steinpilz 18
Stetheimer Hans 86, 87
St. Hermann (Heiliger) 102
St. Hermann b. Bischofsmais 102, 103
St. Leonhard 68, 233
Straßen 246,
Straubing 82, 84–91
Straubing, Bernauerkapelle 89
„Straubinger Kultur" 84
Straubing, Gäubodenvolksfest 91
Straubing, Hölzl's Totentanz 89
Straubing, Karmelitenkirche z. Hl. Geist 87
Straubing, St. Jakob 86, 87
Straubing, St. Peter 88, 89
Straubing, Tiergarten 90
Straubing, Ursulinenkirche 70, 119
Stockfels 42, 43
Stockschwamm 18
St.-Salvator-Wallfahrt 44
St. Sixtus 79
St. Walburga 61
Süssenbach 42

Tahetl Emil 24
Tanz 228
Teisnach 41
Teufelsmauer 8
Theresienthaler Krystallglasfabrik Zwiesel 192
Tiergarten, fürstlicher 67
Thierlstein 49, 50, 57
Thurmansbang 158
Thurn und Taxis, Fürst von 66, 67, 74
Thyrnau 151
Thyrnau, Loretokapelle 151

Tittling 152
Totenau 219
Totenbretter 101, 235
Trachten 232
Trift, Holztrift 10
Trinkwasserspeicher Frauenau 16
Trunkelbeere 211
Tschechoslowakische Förderative Republik (ČSFR) 254
Tussetkapelle 24

Übergangsmoor 219
Ulrichsberg 99
Unterlichtbuchet 24
Unterseilberg 146
Unterzell 72
Urwald 174
Urwald Mittelsteighütte 186
Uttobrunn 96

Vegesack, Siegfried von 13, 244
Veidareich 240
Viechtach 15, 41, 93, 240
Viechtach, Kirche St. Augustinus 240, 241
Viechtreich 240
Viehbacher Friedrich 38
Vertriebenenmadonna 24
Vils 117
Vilshofen 117, 223
Vilshofener Fischerzunft 223
Vlk, Dr. Miroslaw, Bischof 254
Vogelsang 100
Vornehm Karl 152

Wald 10, 11
Waldbahn 246
Waldbauernmühle 150
Walderbach 44, 46, 47, 74
Waldhäuser 163, 172, 176, 258, 269
Waldkirchen 149
„Waldlaterne" 157
Waldler 20
Waldschmidthaus 168, 169
Waldschrat 204
Waldsterben 12
Walhalla 64, 67
Wasser 15

Wasserprozession 223
Weber Emil 24
Webstuhl 145
Wegscheid 149
Wegscheider Hochfläche 142–151
Weinbergschnecke 19
Weißenregen 238
Weißenstein, Burgruine 8, 244, 245
Weitfäller Filz 207
Wenzenbach 72
Wetterhexe 230
Widdersdorf 23
Wiegand Franz 90
Windberg 76, 77
Winde 14
Winter im Bayerischen Wald 256–271
Wintersport 266, 267
Winzer 221
Wisent 165
Wörth a. d. Donau 66, 247
Wolf 165
Wolfaustreiben 234
Wolfstein, Schloß 191
Wolfsteiner Heimatmuseum, Schramlhaus 25
Wollsackbildung 188

Zauneidechse 19
Zelezna Ruda (Markt Eisenstein) 254
Zisterzienser (Orden) 50, 123
Zisterzienserinnenkloster Thyrnau 151
Zisterzienserkloster Aldersbach 216
Ziering 150
Zillner Fritz 145
Zweckverband Wasserversorgung Bayerischer Wald 16
Zwercheck 14, 180, 259
Zwiesel 41, 248, 249
Zwiesel, Kirche St. Nikolaus 249
Zwiesel, Staatl. Fach- u. Berufsschule für Glas 249
Zwiesel Buntspecht 249
Zwiesler Fink 249
Zwieselter Filz 209, 210
Zwiesler Waldmuseum 197
Zwieslerwaldhaus 186, 269
Zwischenmoor 198, 219

Literatur

Bayer. Staatsministerium für Ernährung, Landwirtschaft und Forsten: *„Der Wald"* München 1981

Bayer. Staatsministerium für Landesentwicklung und Umweltfragen (Hrsg.): *Regionalbericht Oberpfalz-Nord (1977), Donau-Wald (1975) und Regensburg (1975)*

Bibelriether Hans/Burger Hannes: *„Nationalpark Bayerischer Wald"* München-Grafenau 1983

Brauneck Manfred: *„Religiöse Volkskunst"* Köln 2. Aufl. 1979

„Der Dom zu Regensburg" Kunstsammlungen des Bistums Regensburg, München/Zürich 1989

„Die Kunstdenkmäler von Bayern" München verschiedene Ausgaben

Dietz Karlheinz u. a.: *„Regensburg zur Römerzeit"* Regensburg 2. Aufl. 1979

Emmerig Ernst: *„Unbekannte Oberpfalz"* Regensburg 1983

Heller Horst Paul: *„Dreiburgenland"* Tittling 1981

Ingersleben Kurt von, Piendl Max: *„Wege von uns nach Regensburg"* München 1970

„Kleine Kunstführer" München/Zürich, verschiedene Ausgaben

Landkreis Deggendorf (Hrsg.): *„Auf der Sonnenseite des Bayerischen Waldes"* Deggendorf 1983

Lieb Norbert: *„Johann Michael Fischer"* Regensburg 1982

Mader Franz: *„Das Bistum Passau gestern und heute"* Passau 1989

Mader Franz: *„Wallfahrten im Bistum Passau"* München 1984

Markmiller Fritz: *„Barockmaler in Niederbayern"* Regensburg 1982

Merz Heinrich u. a.: *„Museumsdorf Bayerischer Wald"* Tittling 5. Aufl. 1984

Michler Günther u. a.: *„Der Bayerische Wald in Farbe"* Stuttgart 1981

Pfaffl Fritz, Steckbauer Erwin: *„Der Pfahl"* Grafenau 1980

Pfistermeister Ursula: *„Burgen und Schlösser der Oberpfalz"* Regensburg 1984

Pietrusky Ulrich, Moosauer Donatus: *„Der Bayerische Wald im Flug neu entdeckt"* Grafenau 1985

Prammer Johannes: *„Gäubodenmuseum Straubing"* Straubing

Praxl Paul: *„Der Dreiländerberg"* Grafenau 1979

Praxl Paul: *„Der Landkreis Freyung-Grafenau"* Grafenau 1982

Priehäußer Georg u. a.: *„Bayerischer und Oberpfälzer Wald"* Essen 1965

„Ratisbona sacra" — das Bistum Regensburg im Mittelalter, München/Zürich 1989

„Regensburger Almanach 1990" Regensburg 1989

Rupprecht Bernhard: *„Die Brüder Asam"* Regensburg 2. Aufl. 1985

Schäffer Gottfried: *„Passau"* Regensburg 1986

Schuster Raimund: *„Hinterglasbilder der Neukirchner Schule"* Grafenau 2. Aufl. 1975

Seyfert Ingeborg: *„Die Schachten"* Grafenau 1975

Stadt Deggendorf (Hrsg.): *„Stadt zwischen Gäu und Wald"* Grafenau 1976

Stadtmüller Georg, Pfister Bonifaz: *„Geschichte der Abtei Niederalteich 741-1971"* Augsburg 1971

Tyroller Eva und Karl: *„Mathias Obermayr"* Straubinger Hefte 26/1976

Utz Hans J.: *„Wallfahrten im Bistum Regensburg"* München 1981

Vegesack, Siegfried von: *„Krug und Quelle"* München 1963

Werner Günther T.: *„Burgen, Schlösser und Ruinen des Bayerischen Waldes"* Regensburg 1979

Wiedemann Fritz (Hrsg.): *„Bilder der Heimat"* Regensburg 1989

Wirth Klaus: *„Klosterkirchen der Oberpfalz"* Amberg 1989

Zeitler Andreas: *„Zwischen Fürstenmacht und Ritterfreiheit"* Amberg 1989

Zeitler Walther: *„Bayerischer Wald und Donauebene"* München 13. Aufl. 1986

Zeitler Walther/Wolf Herbert: *„Bayerischer Wald in alten Fotos"* Gafenau 2. Aufl. 1985

Zeitler Walther: *„Der König des Bayerwaldes"* Grafenau 2. Aufl. 1977

Zeitler Walther: *„Der Mühlhiasl und seine Prophzeiungen"* Amberg, 1. Aufl. 1987, 6. Aufl. 1990

Zeitler Walther: *„Der Regen"* Grafenau 2. Aufl. 1982

Zeitler Walther: *„Eisenbahnen im Bayerischen Wald"* Grafenau 3. Aufl. 1980

Zeitler Walther: *„Eisenbahnen in Niederbayern und der Oberpfalz"* Amberg-Weiden 1985

Zeitler Walther: *„Im Herzen des Bayerwaldes"* Grafenau 3. Aufl. 1975

Zeitler Walther: *„Regensburger Schiffahrt"* Regensburg 1985

Zeitler Walther: *Regensburg - 2000jährige Stadt an der Donau"* Grafenau 5. Aufl. 1983

Zeitschrift *„Das Bayerland"* Nr. 5/1981 *„Bayerischer Wald"*

Dank

Am Ende der mehr als zweijährigen intensiven Arbeit an diesem Buch ist es uns ein Bedürfnis, allen aufrichtig zu danken, welche uns beim Zustandekommen und der Arbeit an diesem „Großen Bayerwaldbuch" unterstützt haben.

Dieser Dank gilt zuallererst den Geschäftsführern der „Neuen Presse Verlags-GmbH" in Passau, welche das aufwendige Vorhaben überhaupt ermöglicht und in großzügiger und verständnisvoller Weise gefördert haben, ebenso allen Mitarbeitern in Verlag und Druckerei der „Neuen Presse Verlags-GmbH" in Passau, welche am „Großen Bayerwaldbuch" mit Fachkönnen und Engagement mitarbeiteten.

Ein besonderer Dank dem Albert Langen — Georg Müller-Verlag in München für die freundlicherweise erteilte Erlaubnis zum Abdruck des Gedichtes „Moos" von Siegfried von Vegesack aus dessen Gedichtband „Krug und Quelle".

Zahlreiche Institutionen, Pfarrämter, Museumsleitungen, Stadt- und Kreisverwaltungen haben uns, besonders bei den Fotoaufnahmen, tatkräftig und verständnisvoll unterstützt. Ihnen hierfür unseren Dank. Auch sagen wir folgenden Stellen ein besonderes „Dankeschön" für erwiesene Hilfe: den Leitungen und Mitarbeitern des Gäubodenmuseums Straubing, des Glasmuseums Passau und des Oberhausmuseums Passau, des Heimatmuseums Schramlhaus in Freyung, des Museums der Stadt Regensburg, des Stadtmuseums Deggendorf, des Waldmuseums Zwiesel und des Webereimuseums Breitenberg-Gegenbach, ferner der Nationalparkverwaltung Grafenau, der Theresienthaler Krystallglasfabrik Zwiesel, dem Landratsamt Regen und Georg Höltl vom Museumsdorf Bayerischer Wald.

Ein Großteil der einmaligen Passau-Fotos stammt von dem Passauer Fotografen Hans Eigner, der damit seiner Heimatstadt ein fotografisches Denkmal schuf.

So bleibt uns nur noch, den zahllosen Waldlerinnen und Waldlern zu danken, die uns mit Rat und Tat, als freiwillige oder unfreiwillige Statisten geholfen haben.

Wir hoffen, daß es uns in diesem Buch gelungen ist, die Schönheit des Bayerischen Waldes, seine Kraft und Urwüchsigkeit eindringlich darzustellen und daß sich die Waldler darin ebenso ehrlich dargestellt finden, wie sie uns begegnet sind.

Zur 2. Auflage

Viel schneller als erwartet war die Erstauflage dieses Buches vergriffen. Dutzende, meist begeisterter Zuschriften und glänzende Rezensionen haben gezeigt, daß dieses Buch eine Einmaligkeit in der Bayerwaldliteratur darstellt. Wir haben uns bemüht, es weiter zu verbessern, mit zusätzlichen Fotos auszustatten und den Text, wo nötig, der Entwicklung anzupassen.

Danken möchten wir den vielen Lesern, welche dieses „Große Bayerwaldbuch" bisher gekauft haben und denen wir mit ihm Stunden der Entspannung, der Anregung und des Erinnerns schenken konnten.

Bei der „Neuen Presse Verlags-GmbH" danken wir vor allem Verlagsdirektor Franz Xaver Hirtreiter, aber auch dem Leiter des Buchverlags im NPV-Medienhaus, Joseph Danner, und dem technischen Leiter des Druckzentrums, Helmut Schöfberger, für den raschen Entschluß zur Zweitauflage und deren fach- und sachgerechte Verwirklichung.

Die Autoren: Walther Zeitler
Konrad Jäger

Die Autoren:

Konrad Jäger, 1933 in Konnersreuth (Oberpfalz) geboren, ist beruflich in einem Unternehmen des Porzellankonzerns Hutschenreuther tätig. Er fotografiert seit Jahrzehnten und wurde durch zahlreiche Siege und hervorragende Preise bei in- und ausländischen Fotowettbewerben zu einem der bekanntesten Naturfotografen Ostbayerns. Großer Heimat- und Naturfreund. Arbeitet als nebenberuflicher Fotograf auch für Tageszeitungen, Zeitschriften und Kalenderverlage.
Anschrift:
Frühlingstraße 6, 8460 Schwandorf.

Walther Zeitler, 1923 in Wiesau (Oberpfalz) geboren, war von 1953 bis 1957 beruflich in Passau, seither freier Mitarbeiter der „Passauer Neuen Presse". Von Ende 1957 bis 1980 bei den Bundesbahndirektionen Regensburg, Nürnberg und München als Pressestellenleiter bzw. Mitarbeiter im Pressedienst tätig. 1968 erschien sein erstes Buch über den Bayerischen Wald. Bis 1990 schrieb und fotografierte er 19 Bücher mit zusammen bisher 57 Auflagen. Zeitler zählt zu den besten Bayerwaldkennern. Zweitwohnsitz in Kirchberg im Wald. 1990 erhielt er den Nordgaupreis für Dichtung.

Anschrift:
Reithmayrstraße 63b, 8400 Regensburg

Bildnachweis:

Die Bilder auf der Umschlagtitelseite fotografierte Walther Zeit, die Winteraufnahme auf der Umschlagrückseite Konrad Jäger.

Von den insgesamt 632 Farbaufnahmen dieses Buches fotografierte Walther Zeitler 450, Konrad Jäger 150.

Die restlichen 32 Aufnahmen stammen von bzw. fotografierten:

Archiv Georg Höltl, Tittling: Seiten 141 (5x), 197 oben

Eigner Hans: Seiten 117 (2x), 124, 125 unten, 126 unten, 129 unten, 131, 132/133, 134/135 oben, 136, 137 Mitte links, 138 (4x), 139 (1x).

Fremdenverkehrsamt Zwiesel: Seite 266 Mitte
Oberhausmuseum Passau: Seite 140 (3x)
Pöllmann Alfons: Seite 50 oben (2x)
Karl-Heinz Schmid: Seite 255 (2x)
Zeitler Andreas: Seite 103 (2x)

Der Bayerische Wald